혼JOB취업연구소

최 신 개 정 판

혼JOB
농협은행 6급
필기시험 대비
실전모의고사

직무능력평가 4회분 + 직무상식평가 3회분

■ 꼼꼼한 출제 경향 파악 및 실전 대비를 위한 농협은행 맞춤 모의고사

■ 의사소통 / 수리 / 문제해결 / 자원관리 / 정보 / 디지털 / 금융·경제

■ 문제 풀이 스킬을 높이는 상세하고 깔끔한 해설 ➕ [정답 및 해설] PDF 제공

책 속 미리보기

직무능력평가 모의고사

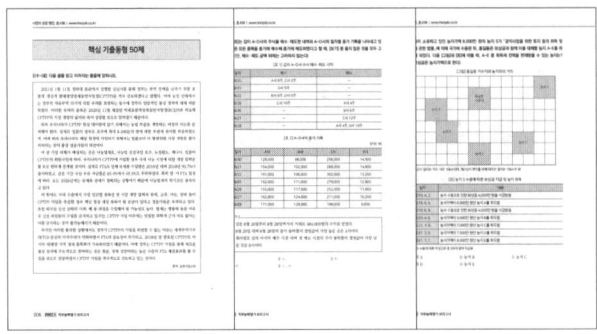

필기시험 과목 중에서 특별히 철저한 대비가 필요한 직무능력평가 기출동형 50문항으로 모의고사를 구성했습니다.

실전모의고사

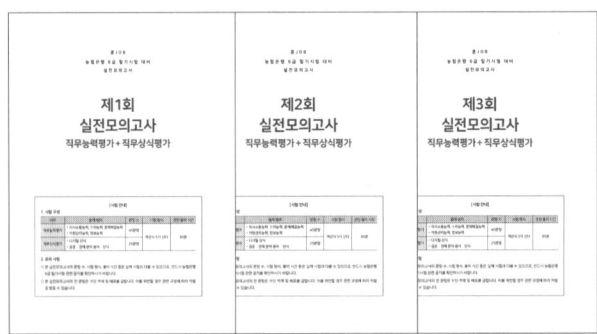

완벽한 실전 대비를 위해 직무능력평가와 직무상식평가로 구성된 모의고사 3회분을 수록했습니다.

정답 및 해설

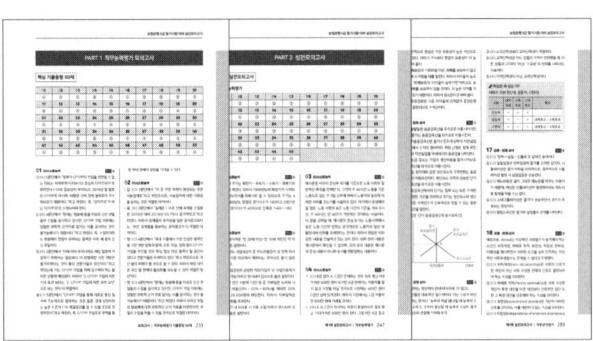

문제 풀이 스킬을 높이고 핵심 개념을 정리할 수 있는 깔끔하고 친절한 해설을 수록했습니다.

이 책의 차례

혼JOB 홈페이지를 통해 교재 내
[정답 및 해설]을 PDF 파일로도
무료 제공해 드립니다.
로그인 후 이용하실 수 있습니다

다운로드 바로가기

혼JOB 홈페이지(honjob.co.kr)
→ 자료실 → 학습자료실

혼JOB
농협은행 6급
필기시험 대비
실전모의고사

나만의 성장 엔진, 혼JOB | www.honjob.co.kr

PART 1
직무능력평가
모의고사

핵심 기출동형 50제

○ 필기시험 과목 중에서 특별히 철저한 대비가 필요한
  직무능력평가 기출동형 50문항으로 모의고사를
  구성했습니다.

○ 핵심 기출동형 50제를 통해 농협은행 6급 직무능력
  평가의 출제 경향을 파악하고 풀이 스킬을 단련해
  나가시기 바랍니다.

핵심 기출동형 50제

[01~02] 다음 글을 읽고 이어지는 물음에 답하시오.

2021년 1월 11일 청와대 본관에서 진행한 신년사를 통해 정부는 무역 장벽을 낮추기 위한 포괄적·점진적 환태평양경제동반자협정(CPTPP)을 적극 검토하겠다고 밝혔다. 이에 농민 단체에서는 정부의 자유무역 의지에 대한 우려를 표명하는 동시에 정부의 일방적인 통상 정책에 대해 비판하였다. 이러한 우려의 증폭은 2020년 11월 체결된 역내포괄적경제동반자협정(RCEP)과 비교해 CPTPP의 시장 개방의 넓이와 폭이 상당한 것으로 알려졌기 때문이다.

특히 우리나라가 CPTPP 협상 테이블에 앉기 위해서는 농업 부문을 개방하는 비장의 카드를 준비해야 한다. 실제로 일본의 경우도 호주에 최대 8,400톤의 쌀에 대한 무관세 쿼터를 허용하였으며, 이에 따라 우리나라도 해당 협정에 가입하기 위해서는 일본보다 더 광범위한 시장 개방은 불가피하다는 것이 통상 전문가들의 의견이다.

이 중 가장 피해가 예상되는 곳은 낙농업계로, 낙농업 선진국인 호주, 뉴질랜드, 캐나다, 일본이 CPTPP의 회원국임에 따라, 우리나라가 CPTPP에 가입할 경우 국내 낙농 시장에 대한 개방 압력은 불 보듯 뻔하게 전개될 것이다. 실제로 FTA로 인해 유제품 수입량은 2010년 대비 2018년 93.7%나 증가하였고, 같은 기간 국산 우유 자급률은 65.4%에서 49.3%로 추락하였다. 특히 한·미 FTA 협정에 따라, 오는 2026년에는 유제품 관세가 철폐되는 상황이기 때문에 낙농업계의 위기감은 증폭되고 있다.

이 밖에도 국내 수출에서 가장 민감한 품목인 쌀 시장 개방 압력과 함께, 고추, 마늘, 양파 등이 CPTPP 가입을 추진할 경우 핵심 협상 대상 품목이 될 공산이 있다고 전문가들은 우려하고 있다. 또한 외국산 신선 상태의 사과, 배 등 과일을 수입해야 될 가능성도 높다. 현재는 병충해 등을 이유로 신선 과일들의 수입을 금지하고 있지만, CPTPP 가입 이후에는 엄밀한 과학적 근거 자료 없이는 이를 금지하는 것이 불가능해지기 때문이다.

하지만 이러한 불리한 상황에서도 정부가 CPTPP의 가입을 외면할 수 없는 이유는 세계무역기구(WTO) 중심의 다자주의가 약화하면서 FTA의 중요성이 부각되고, 2018년 말 발효된 CPTPP로 아시아·태평양 지역 경제 블록화가 가속화되었기 때문이다. 이에 정부는 CPTPP 가입을 통해 새로운 통상 질서에 주도적으로 참여하는 것은 물론, 경제 성장이라는 높은 수준의 FTA 체결효과를 볼 수 있을 것으로 전망하면서 CPTPP 가입을 적극적으로 검토하고 있는 것이다.

출처: 농축유통신문

01 농협은행 행원 A는 위 글을 읽고 다음과 같은 [보고서]를 제출하였다. [보고서]의 밑줄 친 ㉠~㉣ 중 수정해야 할 부분을 모두 고르면?

[보고서]

1. CPTPP의 가입 필요성
   • ㉠ 세계무역기구 중심의 양자주의의 약화
   • 아시아·태평양 지역 경제 블록화의 가속화
2. CPTPP 가입에 따른 우려 요인
   • 유제품 수입량 증가 및 국산 우유 자급률 하락
   • ㉡ 국산 쌀, 고추, 마늘, 양파 등의 병충해 증가
   • 외국산 과일 수입량 증가
3. CPTPP 가입에 따른 기대 효과
   • ㉢ 광범위한 시장 개방 증가
   • ㉣ 무역을 통한 국내 경제 성장

① ㉠, ㉡
② ㉠, ㉣
③ ㉡, ㉢
④ ㉠, ㉡, ㉢
⑤ ㉡, ㉢, ㉣

02 위 글을 읽고 농협은행 행원 갑~정이 CPTPP 체결 시 취해야 할 대책에 관해 논의하고 있다. 다음 [보기] 중 적절하지 않은 발언을 한 직원을 모두 고른 것은?

| 보기 |

• 갑: 낙농업자에 대한 지원금을 늘려야겠어요.
• 을: 유제품의 유익성을 담은 공익광고를 제작해야겠어요.
• 병: 국산 쌀을 사용하는 업체에는 세금 혜택을 부여해야겠어요.
• 정: 외국산 과일의 병충해에 대한 과학적 근거 자료를 마련해야겠어요.

① 을
② 정
③ 갑, 을
④ 갑, 병
⑤ 병, 정

[03~04] 다음 글을 읽고 이어지는 물음에 답하시오.

기후 위기로 인해 매년 자연재해가 발생하고 있으며 이로 인해 농가의 경영은 불안정하고 농업인은 위험한 환경에 노출되고 있다. 이에 정부는 농업인을 위해 '농업인안전보험'이라는 대책을 내놓았다.

농업인안전보험은 농작업 중 발생한 피해 보상을 위해 국가에서 지원하는 정책보험으로 농작업 중 안전사고로 인해 신체나 재산에 손해가 발생했을 시, 보험금이 지급되는 방식으로 운영되고 있다. 해당 상품은 농업인의 경영안정 도모와 안정적인 재생산활동의 지원을 목표로 하고 있다. 그 지원 대상은 만 15~87세 중 보험대상 농작물을 경작하는 농업인으로 일반농가의 경우 본인부담 보험료의 50%를, 영세농가의 경우 70%를 정부에서 지원하고 있다.

이처럼 농업인안전보험이 농업계에 있어 산재보험의 역할을 하고 있음에도 불구하고, 가입률은 63.1%로 매우 저조하다. 여기에는 여러 가지 요인이 있는데, 먼저 산재보험의 사각지대에 놓여 있는 농업인을 위한 지원책임에도 불구하고 산재보험에 비해 보험금 지급액이 너무 낮다는 것이다. 또 임의로 가입하는 방식이라 농업인안전보험에 대해 모르는 사람이 부지기수이고, 1년마다 재가입을 해야 하기 때문에 재가입 절차에 따른 불편함을 호소하는 농업인이 많은 실정이다. 이 같은 이유로 농업인안전보험이 과연 농업인을 위한 것인가라는 문제점이 제기되고 있는 상황이다.

또한 농업인안전보험은 현재 일시금 형태로 지급하고 있는데 이를 연금 방식으로 바꿔야 할 필요성이 제기되고 있다. 실제로 농업인의 경우 심각한 안전재해에 노출되어 있어, 업무상 질병 및 손상이 발생할 경우 그 휴업일수가 30일 이상인 경우가 절반을 넘고 영구 장애로 이어진 경우도 적지 않기 때문이다. 따라서 업무상 질병 및 손상으로 인해 장기간 소득이 없다는 점을 고려해 연금 형태로 지급하는 것이 더 적절하다는 의견이다.

이 밖에도 자기부담금을 올리더라도 더 높은 수준의 보장이 가능하도록 하고, 보험의 유형을 좀 더 다양화하여 농업인의 선택권을 확장해야 실질적인 농업인안전보험으로서의 역할을 기대해 볼 수 있을 것이다.

03 위 글을 읽고 보인 반응으로 적절한 것을 [보기]에서 모두 고르면?

| 보기 |

ㄱ. 농업인안전보험은 선택적 복지제도로 볼 수 있겠군.

ㄴ. 농작업 중 질병 및 손상이 발생한 경우 절반 이상이 영구 장애로 이어졌군.

ㄷ. 농가 규모가 작을수록 농업인안전보험의 본인부담 보험료에 대한 정부 지원율이 점점 높아지겠군.

ㄹ. 농작업 중 안전사고가 발생하더라도 신체에 손해가 없다면 농업인안전보험금을 지급받을 수 없겠군.

① ㄱ   ② ㄱ, ㄷ   ③ ㄴ, ㄹ

④ ㄷ, ㄹ   ⑤ ㄱ, ㄴ, ㄹ

04 위 글에 따를 때 [보기]의 갑~정 중 농업인안전보험의 개선 방안에 대해 적절한 의견을 제시한 사람을 모두 고르면?

| 보기 |

- 갑: 매년 발생하는 자연재해로 인해 농가의 경영은 불안정한 상황이야. 따라서 농업인의 경제적 부담을 완화하기 위해 본인부담 보험료를 하향할 필요가 있어.

- 을: 높은 보험료를 납부하더라도 더 많은 보험 혜택을 누리고 싶은 농업인이 있을 수 있어. 따라서 보험료와 보상 내용에 차이를 둔 여러 세부 상품을 개발할 필요가 있어.

- 병: 농번기에는 영농 활동 이외의 일에 신경을 쓰기가 어려워. 따라서 일정 요건을 갖춘 농업인에 대해서는 보험이 자동 갱신되도록 하거나 재가입 주기를 연장해 줄 필요가 있어.

- 정: 농업인안전보험은 산재보험의 사각지대에 있는 농업인을 위한 보험임에도 불구하고, 이 보험에 대해 모르고 있는 사람이 많아. 적극적인 홍보를 통해 농업인들에게 농업인안전보험에 대해 알릴 필요가 있어.

① 갑, 을   ② 갑, 병   ③ 을, 병

④ 갑, 을, 정   ⑤ 을, 병, 정

[05~06] 다음 글을 읽고 이어지는 물음에 답하시오.

경상남도의 18개 시·군이 2022년부터 농어업인수당을 지급하기로 했다. 경상남도는 농어업인 수당이 농어촌의 지속 가능한 발전과 공익 기능의 증진을 위해 필요하다는 것에 대해서는 이전부터 공감대를 형성했지만, 지급 대상, 금액, 도와 시·군 간의 분담 비율을 두고 진통을 겪었다. 그러던 중 최근 도, 시·군, 농어민이 각자의 주장을 조금씩 양보하면서 절충안을 마련하게 됐다.

최종안의 지원 대상은 도내에 1년 이상 거주한 농어업경영체 경영주 약 21만 3,000명과 공동경영주 약 7만 7,000명 등 총 29만여 명이다. 지역별로 살펴보면, 창원 3만 2,847명, 진주 2만 8,123명, 밀양 2만 2,297명, 김해 1만 9,807명, 거창 1만 7,234명, 합천 1만 6,493명, 창녕 1만 6,081명, 하동 1만 5,817명 등이다. 인원이 상대적으로 적은 곳은 양산과 의령으로, 각각 7,691명, 의령 8,752명이다.

지급 금액은 연간 총 870억 원 규모로, 농어업경영체 가구당 연 30만 원의 수당을 받게 되며, 부부 공동경영주로 등록된 가구는 여기에 30만 원을 더한 연 60만 원을 지급받는다. 재원은 도가 40%, 각 시·군이 60%를 분담할 계획이다.

[전국 농어업인수당 지급 현황]

지역	지급 기준	연간 지급 금액	시행 시기
강원	가구당	70만 원	2021년
경기	농민당	60만 원	2021년
경남	가구당	30만 원 (공동경영주에게 30만 원 추가 지급)	2022년
경북	가구당	60만 원	2022년
전남	가구당	60만 원	2019년
전북	가구당	60만 원	2020년
제주	농민당	40만 원	2022년
충남	가구당	80만 원	2020년
충북	가구당	50만 원	2022년

가구당 연 30만 원은 타 지역과 비교할 때 가장 적은 금액이지만, 경상남도 측에서는 공동경영주가 있는 경우 60만 원을 지급한다는 점을 강조하고 있다. 공동경영주란 '경영주 외 농어업인 가운데 경영주의 배우자에 한해 등록'한 이들이다. 경상남도는 공동경영주 혜택 대상이 대부분 여성이라는 점을 들어 여성 농어민의 직업적 지위 보장이라는 의미도 강조했다.

경상남도 농어업인수당의 지급 절차는 '읍·면·동에 신청 → 현장 검증 → 지급 여부 결정 → 각 시·군 지급' 순으로 진행된다. 농어업 외 소득이 연간 3,700만 원 이상인 경우에는 지급 대상에서 제외되며, 지급은 연 1회 지역화폐로 이뤄진다.

05 위 글에 따를 때 경상남도 농어업인수당에 관한 내용으로 옳은 것은?

① 공동경영주가 있는 가구는 월 60만 원을 지급받을 수 있다.

② 농어업소득이 연 3,700만 원 이상인 경우에는 지급받을 수 없다.

③ 현장 검증을 받은 가구에 한해 읍·면·동에 지급 신청을 할 수 있다.

④ 창원의 지급 대상자 수는 창녕과 하동의 지급 대상자 수를 합한 것보다 많다.

⑤ 재원 마련에 드는 비용을 부담해야 하는 주체는 농림축산식품부, 경상남도, 각 시·군이다.

06 위 글을 읽고 농협은행 행원 A~D가 [보기]와 같이 이야기를 나누었을 때, 적절하지 않은 발언을 한 행원을 모두 고르면?

┌─ 보기 ├─
- A: 각 도의 농어업인수당의 연간 지급액 총합을 따져 보면, 경상북도, 전라남도, 전라북도는 그 금액이 서로 동일해.
- B: 전국에서 농어업인수당을 처음으로 시행한 지역은 전라남도지만, 지역화폐 형태로 지급한 것은 경상남도가 처음이군.
- C: 경상남도에서 농어업인수당에 대해 공동경영주 혜택을 받는 남성이 있다면, 그의 아내는 농어업경영체의 경영주일 거야.
- D: 경기도에 거주하다가 2022년에 경상남도로 이주한 농업인은 경상남도의 첫 농어업인수당 지급 대상에 포함될 수 없겠어.

① A, B   ② A, C   ③ B, C

④ A, B, D   ⑤ B, C, D

[07~08] 다음 글을 읽고 이어지는 물음에 답하시오.

2020년 G20 정상회의에서 FAO(국제연합식량농업기구) 취둥위 사무총장은 국제 사회의 다양한 이동 제한 조치가 식량의 생산·가공·유통에 즉각적이고 심각한 영향을 미칠 가능성이 있다며 식량 위기의 가능성을 언급했다. 세계의 식량 창고 역할을 해 온 국가들이 코로나19를 이유로 국경 문을 닫아걸면서 식량 문제가 부각되고 있는 것이다. 실제로 러시아는 2020년 자국에서 생산한 콩, 밀, 옥수수, 보리, 호밀의 수출을 막았고, 같은 해 우크라이나 역시 메밀, 밀, 호밀의 수출을 제한했다. 그러자 중국이 자국 내 수급을 우려해 9개월치 식량을 미리 수입하면서 곡물 가격이 매달 상승세를 이어 가기도 했다.

이러한 식량 위기의 원인은 코로나19에만 있지 않다. 식량 수출 1위인 미국의 2021년 봄 밀 수확량은 전년 동기 대비 41% 급감했다. 이는 33년 만에 최저치로, 2020년부터 이어진 폭염과 가뭄 등의 이상 기후가 주요 원인으로 지목된다. 2021년 6월 미국 시카고 상품거래소에서 거래하는 국제 밀 가격은 이미 전년보다 40%가량 상승했다. 남미의 가뭄과 호주의 한파 등 세계적으로 나타난 이상 기후로 밀뿐만 아니라 옥수수 가격도 두 배 이상 올랐고 콩은 70%나 상승했다.

국제 곡물 가격의 상승이 미치는 파장은 생각보다 넓다. 곡물 가격 인상은 사료 가격 인상으로 이어져 돼지고기, 소고기, 우유 등 축산물 가격에까지 영향을 미친다. 실제 전년 대비 2021년 5월 국제 육류 가격지수는 2.2% 상승한 105.0, 유제품 가격지수는 1.5% 상승한 120.8을 기록했다.

식량에 대한 수입 의존도가 큰 우리나라로선 심각한 위협이 아닐 수 없다. 우리나라의 식량자급률은 2019년 기준 45.8%로 전반적인 하향 추세다. 2009년 56.2%에 비해서 10.4%p나 낮아졌다. 특히 주요 곡물인 콩, 밀, 옥수수 등의 자급률은 각각 26.7%, 0.7%, 3.5% 등으로 92.1% 수준인 쌀에 비하면 턱없이 낮은 수준이다.

국내 식량안보에 빨간불이 켜졌지만 우리 정부가 쓸 수 있는 정책은 제한적이다. 단기적 수급 불균형을 조절하는 방안도 만능은 아니다. 현재 정부가 내놓은 식량 위기에 대한 안정책은 2021년 연말까지 식용옥수수에 긴급할당관세(0%)를 적용하고, 식품·사료업체의 곡물 구입에 따른 대출 금리를 인하해 주는 것이다. 하지만 식량 위기 전부터 이미 밀은 무관세로 수입해 왔기 때문에 밀에 대해서는 긴급할당관세도 쓸 수 없다.

전문가들은 식량안보 위기에 대처하기 위해 우선 싱가포르와 같이 수입선을 다변화하여 저장 물량을 충분히 확보해야 한다고 강조한다. 중장기적으로는 자급률이 낮은 기초 곡물에 대한 국내 생산을 확대할 필요가 있다고 지적한다. 이를 위해 여름철 폭염이나 겨울철 한파에 따른 농작물 냉해 피해 등을 예방하기 위한 연구개발(R&D) 역시 권고되고 있다.

07 위 글을 읽고 추론한 내용으로 가장 적절한 것은?

① 곡물 가격과 유제품 가격은 서로 반비례하는 관계에 있다.

② 코로나19가 종식되면 세계적인 식량 위기가 해소될 것이다.

③ 국제 곡물 가격이 상승하면 국내 사료 생산업체가 타격을 입게 된다.

④ 폭염과 한파 등의 이상 기후로 인해 곡물 가격 폭락이 문제시되고 있다.

⑤ 식량 위기가 본격화되면서 우리나라는 밀을 무관세로 수입하기 시작했다.

08 위 글을 읽고 농협은행 행원 A, B는 [대화]와 같이 이야기를 나누었다. 빈칸에 들어갈 말로 가장 적절한 것은?

[대화]
• A: 최근 들어 식량안보의 중요성이 점차 강조되고 있어.
• B: 식량자급률이 50%에도 미치지 못하는 우리나라의 입장에서는 더욱 위기일 수밖에 없지.
• A: 그래, 국내의 식량자급률을 높이는 것이 근본적인 해결책이겠지만 단기적으로는 수입을 통해서 충분한 양의 식량을 비축해 두는 것이 좋겠어.
• B: 맞아, 네가 말한 단기적 대책을 위해서는 (   ) 필요가 있어.

① 식용옥수수를 긴급할당관세 대상에서 제외할

② 식량자급률이 비교적 높은 쌀의 수출을 활성화할

③ 농작물 재해와 관련된 연구개발에 적극적인 투자를 할

④ 식량 수출 1위 국가인 미국과 새로운 교역 협정을 체결할

⑤ 곡물 수입선을 소수 국가에 한정하지 말고 여러 국가로 확대할

[09~10] 다음 글을 읽고 이어지는 물음에 답하시오.

제1조(목적) 이 약관은 농협은행 주식회사(이하 "은행")가 은행권 블록체인 기반의 자기주권형 신원 관리 서비스에 참여하여 제공하는 은행 공동 블록체인 인증서비스(이하 "뱅크아이디")의 이용과 관련한 제반사항에 대해 규정하는 것을 목적으로 합니다.

제2조(용어의 정의) 이 약관에서 사용하는 용어의 의미는 다음 각 호와 같습니다.

1. "뱅크아이디"라 함은 가입자의 기본정보(이름, 생년월일, 이메일 주소, 휴대폰 번호 등)를 수록 하여 발급된 증명서(VC) 기반의 인증서로, 로그인 및 전자서명, 증명서에 수록된 가입자의 정 보제출 용도로 사용됩니다.

2. "증명서(VC: Verifiable Credentials)"라 함은 신원정보, 자격정보 등 개인을 증명할 수 있 는 정보를 담아 발급기관과 개인의 전자서명이 포함되어 발급된 검증 가능한 신원정보를 말합 니다.

제3조(이용대상) 본 뱅크아이디 서비스의 이용대상은 개인으로 한정합니다.

제4조(서비스 이용계약) 뱅크아이디 서비스 이용계약은 개인이 다음 각 호 중 하나의 절차를 완료한 경우 성립합니다.

1. 은행앱에서 뱅크아이디 서비스 이용 약관 등에 동의하고, 은행앱 또는 공동인증앱에서 뱅크아 이디 비밀번호를 설정하는 등 정보지갑 생성절차를 완료한 경우

2. 다른 은행에서 뱅크아이디 서비스를 이용 중인 고객이 당 은행에 이용은행 추가 등을 위해 휴 대폰 본인확인을 포함한 필요 고객확인 절차를 완료한 경우

제5조(서비스 정책) ① 뱅크아이디는 가입자 본인 외에는 사용할 수 없으며, 제3자가 사용한 사실이 드러난 경우 은행은 뱅크아이디의 사용을 정지할 수 있습니다.

② 뱅크아이디는 가입자별로 1개만 발급되며, 이미 뱅크아이디를 발급받은 가입자가 뱅크아이디 를 다시 발급받는 경우 기존 뱅크아이디는 자동 해지됩니다.

③ 뱅크아이디의 유효기간은 발급일로부터 3년입니다. 유효기간 경과 후에는 뱅크아이디를 다시 발급받아 사용할 수 있습니다.

제6조(서비스 이용제한) ① 은행은 다음 각 호의 어느 하나에 해당하는 경우, 상당한 기간 동안 가입 자에게 시정을 요구하고 그 기간 내에 해당 사유가 해소되지 않는 경우 사전 통지 후 발급된 증명 서를 폐기할 수 있습니다.

1. 가입자의 사망, 구속 등으로 신원확인이나 전자금융거래가 불가능한 경우

2. 뱅크아이디의 유효기간이 경과된 경우

3. 뱅크아이디 이용을 위한 비밀번호의 대조 또는 확인절차 진행이 불가능하거나, 대조 또는 확인 결과 가입자 본인의 등록 정보가 아닌 것으로 밝혀진 경우

② 은행은 사전 통지하기 어려운 다음 각 호의 어느 하나에 해당하는 경우 가입자의 서비스 이용을 제한 또는 정지 후 이용자의 거래지시가 있을 때 전자적 장치를 통해 사유를 안내할 수 있습니다.

1. 뱅크아이디 지식기반 비밀번호(PIN, 패턴)를 5회 연속 잘못 입력한 경우

2. 뱅크아이디 생체기반 비밀번호(지문, FACE ID 등)를 등록한 후 3회 연속으로 생체정보가 불일 치하는 경우

3. 가입자의 뱅크아이디 이용이 부정 또는 비정상으로 판단되는 상당한 사유가 있는 경우

4. 이용매체의 도난, 분실 등에 의해 은행에 사고 신고접수가 확인된 경우

제7조(서비스 이용해지) ① 가입자가 은행앱 또는 은행 고객센터를 통해 본인확인 절차를 완료한 후 뱅크아이디 이용해지를 요청하고 은행이 해지처리를 함으로써 뱅크아이디 이용계약은 해지됩니다.

② 은행은 가입자가 뱅크아이디 이용해지를 요청한다 하더라도 증명서의 부정 또는 비정상 사용 등으로 뱅크아이디 이용이 정지 중인 경우에는 해당 사유가 해소되는 시점까지 해지 처리를 지연할 수 있습니다.

09 위 글에 따를 때 농협은행 뱅크아이디 서비스에 관한 내용으로 옳은 것은?

① 각 법인이 발급받을 수 있는 뱅크아이디는 최대 1개이다.

② 다른 은행에서 뱅크아이디 서비스를 이용하고 있는 고객은 이용할 수 없다.

③ 패턴으로 설정해 놓은 비밀번호를 3회 연속으로 잘못 입력한 경우 이용이 제한될 수 있다.

④ 가입자 외에 다른 사람이 뱅크아이디를 사용한 사실이 드러날 경우 뱅크아이디는 자동으로 해지된다.

⑤ 이미 뱅크아이디가 있는 가입자가 뱅크아이디를 재발급받는 경우 기존의 뱅크아이디는 사용할 수 없다.

10 농협은행 행원 A와 고객 B가 다음과 같이 [대화]를 나누었다고 할 때, A의 답변 ㉠~㉣ 중 적절하지 않은 것을 모두 고르면?

[대화]

- A: 고객님 안녕하세요. 무엇을 도와드릴까요?
- B: 네, 뱅크아이디 서비스에 대해 궁금한 것이 있습니다. 제가 2021년 12월 1일에 뱅크아이디를 발급받는다면 그 아이디를 2023년 12월 1일에도 사용할 수 있나요?
- A: ㉠ 네, 뱅크아이디의 유효기간은 발급일로부터 3년이므로 2023년 12월 1일에도 해당 아이디를 사용하실 수 있습니다.
- B: 가입할 때 비밀번호는 어디에서 설정하나요?
- A: ㉡ 가입 시 비밀번호는 농협은행앱 또는 공동인증앱 내에 있는 정보지갑에서 설정하실 수 있습니다.
- B: 혹시 지문으로 비밀번호를 설정하는 것도 가능한가요?
- A: ㉢ 네, 지문이나 FACE ID 등의 생체기반 정보로도 비밀번호를 설정하실 수 있습니다.
- B: 서비스 이용을 해지하고 싶은 경우에는 꼭 은행에 방문해야 하나요?
- A: ㉣ 네, 가입자 본인께서 은행에 직접 방문하셔서 본인확인 절차를 진행하신 후 이용해지를 요청하시면, 은행이 해지처리를 함으로써 이용계약이 해지됩니다.
- B: 네, 안내해 주셔서 감사합니다.

---

① ㉠, ㉡
② ㉡, ㉢
③ ㉡, ㉣
④ ㉠, ㉢, ㉣
⑤ ㉡, ㉢, ㉣

[11~12] 다음 글을 읽고 이어지는 물음에 답하시오.

자경농지 등의 증여 시 증여세 감면 특례

자경농민이 영농자녀 등에게 농지(논·밭·과수원), 초지, 산림지, 축사용지를 물려주면 당해 증여 농지 등에 대해서는 5년간 합산하여 증여세액 기준 1억 원을 한도(증여세 감면 한도액)로 증여세를 감면한다.

1. 증여자와 수증자의 요건
   • 증여자: 물려줄 농지 등의 소재지에 거주하고, 농지 등의 증여일부터 소급하여 3년 이상 계속하여 직접 영농에 종사하고 있을 것
   • 수증자: 농지 등의 증여일 현재 만 18세 이상인 직계비속으로서 증여세 신고 기한까지 증여받은 농지 등의 소재지에 거주하고 직접 영농에 종사하고 있을 것
   ※ 직접 영농에 종사한다는 것은 소유농지에서 농작물의 경작 또는 다년생 식물의 재배에 상시 종사하거나 농작업의 1/2 이상을 자기의 노동력으로 수행하는 것을 의미

2. 증여세 감면 신청 방법
   증여세는 증여받는 날이 속하는 달의 말일부터 3개월 이내에 증여받은 자가 자진하여 신고납부하는 세금이므로 증여세를 감면받기 위해서는 동 신고 납부 기간 내에 '증여농지 등의 세액감면 신청서'와 관련 서류를 갖추어 증여받은 자의 주소지 관할 세무서에 제출하여야 한다.
   ※ 증여세 감면신청을 위한 제출서류
   　① 증여농지 등의 세액감면신청서(「조세특례제한법 시행규칙」 별지 제52호 서식)
   　② 자경농민 및 영농자녀의 농업소득세 납세증명서 또는 영농사실을 확인할 수 있는 서류
   　③ 해당 농지 등 취득 시의 매매계약서 사본
   　④ 해당 농지 등에 대한 증여계약서 사본
   　⑤ 증여받은 농지 등의 명세서
   　⑥ 해당 농지 등을 영농조합법인에 현물출자한 경우에는 영농조합법인에 출자한 증서
   　⑦ 자경농민 등의 가족관계 기록사항에 관한 증명서 등

3. 농지 등을 동시에 2필지 이상 증여받은 경우 감면받는 방법
   영농자녀가 농지 등을 동시에 2필지 이상 증여받은 경우에는 증여세를 감면받으려는 농지 등의 순위를 정하여 감면 신청을 하여야 한다. 단, 순위를 정하지 아니하고 신청한 경우에는 증여 당시 농지 등의 가액이 높은 순으로 감면을 신청한 것으로 본다.

4. 감면받은 증여세의 추징
   농지 등을 물려받으면서 증여세를 감면받은 영농자녀가 물려받은 날부터 5년 이내에 이를 양도하거나 해당 농지 등에서 직접 영농에 종사하지 않게 되면, 감면받은 세금과 이에 대한 이자 상당 가산세를 포함하여 증여세가 추징된다.

11 위 글에 따를 때 자경농민이 영농자녀에게 농지 등을 증여하는 경우의 증여세 감면에 대해 보인 반응으로 가장 적절한 것은?

① 증여하는 자경농민과 증여받는 영농자녀 중 한 명만 직접 영농에 종사하고 있어도 되는군.

② 감면 대상 농지 등에는 논, 밭, 과수원, 농가주택용지, 초지, 산림지, 축사용지가 포함되는군.

③ 영농자녀가 동시에 농지 4필지를 증여받는 경우 해당 농지들의 순위를 정하지 않으면 감면을 받을 수 없겠군.

④ 감면을 받기 위해서는 증여받는 날이 속하는 달의 말일부터 3개월 이내에 증여한 자가 주소지 관할 세무서에 감면 신청을 해야 하는군.

⑤ 농지에 대해 증여세를 감면받은 영농자녀가 증여받은 날부터 3년 뒤에 해당 농지를 양도하면 감면받은 세금보다 더 많은 금액을 추징당하겠군.

12 위 글에 따를 때 자경농지 등의 증여 시 증여세 감면을 신청하기 위해 반드시 제출해야 하는 서류로 보기 어려운 것을 [보기]에서 모두 고른 것은?

| 보기 |

ㄱ. 증여자와 수증자가 동일한 세대 내에 속해 있음을 확인할 수 있는 주민등록등본
ㄴ. 증여자와 수증자의 농업활동을 확인할 수 있는 영농사실 확인서
ㄷ. 해당 농지의 현재 지가를 알 수 있는 공시지가 조회서
ㄹ. 증여받은 농지의 정보를 확인할 수 있는 농지원부

① ㄱ, ㄴ

② ㄱ, ㄷ

③ ㄴ, ㄹ

④ ㄱ, ㄷ, ㄹ

⑤ ㄱ, ㄴ, ㄷ, ㄹ

[13~14] 다음 [안내문]을 읽고 이어지는 물음에 답하시오.

[안내문]

　○○농촌연구원에서는 '우리 과채류 매력 알리기 콘텐츠 공모전'을 다음과 같이 개최할 예정입니다. 우리의 채소, 과일을 사랑하는 분들의 적극적인 참여 부탁드립니다.

1. 참가 대상

　국산 채소, 과일을 사랑하는 누구나

　※ 1인 5작품 이내로 중복 접수 가능(중복 수상은 불가)

　※ 타 공모전 수상작 또는 기존 접수작 응모 불가

2. 작품 내용

　• 대상 품목: 국산 오이, 토마토, 애호박, 가지, 풋고추, 파프리카, 참외, 딸기

　　※ 수입산 농산물을 활용하여 응모할 경우 탈락

　　※ 국산일 경우에 한해 다품목 조합 가능

　• 작품 주제: 함께 알고, 함께 나누는 국산 과채류의 매력

　　– 대상 품목의 효능 및 장점, 우수성을 구체적으로 알릴 수 있는 내용

　　– 생활 속에서 대상 품목을 체험함으로써 소비를 유도할 수 있는 내용

　　– 대상 품목의 생산, 유통, 소비 과정에 관한 내용

　• 작품 규격

　　– 사진 부문: 디지털 카메라, 스마트폰으로 찍은 jpg 형태의 사진 원본

　　– 동영상 부문: 유튜브 업로드 URL 링크 또는 avi 형태의 2분 이내 동영상

　　– 카드뉴스 부문: jpg 형태의 가로·세로 1:1 비율 이미지 10장 이내

3. 접수 및 심사

　• 접수 기간: 2021년 8월 9일(월)~10월 24일(일)

　• 접수 방법: 참가 신청서 작성 및 온라인 접수

　• 심사 내용

구분	심사 내용	기간
1차 심사	○○농촌연구원 운영사무국에서 100작품 내외 선발	2021년 10월 4주차
2차 심사	외부 위촉 심사위원 평가를 통한 수상작 선정	2021년 11월 1주차

　• 1·2차 심사 기준: 작품 의도 30%, 표현력 30%, 창의성 20%, 완성도 20%

4. 시상 내역

구분	사진 부문	동영상 부문	카드뉴스 부문	시상 내역
대상		1작품		200만 원
우수상		3작품		100만 원
장려상	1작품	3작품	2작품	50만 원
가작	2작품	4작품	4작품	20만 원
입선		20작품		10만 원

---

13 위 [안내문]을 읽고 '우리 과채류 매력 알리기 콘텐츠 공모전'에 대해 보인 반응으로 적절하지 않은 것을 고르면?

① 모든 시상은 각 부분별로 진행되겠군.

② 최종 수상작 중 사진은 적어도 3작품 이상이겠군.

③ 실질적으로 참가 대상에서 제한되는 사람은 거의 없겠군.

④ 한 사람이 여러 작품을 출품하더라도 두 작품 이상 수상할 수는 없겠군.

⑤ 1차 심사와 2차 심사 모두 창의성보다는 작품 의도에 더 많은 가중치를 두는군.

14 다음 [출품 내역]은 '우리 과채류 매력 알리기 콘텐츠 공모전'에 참가한 A~D의 작품에 대한 내용이다. 위 [안내문]에 따를 때 적합하지 않은 작품을 출품한 사람을 모두 고르면? (단, 언급하지 않은 내용은 고려하지 않는다)

[출품 내역]

• A: 국산 파프리카와 토마토를 이용해 만든 샐러드를 보는 사람까지 먹고 싶도록 맛있게 먹는 스마트폰 사진

• B: 국산 애호박의 생산 과정을 생생하게 담은 13장 상당의 카드뉴스

• C: 국산 풋고추와 외국산 풋고추의 외관상 차이를 보여 주며, 풋고추를 섭취함으로써 얻을 수 있는 효능을 소개하는 1분 30초 상당의 간략한 동영상

• D: 국산 딸기의 파종부터 재배까지의 익어 가는 과정을 빠르게 담은 1분 상당의 동영상

---

① A, B   ② A, C   ③ B, C   ④ B, D   ⑤ C, D

[15~16] 다음 [안내문]을 보고 이어지는 물음에 답하시오.

[안내문]

장애고객 지원 서비스

NH농협은행은 장애 고객님께서 불편함이 없도록 다음의 서비스를 운영하고 있으니, 은행 업무를 보시는 데 참고하시기 바랍니다.

1. 영업점 지원

○ 보이스아이(Voiceye) 프로그램

  - 저시력·시각장애 고객을 위해 텍스트를 음성으로 전환해 주는 보이스아이 바코드를 상품·서비스 안내 자료에 삽입

  - 보이스아이 바코드를 스마트폰 보이스아이 앱이나 시각장애인용 코드스캔 장비로 스캔하면 텍스트를 음성으로 읽어 줌

○ 점자 약관 교부

  - 시각장애 고객의 요청 시, 점자로 표기된 최신 약관 자료를 고객의 주소로 배송

  - 총 소요기간: 1~2주 내외

○ 저시력·시각장애 고객용 자동화기기(ATM)

  - ATM 이용 방법을 설명해 놓은 점자 안내문 게시

  - 고객이 ATM에 접근할 경우 이어폰 위치 및 이어폰 착용 등에 대한 음성 안내 제공

  - ATM 내에 화면 확대 기능 구비

○ 점자 카드

  - 당행에서 발급되는 모든 현금 IC 카드에 점자 표기

  - 에코 마일리지 점자 카드 발급 서비스 개시

2. 비대면 채널 지원

○ 화상 수어상담 서비스

  - NH스마트뱅킹에서 화상 수어상담 서비스 이용 가능

  - 상품 상담, 구비서류 안내, 금융서비스 이용 안내, 금융사기 상담 등의 서비스 제공

○ ARS 서비스

  - 말로 하는 ARS: 원하는 서비스 코드를 음성으로 말하고 선택하는 ARS 서비스

  - 맞춤형 ARS: 고객이 자주 이용하는 메뉴(최근 3개월)를 우선 안내해 주는 서비스

  - ARS 메뉴 보기: 전송된 문자의 URL을 클릭하면 웹 화면에서 ARS 메뉴를 선택할 수 있는 서비스

○ 텔레뱅킹 서비스

  - 텔레뱅킹 거래 시 입력 제한 시간을 20초로 완화하는 서비스

    ※ 일반적인 텔레뱅킹 서비스는 5초 이내에 버튼을 입력해야 서비스 이용 가능

– 별도의 신청 절차 없이 저시력·시각장애 고객용 서비스 코드 입력 시 이용 가능

서비스 종류	서비스 코드	서비스 종류	서비스 코드
농협 내 이체	121	다른 은행으로 이체	122
잔액 조회	123	입출금 거래내역 조회	124

○ 인터넷뱅킹 서비스
- 음성지원 프로그램인 '스크린리더'가 설치되어 있는 컴퓨터에서는 소리만으로도 인터넷뱅킹 이용 가능
- 마우스 없이 키보드만으로도 모든 페이지 이용 가능: 'TAB'은 메뉴 간 이동, 'ENTER'는 실행, 방향키는 화면 상하 이동 등
○ 모바일뱅킹 서비스
- 큰글 조회, 큰글 이체 등의 큰글 보기 기능 제공
- 화상 상담, 채팅 상담, 이메일 상담 가능
- 'AI 콜봇'을 통한 음성 채팅 상담 가능

15 위 [안내문]에 따를 때 농협은행의 장애고객 지원 서비스에 관한 내용으로 옳은 것은?

① 영업점을 방문한 청각장애 고객은 수어상담 서비스를 통해 행원과 소통할 수 있다.
② 별도의 신청을 하는 시각장애 고객에 한해 점자가 표기된 현금 IC 카드를 발급받을 수 있다.
③ 저시력 고객은 ATM에 연결된 이어폰으로 나오는 음성이나 화면 확대 기능을 통해 ATM을 이용할 수 있다.
④ 상품·서비스 안내 자료에 있는 보이스아이 바코드는 시각장애인용 코드스캔 장비가 있어야만 읽을 수 있다.
⑤ 시각장애 고객이 점자 약관 자료를 요청하였을 경우 고객은 영업점에서 즉시 해당 약관을 교부받을 수 있다.

16 농협은행 고객센터에서 근무하고 있는 이순신 과장은 홍길동 대리에게 다음과 같이 [이메일]을 보냈다. 위 [안내문]에 따를 때 ㉠~㉢ 중 옳지 않은 내용은 모두 몇 개인가?

[이메일]

• 보내는 사람: 이순신(lee@nonghyup.com)
• 받는 사람: 홍길동(hong@nonghyup.com)
• 제목: 장애고객 지원 서비스 관련 응대 건

— —

　　홍길동 대리님, 안녕하세요.

　　최근 고객센터로 장애고객 지원 서비스에 관한 문의가 자주 들어오고 있어, 중요한 사항을 몇 가지 정리해 드리려고 합니다.

　　먼저, ㉠ 저시력·시각장애 고객님께서 별도의 신청을 하실 경우에는 5초로 제한된 텔레뱅킹 입력 시간을 20초로 늘릴 수 있습니다. 참고로, 텔레뱅킹의 저시력·시각장애 고객용 서비스 코드 중 가장 자주 쓰이는 ㉡ 121은 당행 계좌에서 타행 계좌로 이체를 할 때 입력해야 하는 코드입니다.

　　마우스 작동이 어려운 고객님을 위해서 키보드만으로 인터넷뱅킹의 모든 페이지를 이용할 수 있는 시스템도 구비해 놓았습니다. ㉢ 이때 화면을 위아래로 이동하고 싶은 경우에는 키보드의 방향키를 누르면 되고, 특정 항목을 실행하고 싶은 경우에는 'ENTER'를 누르면 됩니다.

　　또한 ㉣ 음성지원 앱인 '스크린리더'가 설치되어 있는 스마트폰에서는 소리만으로 모바일 뱅킹을 이용할 수 있습니다. 모바일뱅킹에서는 채팅이나 이메일을 통한 상담뿐만 아니라 화상 상담도 가능하며, 특히 'AI 콜봇'을 이용하실 경우에는 음성 채팅 상담도 가능합니다.

　　위 사항들을 반드시 숙지하셔서, 고객 문의에 대해 상세히 답변해 주시기 바랍니다.

　　감사합니다.

① 없음
② 1개
③ 2개
④ 3개
⑤ 4개

[17~18] 다음 기사를 읽고 이어지는 물음에 답하시오.

인기도 없고 문턱도 높다, 4세대 실손의료보험 판매량 뚝 떨어져

지난달부터 선보인 4세대 실손의료보험의 판매량이 크게 늘어나지 않는 것으로 나타났다. 보험 업계에서는 이미 예상했던 일이라며, 이는 소비자들이 4세대 실손의료보험을 기존 상품보다 불리하다고 여기기 때문이라고 추측했다.

4세대 실손의료보험은 당장 기존 상품에 비해 보험료가 저렴하다는 것 외에 특별한 매력이 없는데, 특히 진료비 자기부담 비율이 3세대 상품보다 높으며, 비급여 진료 전체 항목을 특약 보장 대상으로 분리해 비급여 의료 이용량과 연계하여 보험료를 할인 또는 할증한다. 즉, 병원 이용이 적은 가입자는 보험료 할인 혜택을 받을 수 있지만, 비급여 이용량이 많으면 보험료가 최대 300%까지 할증되는 것이다.

각 손해보험사에 따르면, 4세대 실손의료보험 출시 후 한 달간 판매량은 이전 3세대 상품 시기와 비교해 절반 미만의 수준이며, 회사에 따라 정도의 차이는 있지만 3세대 '막차'를 타려는 가입자가 몰린 2021년 6월과 비교하면 10분의 1 수준이라고 한다. 또 기존 1~3세대 가입자의 전환도 미미한 수준으로 전해졌다. 이에 대해 보험업계 관계자는 "병원을 자주 이용하려는 소비자는 아무래도 기존 상품이 낫다고 여겨 6월까지 서둘러 가입하려는 움직임이 있었고, 기존 가입자도 4세대 상품으로의 전환에 부정적인 것 같다."라고 말했다.

이러한 4세대 실손의료보험 판매량 급감의 원인에는 소비자의 냉담한 반응뿐 아니라 보험사들이 판매에 소극적인 탓도 있다. 실제로 일부 보험사에서는 최근 2년간 진료 경험이 있거나 각종 보험금 합산액이 일정액을 넘는다는 이유만으로 가입을 거절하는 등 최근 몇 달 새 실손의료보험의 가입 문턱이 급격히 높아졌다.

[3·4세대 실손의료보험 상품구조 비교]

구분	3세대	4세대
구조	급여·비급여 통합	급여·비급여 분리
자기부담률	급여 10% 또는 20%, 비급여 20%(특약 30%)	급여 20%, 비급여 30%
재가입주기	15년	5년
보험료 할인·할증	2년 무사고 할인 10%	2년 무사고 할인 10%, 급여 개별 할인·할증

※ 3세대 비급여 특약 항목: 도수치료, 비급여 주사, 비급여 MRI

[4세대 실손 보험료 할인·할증]

1년간 비급여 보험금 지급액	없음	100만 원 미만	100만 원 이상 ~150만 원 미만	150만 원 이상 ~300만 원 미만	300만 원 이상
보험료 할인·할증	5% 내외 할인	해당 없음	100% 할증	200% 할증	300% 할증

출처: 연합뉴스

17 위 기사를 읽고 농협은행 행원 A~D가 [보기]와 같이 이야기를 나누었을 때, 적절하지 않은 발언을 한 행원을 모두 고르면?

| 보기 |

- A: 4세대 실손의료보험 상품은 병원 이용이 적은 가입자에게 보험료 측면에서 상대적으로 유리한 상품이겠군.
- B: 비급여 보험금 지급 내역이 많으면, 기존 보험료의 최대 3배에 해당하는 금액을 납부해야 할 수도 있겠군.
- C: 소비자들의 4세대 실손의료보험 상품에 대한 호응도는 기존에 출시된 1~3세대 상품보다 낮은 편인가 보군.
- D: 4세대 실손의료보험 상품에 가입하고 싶어도 가입하지 못하는 사람이 있겠군.

① A
② B
③ A, B
④ B, D
⑤ C, D

18 위 기사와 다음 [그림]에 따를 때 옳지 않은 것을 [보기]에서 모두 고르면? (단, 언급하지 않은 사항은 고려하지 않는다)

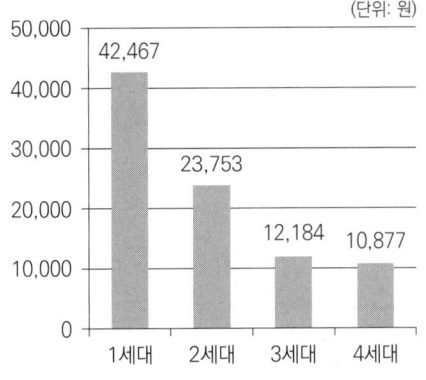

[그림] 40세 남성 기준 월 실손의료보험료

(단위: 원)

| 보기 |

ㄱ. 4세대 실손의료보험을 가입한 40세 남성이 1년간 비급여 보험금을 300만 원 이상 지급 받았더라도, 다음 해 납부하여야 할 보험료는 1세대 실손의료보험을 최초 가입한 40세 남성이 납부하여야 할 보험료보다 적다.

ㄴ. 40세 남성 기준 3세대와 4세대의 실손의료보험 상품의 2년 무사고 시 할인액은 동일하다.

ㄷ. 2세대 이상 실손의료보험 상품 중에서 40세 남성 기준 직전 세대 대비 실손보험료 감소율이 가장 큰 상품은 3세대 상품이다.

ㄹ. 40세 남성 기준 1세대 실손의료보험 가입자가 1년간 납부하여야 할 보험료와 4세대 가입자가 납부하여야 할 보험료의 차이는 30만 원 이상이다.

① ㄱ, ㄴ

② ㄴ, ㄷ

③ ㄷ, ㄹ

④ ㄱ, ㄴ, ㄷ

⑤ ㄱ, ㄷ, ㄹ

[19~20] 다음 글을 읽고 이어지는 물음에 답하시오.

친환경이란 농약과 화학비료를 전혀 사용하지 않거나 최소량만 사용하여 생산한 것을 말하며, 유기농과 무농약으로 구성된다. 유기농은 농약과 화학비료를 전혀 사용하지 않은 것을, 무농약은 농약은 사용하지 않지만 화학비료는 권장량의 1/3 이내로만 사용한 것을 의미한다. 그리고 유기 농축산물을 원료 또는 재료로 사용하여 가공한 식품을 유기식품, 무농약 농축산물을 원료 또는 재료로 사용하여 가공한 식품을 무농약식품으로 분류한다. 특히 유기식품은 유기토양에서 퇴비와 부식토를 이용하고 성장단계에서 화학비료, 농약 등을 사용하지 않고 살충제의 오염 없이 유기적으로 재배, 수확한 농산물을 원료로 하였음은 물론, 착색제, 방부제 등의 식품첨가물을 전혀 사용하지 않고 만든 식품으로 자연식품이라고도 불린다.

기존 규정에서는 유기 농축산물 원재료를 95% 이상 사용하여야만 유기식품 인증이 가능했지만, 2020년 개정된 법에서는 유기 농축산물 원재료를 70% 이상만 사용하여도 인증을 받을 수 있도록 하였다. 단, 유기원료 함량이 70% 이상 95% 미만일 경우에는 '유기 70%'라고 표시하는 것은 가능하나 유기농 인증 로고는 부착이 불가능하고, 유기원료 함량이 95% 이상이 되어야만 로고를 붙일 수 있다. 또 이에 대한 기준도 강화되어 기존에는 단순히 제재만 하는 상황이었다면, 이제는 별도의 인증 없이 '유기', '무농약', '친환경'의 문구를 사용하면 3년 이하의 징역 또는 3,000만 원 이하의 벌금이 부과되도록 하였다.

19 위 글을 읽고 보인 반응으로 적절한 것을 [보기]에서 모두 고른 것은?

| 보기 |

ㄱ. 유기식품은 타 식품에 비해 상대적으로 부패 속도가 빠르겠군.
ㄴ. 유기식품 인증 취득 요건이 과거에 비해 완화되었군.
ㄷ. 유기농 또는 무농약의 식품 표시를 통해 소비자는 안전한 식품을 구매할 수 있는 분별력을 가질 수 있겠어.
ㄹ. 유기농 또는 무농약의 식품 표시를 함으로써 생산자의 입지는 불리해지겠어.

① ㄱ, ㄷ   ② ㄱ, ㄹ   ③ ㄴ, ㄹ
④ ㄱ, ㄴ, ㄷ   ⑤ ㄱ, ㄷ, ㄹ

20 위 글과 다음 [상황]에 따를 때 옳은 것을 [보기]에서 모두 고르면?

[상황]

- 식품 A는 원재료 B, C, D만을 가공하여 만들어졌다.
- B는 농약과 화학비료 모두 사용하지 않은 농축산물로, A의 75%를 차지한다.
- C는 농약은 사용하지 않았지만 화학비료는 1ha당 25kg을 사용한 농축산물로, A의 20%를 차지한다.
- D는 농약은 사용하였지만 화학비료는 사용하지 않은 농축산물로, A의 5%를 차지한다.
- B, C, D의 화학비료 권장량은 모두 1ha당 100kg이다.

| 보기 |

ㄱ. A는 유기식품 인증을 받을 수 있고, 유기농 인증 로고도 부착할 수 있다.
ㄴ. B는 친환경 농축산물이지만, D는 친환경 농축산물이 아니다.
ㄷ. C는 무농약식품으로 분류된다.

① ㄱ
② ㄴ
③ ㄱ, ㄴ
④ ㄴ, ㄷ
⑤ ㄱ, ㄴ, ㄷ

[21~22] 다음 글을 읽고 이어지는 물음에 답하시오.

공익직불제란 농업 활동을 통해 환경 보전, 농촌 공동체 유지, 먹거리 안전 등 공익 기능을 증진할 수 있도록 농업인에게 보조금을 지원하는 제도이다. 기존 직불제는 쌀에 편중되어 있었기 때문에 전체 농가의 소득을 안정시키는 기능을 하는 데 어려움이 있었다. 또한 환경 보전, 공동체 유지, 경관 등 공익적 기능에 대한 국민의 요구가 증대되면서 직불제 개편에 대한 필요성이 대두되었다.

이에 정부는 기존 9개 직불제 중 6개를 '농업·농촌 공익증진직불제'(공익직불제)로 통합하고, 이 공익직불제를 기본형 공익직불과 선택형 공익직불로 구분하였다. 기본형 공익직불은 일정액을 지급하는 소농직불금과 면적이 커질수록 지급 단가가 낮아지는 면적직불금으로 나뉜다. 기본형 직불금 지급 대상 농업인은 기존 3개에서 개편 후 17개로 확대된 다음의 준수 사항을 실천해야 한다.

[기본형 공익직불 준수 사항]

분야	준수 사항
환경	• 화학비료 사용 기준 준수 • 비료 적정 보관 및 관리 • 가축분뇨 퇴비·액비화 및 살포 기준 준수 • 공공수역 농약·가축분뇨 배출 금지 • 하천수 이용 기준 준수 • 지하수 이용 기준 준수
생태	• 농지의 형상·기능 유지 • 생태교란생물의 반입·사육·재배 금지 • 방제 대상 병해충 발생 시 신고
공동체	• 마을공동체 공동 활동 실시 • 영농폐기물의 적정 처리
먹거리 안전	• 농약 안전 사용 및 잔류 허용 기준 준수 • 기타 유해물질 잔류 허용 기준 준수 • 안전성 조사 결과 부적합 농산물 출하 제한 명령 준수
제도 기반	• 영농기록 작성 및 보관 • 농업·농촌 공익 증진 교육 이수 • 경영체 등록·변경 신고

만약 위 준수 사항을 이행하지 못했을 경우에는 항목별로 직불금 총액에서 10%를 감액한다. 만약 동일 사항을 반복하여 위반했다면, 2차 위반 시에는 20%, 3차 위반 시에는 40%로 감액률이 가중된다. 따라서 직불금 전액을 수령하지 못하는 상황이 발생할 수도 있다.

[기본형 직불금 감액 예시]

구분	2021년	2022년	2023년
위반 사항 (감액률)	비료 적정 보관 및 관리 (10%)	비료 적정 보관 및 관리 (20%)	비료 적정 보관 및 관리 (40%)
	—	영농기록 작성 및 보관 (10%)	영농기록 작성 및 보관 (20%)
총감액률	10%	30%	60%

선택형 공익직불은 친환경직불, 경관보전직불, 논활용(논이모작)직불로 분류되고, 제도 운영과 단가 등은 기존 직불제와 동일하게 유지한다. 기본형 공익직불을 신청한 사람도 선택형 공익직불을 추가하여 신청할 수 있다.

21 위 글을 읽고 추론한 내용으로 적절하지 않은 것을 [보기]에서 모두 고르면?

| 보기 |

ㄱ. 기본형 공익직불 지급 대상 농업인은 영농폐기물을 발생시켜서는 안 된다.

ㄴ. 선택형 공익직불을 지급받는 농업인 중에는 기본형 공익직불을 지급받는 사람이 있을 수 있다.

ㄷ. 쌀 농가의 경영을 안정시키는 데 한계가 발생하자 정부는 기존 직불제를 공익직불제로 개편하였다.

ㄹ. 기본형 공익직불 지급 대상 농업인은 기존 직불제에 따라 직불금을 지급받을 때보다는 준수해야 하는 사항이 줄어들었다.

① ㄱ

② ㄱ, ㄷ

③ ㄴ, ㄹ

④ ㄱ, ㄷ, ㄹ

⑤ ㄴ, ㄷ, ㄹ

22 기본형 공익직불금 대상자인 농업인 A는 소농직불금 형태로 2021~2023년 동안 매년 120만 원의 직불금을 지급받는다. A가 [기본형 공익직불 준수 사항] 중 위반한 항목이 다음 [A의 위반 사항]과 같을 때, 2021~2023년 동안 A가 수령한 기본형 공익직불금을 모두 합한 금액으로 옳은 것은?

[A의 위반 사항]

연도	위반 사항
2021년	• 공공수역 농약·가축분뇨 배출 금지 • 생태교란생물의 반입·사육·재배 금지 • 마을공동체 공동 활동 실시
2022년	• 지하수 이용 기준 준수 • 마을공동체 공동 활동 실시 • 영농기록 작성 및 보관
2023년	• 하천수 이용 기준 준수 • 마을공동체 공동 활동 실시 • 영농기록 작성 및 보관

① 180만 원
② 192만 원
③ 204만 원
④ 228만 원
⑤ 252만 원

23 다음 [표]는 A사와 B사의 손익계산서이다. 이에 대한 설명으로 옳지 않은 것을 고르면? (단, 언급되지 않은 내용은 고려하지 않는다)

[표] A사와 B사의 손익계산서

(단위: 억 원)

구분		A사 당기	A사 전기	B사 당기	B사 전기
매출액		300	280		150
매출원가			120	53	45
매출총이익					105
판매비·관리비		85			66
	급여		33	28	34
	복리후생비		22	14	18
	차량유지비	10	9	7	9
	지급수수료	15	16	6	5
영업손익		110		45	39
영업외수익		95	77	60	72
영업외비용		45	29	20	41
당기순이익				85	70

※ 매출총이익＝매출액－매출원가
※ 영업손익＝매출총이익－판매비·관리비
※ 당기순이익＝영업손익＋영업외수익－영업외비용
※ 인건비는 급여와 복리후생비를 합한 값임

① A사의 당기 매출원가는 매출액의 35%이다.
② A사의 전기 영업손익은 영업외수익보다 적다.
③ A사의 당기순이익은 당기가 전기보다 1.25배 더 높다.
④ B사의 당기 인건비는 A사의 70%이다.
⑤ B사의 전기 대비 당기의 매출액 증가율은 3% 미만이다.

24 다음 [표]는 갑이 A~D사의 주식을 매수·매도한 내역과 A~D사의 일자별 종가 기록을 나타내고 있다. 갑은 모든 종목을 종가에 매수해 종가에 매도하였다고 할 때, [보기] 중 옳지 않은 것을 모두 고르면? (단, 매수·매도 금액 외에는 고려하지 않는다)

[표 1] 갑의 A~D사 주식 매수·매도 내역

일자	매수	매도
8/20	A사 8주, C사 2주	—
8/21	D사 5주	—
8/22	B사 6주, D사 5주	—
8/25	C사 10주	A사 4주
8/26	—	B사 6주
8/27	—	C사 12주
8/28	—	A사 4주, D사 10주

[표 2] A~D사의 종가 기록

(단위: 원)

일자	A사	B사	C사	D사
8/20	128,000	98,000	256,000	14,500
8/21	154,000	102,000	288,000	14,800
8/22	161,000	106,000	302,000	13,200
8/25	152,000	111,000	279,000	12,800
8/26	155,000	117,000	252,000	11,000
8/27	162,000	124,000	211,000	10,200
8/28	171,000	128,000	198,000	9,800

| 보기 |

ㄱ. 갑은 8월 20일부터 8월 28일까지의 거래로 484,000원의 수익을 얻었다.

ㄴ. 8월 20일 대비 8월 28일의 종가 등락률의 절댓값이 가장 높은 곳은 A사이다.

ㄷ. 회사별로 갑의 마지막 매수 시점 대비 첫 매도 시점의 주가 등락률의 절댓값이 가장 낮은 곳은 B사이다.

① ㄱ
② ㄴ
③ ㄷ
④ ㄱ, ㄷ
⑤ ㄴ, ㄷ

25 다음 [표]는 온라인농산물거래소에서 취급하는 농산물 마늘, 양파, 배, 사과의 판매 내역에 관한 자료이다. 이 네 가지 농산물의 온라인농산물거래소 판매에 대한 [보고 내용]에 따를 때, A~D에 들어갈 농산물을 옳게 짝지은 것은? (단, 마늘과 양파는 채소로 분류하고, 배와 사과는 과일로 분류한다)

[표] 온라인농산물거래소 판매 내역

(단위: 톤, 만 원/톤)

구분	2021년 2월		2021년 3월		2021년 4월		2021년 5월	
	판매량	가격	판매량	가격	판매량	가격	판매량	가격
A	2,020	140	2,420	130	3,120	120	3,840	130
B	420	650	630	600	560	720	940	770
C	30	400	65	440	60	480	88	520
D	4	480	7	510	12	490	16	450

[보고 내용]

ㄱ. 2021년 4월 판매량이 전월 대비 감소한 농산물은 마늘과 사과이다.

ㄴ. 2021년 2월부터 5월까지 월별 총 판매액이 가장 많았던 농산물의 종류는 모두 채소이다.

ㄷ. 2021년 2월 판매량 대비 2021년 5월 판매량의 증가율이 100% 이상인 농산물은 마늘, 배, 사과이다.

	A	B	C	D
①	마늘	양파	사과	배
②	마늘	배	사과	양파
③	양파	마늘	배	사과
④	양파	마늘	사과	배
⑤	양파	사과	마늘	배

[26~27] 다음 [표]는 S사 사내 제과점의 메뉴와 상품별 제조일자에 따른 판매가격을 나타내고 있다. [표]를 보고 이어지는 물음에 답하시오.

[표 1] 메뉴판

케이크류		빵류		쿠키류	
딸기 생크림 케이크	30,000원	블루베리 롤빵	8,000원	딸기 마카롱	4,000원
초코 생크림 케이크	20,000원	앙금 버터빵	4,000원	초코 마카롱	3,000원
고구마 케이크	25,000원	딸기 크루아상	6,000원	치즈 마카롱	2,000원
모카 케이크	22,000원	소시지 피자빵	5,000원	초코 버터쿠키	3,000원
블루베리 케이크	28,000원	바게트 샌드위치	7,000원	모카 버터쿠키	4,000원
아이스크림 케이크	24,000원	치즈 타르트(3개)	8,000원	캐러멜 버터쿠키	4,000원

※ 상품명에 과일명이 언급되는 상품에는 과일이 들어가 있고, 과일명이 언급되지 않은 상품에는 과일이 들어가 있지 않음
※ 치즈 타르트는 3개 묶음으로만 판매함

[표 2] 상품별 제조일자에 따른 판매가격

구분			제조일자 및 판매가격
케이크류	일반 케이크	과일이 들어간 케이크	• 당일~1일 이내: 정가 • 2일~4일 이내: 30% 할인
		과일이 들어가지 않은 케이크	• 당일~2일 이내: 정가 • 3일~4일 이내: 20% 할인
	아이스크림 케이크		• 당일~6일 이내: 정가 • 7일~13일 이내: 20% 할인
빵류	실온보관용 빵	과일이 들어간 빵	당일 판매만 가능 • 오후 6시 전: 정가 • 오후 6시 이후: 50% 할인
		과일이 들어가지 않은 빵	• 당일: 정가 • 1일 경과: 20% 할인 • 2일 경과: 40% 할인
	냉장보관용 빵 (샌드위치, 타르트)		• 당일: 정가 • 1일 경과: 60% 할인
쿠키류	마카롱		• 당일~1일 이내: 정가 • 2일~4일 이내: 20% 할인
	버터쿠키		• 당일~6일 이내: 정가 • 7일~13일 이내: 50% 할인

※ 당일은 제조일을 의미함
※ 언급된 기간이 지나면 폐기처분함. 예를 들어, 냉장보관용 빵은 제조일 당일과 다음 날까지만 판매하고, 판매하지 못하는 양은 폐기처분함
※ S사 직원이 빵류를 구매할 경우 제조 당일에 한해 판매가격에 10% 할인을 적용함(중복 할인 가능)

26 위 [표]에 따를 때 S사 사내 제과점의 상품에 관한 설명으로 옳은 것을 [보기]에서 모두 고르면?

| 보기 |

ㄱ. 제조일 당일에만 판매할 수 있는 상품은 블루베리 롤빵과 딸기 크루아상뿐이다.

ㄴ. 제조일에서 2일이 경과한 후 가장 저렴한 케이크는 초코 생크림 케이크이다.

ㄷ. 빵류 중 판매 단위당 최종 판매가격이 가장 저렴해질 수 있는 상품은 바게트 샌드위치이다.

ㄹ. 버터쿠키의 판매기간은 마카롱의 판매기간보다 2.8배 더 길다.

① ㄱ, ㄷ   ② ㄱ, ㄹ   ③ ㄴ, ㄷ

④ ㄴ, ㄹ   ⑤ ㄷ, ㄹ

27 다음 [구매 내역]은 S사 직원인 갑이 오후 6시 퇴근 후 사내 제과점에서 상품을 구매한 내역이다. 위 [표]에 따를 때 갑이 지불해야 할 금액은 총 얼마인가?

[구매 내역]

• 당일 제조한 고구마 케이크 1개

• 당일 제조한 딸기 크루아상 1개와 치즈 타르트 6개

• 제조일로부터 2일 경과한 초코 마카롱 2개와 모카 버터쿠키 2개

① 47,700원   ② 51,120원   ③ 54,900원

④ 55,200원   ⑤ 83,700원

제1회 실전모의고사

제2회 실전모의고사

제3회 실전모의고사

28 다음 글의 빈칸에 들어갈 내용으로 가장 적절한 것은?

2021년 ○○군 출산정책부에서는 0~24개월 영유아가 있는 가정을 대상으로 기저귀 및 조제분유 지원 사업을 시행하기로 하였다. 이에 따라 ○○군은 신청 가구를 모집하였으며 그 목록은 [표 1]과 같다.

[표 1] 기저귀 및 조제분유 지원 사업 신청 가구 목록

| 신청 가구 | ○○군 거주 기간 | 가구원 수 | 주민등록등본상 자녀 수 | 부부 합산 연소득(만 원) | | 특이 사항 |
				2020년	2019년	
A	4년	7명	0세 1명, 1세 1명, 5세 2명, 11세 1명	12,000	13,000	맞벌이 가정
B	9년	4명	1세 2명	8,500	8,800	—
C	6년	2명	1세 1명	4,000	4,500	조손 가정
D	7년	4명	0세 1명, 7세 1명	7,000	6,800	맞벌이 가정
E	2년	3명	0세 1명	5,500	5,800	—
F	12년	2명	1세 1명	5,000	5,000	한부모 가정
G	1년	3명	0세 1명, 4세 1명	7,000	6,500	한부모 가정
H	5년	5명	1세 2명, 9세 1명	7,000	7,200	맞벌이 가정

※ 조손 가정, 한부모 가정은 취약계층으로 분류됨

하지만 예산상의 문제로 신청 가구 전체에 지원을 하는 것은 불가능하여, 다음 [표 2]와 같이 평가 항목별 점수를 합산하여 지원 대상 가구를 선정하기로 하였다.

[표 2] 평가 점수 산정 방법

평가 항목	점수
항목 1 ○○군 거주 기간	• 2년 미만: 2점 • 2년 이상 5년 미만: 5점 • 5년 이상 10년 미만: 7점 • 10년 이상: 10점
항목 2 주민등록등본상 자녀 수	• 2세 미만: 1명당 10점 • 2세 이상 5세 미만: 1명당 7점 • 5세 이상 10세 미만: 1명당 3점
항목 3 가구 연소득	• 1,500만 원 미만: 10점 • 1,500만 원 이상 1,800만 원 미만: 8점 • 1,800만 원 이상 2,000만 원 미만: 6점 • 2,000만 원 이상 2,400만 원 미만: 4점 • 2,400만 원 이상: 2점

※ 가구 연소득 = $\dfrac{\text{직전 연도 부부 합산 연소득}}{\text{가구원 수}}$ 을 기준으로 함

평가 점수 산정 결과, 부서 회의를 통해 '평가 점수가 30점 이상인 신청 가구'를 선정하기로 결정하였으나, (   )한다는 조건을 추가한 결과, 총 5가구가 지원 대상 가구로 선정되었다.

① 취약계층은 평가 점수와 상관없이 선정
② 취약계층에는 5점을 가산하여 평가 점수를 산정
③ 자녀가 3명 이상인 다자녀가구는 평가 점수와 상관없이 선정
④ 2020년 부부 합산 연소득이 2019년보다 감소한 경우, 평가 점수와 상관없이 선정
⑤ 2020년 부부 합산 연소득이 2019년보다 증가한 경우, 평가 점수와 상관없이 제외

[29~30] 다음 글을 읽고 이어지는 물음에 답하시오.

제1조 상속에 있어서는 다음 순위로 상속인이 된다.
1. 피상속인의 직계비속
2. 피상속인의 직계존속
3. 피상속인의 형제자매
4. 피상속인의 4촌 이내의 방계혈족

제2조 태아는 상속 순위에 관하여는 이미 출생한 것으로 본다.

제3조 피상속인의 배우자는 피상속인의 직계비속 및 직계존속과 공동상속인이 되며 피상속인의 직계비속과 직계존속이 없을 경우에는 단독 상속인이 되는 위치를 갖는다.

제4조 제1조의 상속순위에서 우선순위의 상속인이 있을 경우 그 아래 순위의 사람은 상속인이 될 수 없다.

제5조 상속 비율은 같은 상속 순위에 있는 사람들이라면 모두가 균등하다. 다만, 피상속인의 배우자만 1.5배로 가산한다.

제6조 피상속인의 유언은 법정 상속 비율에 우선하여 적용한다.

제7조 유류분 제도는 정당한 상속인의 권리를 보호해 주기 위한 제도로, 피상속인의 의사에도 불구하고 법적으로 그 권리를 주장할 수 있는 금액이다. 상속인의 유류분은 다음 각 호에 의한다.
1. 피상속인의 직계비속은 그 법정상속분의 2분의 1
2. 피상속인의 배우자는 그 법정상속분의 2분의 1
3. 피상속인의 직계존속은 그 법정상속분의 3분의 1
4. 피상속인의 형제자매는 그 법정상속분의 3분의 1

제8조 약혼자는 배우자가 될 수 없으나, 약혼자와의 사이에서 태어난 자녀는 직계비속이 된다.

제9조 이혼으로 가족관계가 종료된 배우자는 상속인이 될 수 없으나, 이혼 소송 중 사망하여 이혼 판결을 받기 전이라면 배우자는 상속인이 된다.

제10조 재혼하여 피상속인의 배우자가 되면 상속인이 되나, 재혼 등으로 인한 계자는 상속인이 될 수 없다.

제11조 친자녀가 아니더라도 입양하여 가족관계로 등록하였다면 상속인이 된다. 단, 파양하였다면 상속인이 될 수 없다.

제12조 국적이 외국인이라 하더라도 친자녀라면 상속인이 된다.

제13조 혼외자라 하더라도 소송 등을 통해 친자녀로 인정되면 상속인이 된다.

29 다음 중 위 글을 읽고 보인 반응으로 적절하지 않은 것을 고르면?

① 피상속인의 배우자가 상속하는 유산은 다른 상속인 그 누구보다 많겠군.

② 피상속인의 직계비속이 생존해 있다면, 피상속인의 직계존속은 상속인이 될 수 없겠군.

③ 피상속인이 아들에게는 상속하지 않겠다고 유언을 남겼더라도, 아들이 상속할 수 있는 방법이 있군.

④ 피상속인이 재혼한 배우자의 자녀를 입양하여 가족관계로 등록하였다면, 그 자녀는 상속인이 될 수 있겠군.

⑤ 피상속인의 외도로 인해 출생된 자녀라 하더라도, 그 자녀는 피상속인의 법적 배우자와 함께 상속인이 될 수 있겠군.

30 위 글에 따를 때, 다음 [상황]에서 A~E가 상속하는 재산을 옳게 짝지은 것은? (단, 언급하지 않은 내용은 고려하지 않는다)

> **[상황]**
> • 피상속인 김 씨는 사망하였으며, 김 씨의 상속재산은 10억 원이고 빚은 없다.
> • 김 씨는 배우자 A와 이혼 소송 중 사망하였고, 둘 사이에는 친아들이 있었으나, 그 아들은 지난해 자신의 배우자와 교통사고로 사망하여, 그들의 자식인 B만 생존하였다.
> • 김 씨는 C와 약혼을 하였으나, 혼인신고 전 김 씨가 사망하였다. 김 씨는 생전에 C에게 혼인신고를 할 때, C와 C의 전 배우자 사이에서 태어난 D를 자신의 자녀로 입양하겠다고 약속하였다.
> • 김 씨는 본인이 사망 시 상속재산 전액을 김 씨의 모친인 E에게 상속하겠다고 유언을 남긴 것이 밝혀져, A~D는 유류분반환청구소송을 진행하였다.

① A: 6억 원   ② B: 4억 원   ③ C: 3억 원

④ D: 2억 원   ⑤ E: 5억 원

[31~32] 다음 글을 읽고 이어지는 물음에 답하시오.

교환·분합·수용으로 대체 취득하는 농지의 취득세 면제

일정한 농지의 교환, 분합, 수용 등으로 인한 대체 농지 취득에 대하여는 취득세를 면제한다.

1. 농지의 교환, 분합, 수용
   - 교환: 자기 농지와 타인의 농지를 서로 맞바꾸는 것
   - 분합: 자기 농지의 일부를 타인에게 주고 타인 농지의 일부를 자기 소유로 하는 것
   - 수용: 특정한 공익사업을 위하여 법률이 정한 절차에 따라서 국가나 지방자치단체 또는 공공단체가 강제적으로 토지의 소유권을 취득하는 것

2. 면제 대상 대체 취득 농지 범위
   - 농업진흥지역에서 교환·분합하는 농지
   - 「농어촌정비법」, 「한국농어촌공사 및 농지관리기금법」에 따라 교환·분합하는 농지
   - 「공익사업을 위한 토지 등의 취득 및 보상에 관한 법률」, 「국토의 계획 및 이용에 관한 법률」, 「도시개발법」, 「관광진흥법」, 「농어촌정비법」 등 관계 법령의 규정에 의하여 토지 등이 수용된 후, 그 보상금을 마지막으로 받은 날부터 2년 이내에 대체할 다른 농지를 취득하는 경우

3. 대체 취득 초과분 가세
   - 새로 취득하는 농지가액이 교환·분합·수용된 농지가액보다 큰 경우에는 그 초과하는 금액에 대해 취득세를 납부하여야 한다.
   - 토지 등이 수용된 자가 경작거리 내 지역*에 거주하지 않을 경우에는 대체할 농지를 취득한다 하더라도 취득세를 면제받을 수 없다.
     * 경작거리 내 지역: 농지소재지(농지가 소재하는 시·군·구나 이와 잇닿아 있는 시·군·구) 또는 농지소재지로부터 30km 이내(농지의 중앙지점이 아닌 주소지에 가장 가까운 가장자리를 기준으로 한 직선거리)의 지역

31 위 글을 읽고 농협은행 행원 A~D가 [보기]와 같이 이야기를 나누었을 때, 적절하지 않은 발언을 한 행원을 모두 고르면?

| 보기 |

- A: 자기 농지를 타인의 농지와 교환할 경우, 농지가액이 동일하다면 농지의 취득세를 면제받을 수 있겠군.
- B: 농지의 중앙지점보다는 농지의 가장자리를 기준으로 경작거리 내 지역을 판단해야 취득세 납부자에게 더 유리하겠군.
- C: 대체 취득으로 인해 새로 취득하는 농지가액이 기존 농지가액보다 낮은 경우에는 그 차액에 해당하는 금액에 대한 취득세를 환급받을 수 있겠군.
- D: 「농어촌정비법」에 따라 토지 등이 수용되었다면, 수용이 결정된 날로부터 2년 이내에 이를 대체할 다른 농지를 취득해야 농지의 취득세를 면제받을 수 있겠군.

① A
② B
③ A, C
④ B, D
⑤ A, C, D

32 홍길동이 소유하고 있던 농지가액 8,000만 원의 농지 S가 「공익사업을 위한 토지 등의 취득 및 보상에 관한 법률」에 의해 국가에 수용된 뒤, 홍길동은 보상금과 함께 이를 대체할 농지 A~E를 취득하게 되었다. 다음 [그림]과 [표]에 따를 때, A~E 중 취득세 전액을 면제받을 수 있는 농지는? (단, 보상금은 농지가액으로 한다)

[그림] 홍길동 거주지와 농지와의 거리

※ 각 눈금의 길이는 가로·세로 10km이며, 계산상의 편의를 위해 대각선 길이는 15km로 함

[표] 농지 S 수용에 따른 보상금 지급 및 농지 취득

일자	내용
2019. 4. 2.	농지 수용으로 인한 보상금 4,000만 원을 지급받음
2019. 5. 5.	농지가액이 6,000만 원인 농지 A를 취득함
2019. 6. 8.	농지 수용으로 인한 보상금 4,000만 원을 지급받음
2020. 4. 6.	농지가액이 9,000만 원인 농지 B를 취득함
2021. 1. 9.	농지가액이 7,000만 원인 농지 C를 취득함
2021. 3. 5.	농지가액이 7,500만 원인 농지 D를 취득함
2021. 7. 1.	농지가액이 8,000만 원인 농지 E를 취득함

※ 농지 S 수용에 따른 보상금은 총 2회에 걸쳐 지급됨

① 농지 A   ② 농지 B   ③ 농지 C
④ 농지 D   ⑤ 농지 E

[33~35] N은행의 소상공인 스마트화 지원대출에 관한 **[상품 설명서]**를 읽고 이어지는 물음에 답하시오.

[상품 설명서]

○ 상품명: 소상공인 스마트화 지원대출
○ 상품 특징: 소상공인 스마트화에 필요한 자금을 우대 지원하는 대출상품
○ 계약 기간: 운전자금 최대 5년, 시설자금 최대 15년
○ 대출 한도: 은행의 내부 심사 과정에 따라 책정함
○ 대출 금리: 고정금리, 최저 연 2.385%~최고 연 3.39%
○ 대출 대상
 - AR-VR, 무인주문시스템, 스마트오더, IoT 등 스마트 기술을 이용하여 상품·서비스를 판매하는 소상공인
 - 소상공인시장진흥공단이 선정한 스마트공방 또는 스마트기술 보유기업
 - 온라인 스토어를 통한 물품 판매 실적을 보유한 소상공인
○ 상환 방식: 만기일시상환 또는 원금균등분할상환
○ 중도상환 수수료: 대출의 상환기일이 도래하기 전에 대출금을 상환할 경우 다음에 해당하는 금액을 부담함

$$중도상환\ 금액 \times 중도상환\ 해약금\ 요율 \times \frac{대출\ 잔여\ 일수}{대출\ 기간}$$

※ 중도상환 해약금 요율: 부동산담보 1.4%, 부동산 외 담보 0.9%
※ 대출 기간은 1년을 365일로 보고 1일 단위로 계산함
※ 대출 기간이나 대출 잔여 일수가 3년을 초과하는 경우 3년으로 함
○ 인지세: 대출금 5천만 원까지는 수입인지 비용이 없으나, 5천만 원을 초과하는 경우 대출금액별 수입인지 비용이 다음과 같이 부과되며, 고객과 은행이 각각 50%씩 부담함

대출금액	5천만 원 이하	5천만 원 초과~ 1억 원 이하	1억 원 초과~ 10억 원 이하	10억 원 초과
인지세액	비과세	7만 원	15만 원	35만 원

33 다음 중 N은행의 소상공인 스마트화 지원대출에 대한 내용으로 옳지 않은 것은?

① 시설자금의 대출 최대 기간은 운전자금의 3배이다.

② 대출 한도는 대출을 신청하는 고객이 선택할 수 있다.

③ 대출 고객의 인지세 부담액은 최대 17만 5천 원이다.

④ 무인주문시스템으로 닭강정을 판매하고 있는 소상공인은 본 대출상품을 이용할 수 있다.

⑤ 부동산이 아닌 것을 담보로 하는 것이 부동산을 담보로 하는 것보다 중도상환 시 더 유리하다.

34 N은행에서 소상공인 스마트화 지원대출을 받은 갑~정이 [보기]와 같이 인지세를 부담하였다고 할 때, 바르게 부담한 사람을 모두 고르면?

─ | 보기 |──────────────

- 갑: 4천만 원을 대출받아 인지세로 2만 5천 원을 부담하였다.
- 을: 3억 원을 대출받아 인지세로 3만 5천 원을 부담하였다.
- 병: 7억 원을 대출받아 인지세로 7만 5천 원을 부담하였다.
- 정: 12억 원을 대출받아 인지세로 17만 5천 원을 부담하였다.

① 갑, 병

② 갑, 정

③ 을, 병

④ 을, 정

⑤ 병, 정

35 다음 [표]는 N은행에서 소상공인 스마트화 지원대출을 받은 후 대출금 전액을 중도상환한 A와 B에 대한 자료이다. A와 B의 중도상환 해약금을 옳게 짝지은 것은?

[표] A와 B의 소상공인 스마트화 지원대출 이용 내역

구분	A	B
대출일	2018. 10. 1.	2020. 5. 1.
대출 금액	5,000만 원	4,000만 원
대출 기간	5년	2년
대출 금리	2.5%	3.0%
상환 방식	만기일시상환	만기일시상환
중도상환일	2020. 9. 30.	2021. 5. 1.
담보	부동산	재고자산

	A	B
①	420,000원	180,000원
②	420,000원	280,000원
③	450,000원	360,000원
④	700,000원	180,000원
⑤	700,000원	360,000원

[36~38] 다음은 P은행의 여비지급규정 중 일부 내용이다. 규정을 읽고 이어지는 물음에 답하시오.

제1조 ① 이 규정은 임원 및 직원이 업무를 위하여 여행할 때의 여비지급에 관한 사항을 정함을 목적으로 한다.

② 은행업무상 필요에 의하여 직원이 아닌 자를 여행하게 할 경우에는 은행장의 승인을 얻어 그 대우에 상당한 직위의 여비를 지급할 수 있다.

제2조 ① 국내여비는 철도운임, 항공운임, 선박운임, 자동차운임, 일비, 식대, 숙박료, 이전료 및 가족여비로 한다.

② 국외여비는 철도운임, 항공운임, 선박운임, 자동차운임, 기본체재비, 일비, 숙박료, 식대, 월당체재비, 자료수집비, 이전료, 가족여비 및 사망자여비로 한다.

제3조 여비는 일반적인 경로 및 방법에 의하여 계산한다. 그러나 업무형편상 또는 천재지변 등 그 밖의 부득이한 사유로 일반적인 경로 및 방법에 의한 여행을 하기 곤란한 경우에는 실제로 여행한 경로 및 방법에 의하여 계산한다.

제4조 특별한 임무 또는 사유로 인하여 이 규정에 의한 여비가 그 실비보다 부족한 경우에는 은행장의 승인을 얻어 실비를 지급할 수 있다.

제5조 ① 임원을 수행하는 직원에 대하여는 임원과 동등한 여비를 지급할 수 있다.

② 직위를 달리하는 자가 동일업무로 동반 출장하는 경우에 하급자의 여비 중 철도운임, 선박운임, 자동차운임, 식대 및 숙박료를 최상위자와 동등하게 지급할 수 있다.

제6조 ① 여행 중 직위가 변경되었을 때에는 그 발령일로부터 새로운 직위에 의한 여비를 지급한다.

② 여행 중 여비의 정액이 개정되었을 때에는 여행기간에 대하여 많은 금액으로 지급한다.

제8조 철도여행에는 철도운임, 수로여행에는 선박운임, 항공여행에는 항공운임, 철도에 의하지 아니한 육로여행에는 자동차운임을 [별표 1]에서 정하는 바에 의하여 이를 지급한다.

제9조 철도·선박운임 지급에 있어서 등급 구별이 없는 경우는 승선에 필요한 실비를 지급한다.

제10조 업무상 여행으로 적립한 항공마일리지가 있는 경우 항공운임 중 그 해당액만큼 감액하여 지급한다.

제12조 ① 일비와 숙박료 및 식대는 [별표 1]에서 정하는 바에 의하여 이를 지급한다.

② 일비 및 식대는 여행일수에 따라, 숙박료는 숙박한 밤의 수에 따라 이를 지급한다.

제13조 위 조항들에도 불구하고 당일 귀임할 때의 여비는 [별표 2]에서 정하는 바에 의하여 이를 지급한다.

제14조 동일지에 장기간 체류할 때의 일비와 숙박료는 그곳에 도착한 익일부터 기산한 일수가 15일을 초과할 때에는 그 초과일수에 대하여 정액의 10%, 30일을 초과할 때에는 그 초과일수에 대하여 정액의 20%, 60일을 초과할 때에는 그 초과일수에 대하여 정액의 30%를 감액 지급한다.

[별표 1]

구분	철도운임	항공운임	선박운임	자동차운임	일비	식대	숙박료
임원	실비(특실)	실비정액	특등정액	실비정액	20,000원	실비	실비
지역본부장	실비(특실)	실비정액	1등 정액	실비정액	20,000원	30,000원	140,000원
부점장급	실비(특실)	실비정액	1등 정액	실비정액	20,000원	25,000원	85,000원
부점장급 이외 기타직원	실비(일반실)	실비정액	1등 정액	실비정액	18,000원	25,000원	70,000원

[별표 2]

구분	근무지 내	근무지 외
6시간 이상	일비정액	일비정액＋해당구간에 대한 교통비 실비
3시간 이상 6시간 미만	일비정액의 1/2	일비정액의 1/2＋해당구간에 대한 교통비 실비
3시간 미만	교통비 실비	교통비 실비

※ 근무지 외라 할지라도 편도 10km 이내의 거리는 근무지 내로 봄
※ 당일 귀임 출장 시 임원의 경우 규정된 여비 외에 식대 실비를 지급할 수 있음

36 다음 중 위 규정에 대한 설명으로 옳지 않은 것은?

① 국내 출장을 하다 사망할 경우에는 사망자여비를 지급받을 수 없다.

② 동일한 업무의 수행이라면 직급이 다르더라도 동일한 여비를 지급받을 수 있다.

③ 여행 중 여비 규정이 변경되었을 경우, 해당 규정의 변경 전 내용과 변경 후 내용 중 직원에게 유리한 규정을 적용한다.

④ T은행 직원이 P은행의 업무상 필요에 의해 출장을 가는 경우 P은행장의 승인에 따라 P은행으로부터 여비를 지급받을 수 있다.

⑤ 출장 중 자연재해에 따른 도로 사정으로 인해 일반적인 경로에서 우회하여 이동한 결과, 이에 소요되는 자동차운임이 증가하였다면, 증가분에 대한 여비를 지급받을 수 있다.

37 위 규정에 따를 때, P은행 임원 A와 사원 B가 지급받을 수 있는 최대 여비를 옳게 짝지은 것은?

[임원 A의 출장 내용]

출장 기간	7월 20일 오후 1시~오후 5시
출장 장소	근무지 외(근무지와의 거리 왕복 18km)
교통비	자동차운임 25,000원

[사원 B의 출장 내용]

출장 기간	7월 18일~7월 20일
출장 장소	근무지 외(근무지와의 거리 편도 300km)
교통비	철도운임 편도 기준 80,000원(일반실 이용)
비고	부점장과 동일한 업무로 동반 출장함

※ 사원 B가 이용한 철도의 특실 운임은 편도 기준 120,000원임

	A	B
①	10,000원	539,000원
②	10,000원	545,000원
③	20,000원	545,000원
④	45,000원	539,000원
⑤	45,000원	545,000원

38 위 규정에 따를 때, P은행 지역본부장인 갑이 지급받을 수 여비는 총 얼마인가?

> [직원 갑의 출장 내용]
> • 출장 기간: 7월 5일~7월 25일(출장지에 7월 5일에 도착)
> • 출장 장소: A지역(출장 기간 내내 동일함)
> • 교통비: 항공운임 편도 기준 110,000원(업무상 적립한 항공마일리지 총 50,000원 보유),
>   자동차운임 총 80,000원

① 3,904,000원
② 4,034,000원
③ 4,110,000원
④ 4,160,000원
⑤ 4,210,000원

[39~41] N은행의 카드 VIP 제도에 관한 [안내문]을 읽고 이어지는 물음에 답하시오.

[안내문]

N은행 카드 VIP는 카드이용실적 및 신용도가 우수한 고객님을 매년 선정하여 N은행 카드만의 특별한 서비스를 제공해 드리는 제도입니다.

1. 개인카드 VIP 선정 기준

○ 선정 기간

- 선정일: 매년 1월 1일
- 서비스 제공 기간: 1월 1일~12월 31일
- 종합마일리지 산정 기간: 전전년도 12월 1일~전년도 11월 30일

○ 선정 등급: 종합마일리지(＝카드이용점수＋우대점수)에 따라 매김

등급	ROYAL＋	ROYAL	CLASSIC	SKY
점수	별도 선정	5,000점 이상	3,600점 이상 5,000점 미만	1,200점 이상 3,600점 미만

※ ROYAL＋ 등급은 당행에서 정한 내부 기준에 의해 별도 선정

○ 점수 기준

카드이용점수			우대점수
일시불	국내	1만 원당 1점	
	해외	1만 원당 2점	• 리볼빙 신청 시 20점
체크카드 이용대금		1만 원당 0.5점	• 카드 결제계좌 등록 시 20점
할부	무이자	1만 원당 1점	• 카드론 동의 시 20점
	유이자	1만 원당 2점	• 마케팅 동의 시 건당 20점
카드대출	장기	1만 원당 2점	• 자동이체 시 건당 10점(최대 40점)
	단기	1만 원당 1점	• 장기거래 시 10년당 100점(최대 300점)

2. 기업카드 VIP 선정 기준

○ 선정 기간: 개인카드 VIP와 동일

○ 선정 등급: 종합마일리지(＝카드이용점수＋우대점수)에 따라 매김

등급	ROYAL＋	ROYAL	CLASSIC	SKY
점수	별도 선정	20,000점 이상	10,000점 이상 20,000점 미만	6,000점 이상 10,000점 미만

※ ROYAL＋ 등급은 당행에서 정한 내부 기준에 의해 별도 선정

○ 점수 기준

카드이용점수			우대점수
일시불	국내	1만 원당 1점	
	해외	1만 원당 2점	• 카드 결제계좌 등록 시 20점
체크카드 이용대금		1만 원당 0.5점	• 장기거래 시 10년당 100점(최대 300점)
할부	무이자	1만 원당 1점	
	유이자	1만 원당 2점	

3. 등급별 우대서비스

○ 개인카드 VIP

구분	서비스 내용	ROYAL+	ROYAL	CLASSIC	SKY
특별서비스	사은행사 최우선 초청	○	○		
	생일축하 사은품 제공	○	○	○	
	전용상담 데스크 운용	○	○		
카드서비스	카드이용내역 SMS 서비스 이용료 면제	○	○	○	○
	2~3개월 무이자 할부	○	○	○	○
	할부수수료 할인	20%	20%	10%	5%
	단기카드대출 수수료 할인	10%	10%	10%	5%
	장기카드대출 금리 감면	○	○	○	○
	연체 시 3영업일간 거래정지 유예	○	○	○	○
수신서비스	자동이체 수수료 면제	○	○	○	
	당행·타행의 온라인 송금수수료 면제	○	○	○	

○ 기업카드 VIP

구분	서비스 내용	ROYAL+	ROYAL	CLASSIC	SKY
특별서비스	사은행사 최우선 초청	○	○		
	창립기념축하 사은품 제공	○	○	○	○
카드서비스	카드이용내역 SMS 서비스 이용료 면제	○	○	○	○
	연체 시 3영업일간 거래정지 유예	○	○	○	○
수신서비스	자동이체 수수료 면제	○	○	○	
	당행·타행의 온라인 송금수수료 면제	○	○	○	

39 위 [안내문]에 따를 때 N은행의 카드 VIP 제도에 대한 설명으로 옳지 않은 것은?

① 종합마일리지 산정 기간은 12개월이다.

② ROYAL+ 등급은 N은행 내부에서 정한 기준에 의해 선정된다.

③ ROYAL 등급 미만인 개인카드 고객은 우대서비스 중 특별서비스 대상자에서 제외된다.

④ ROYAL 등급의 개인카드 고객은 ROYAL+ 등급의 개인카드 고객과 동일한 우대서비스를 받는다.

⑤ VIP로 선정된 개인카드 고객은 등급에 상관없이 우대서비스 중 모든 카드서비스를 받을 수 있다.

40 위 [안내문]에 따를 때 N은행 카드를 이용하고 있는 고객 갑, 을에게 동일하게 적용될 VIP 우대서비스를 [보기]에서 모두 고른 것은? (단, 갑과 을은 ROYAL+ 등급이 아니다)

[종합마일리지 산정 기간 중 카드 이용 내역]

개인카드 고객 갑	기업카드 고객 을
• 국내 일시불: 500만 원 • 해외 일시불: 300만 원 • 무이자 할부: 1,200만 원 • 장기 카드대출: 1,500만 원	• 국내 일시불: 2,500만 원 • 해외 일시불: 3,600만 원 • 유이자 할부: 5,000만 원

| 보기 |

ㄱ. 할부수수료 할인

ㄴ. 생일축하 사은품 제공

ㄷ. 자동이체 수수료 면제

ㄹ. 전용상담 데스크 운용

ㅁ. 연체 시 3영업일간 거래정지 유예

① ㄱ, ㄴ   ② ㄱ, ㅁ   ③ ㄷ, ㄹ

④ ㄷ, ㅁ   ⑤ ㄹ, ㅁ

41 위 [안내문]에 따를 때 N은행 개인카드 고객 A에게 적용될 할부수수료율은 얼마인가? (단, VIP 우대서비스 없이 A에게 적용되는 할부수수료율은 15%이며, A는 ROYAL＋ 등급이 아니다)

> [종합마일리지 산정 기간 중 A의 이용 내역]
>
> ○ 카드 이용내역
>   - 국내 일시불 이용 건: 700만 원
>   - 유이자 할부 이용 건: 900만 원
>   - 장기 카드대출 이용 건: 400만 원
> ○ 기타 이용내역
>   - 치아보험, 운전자보험 마케팅 동의 신청
>   - 휴대폰요금, 관리비, 우유배달비 자동이체 신청
>   - N은행과 30년 동안 거래 중

① 1.5%

② 5%

③ 10%

④ 13.5%

⑤ 15%

[42~43] A은행 리볼빙 서비스에 대한 [안내문]을 읽고 이어지는 물음에 답하시오.

[안내문]

일부결제금액이월약정(리볼빙)이란 이용한 카드이용대금을 결제일에 전액 결제하지 않고 자금사정에 따라 최저 10%, 최고 100% 이내에서 1% 단위로 결제비율을 자유롭게 선택하여 결제하는 서비스입니다. 만일 결제일에 결제를 하지 못하더라도 최소결제금액만큼 결제를 할 경우 나머지 금액은 다음 결제금액으로 전환되어 연체가 되지 않습니다.

1. 주요 내용

구분	내용	비고
대상 매출	국내·외 일시불	—
약정 기간	5년	만기 시 5년 단위 기간 연장
결제비율	최저 10%, 최고 100%	• 최소결제비율 이상으로 약정 가능 • 약정 이후 변경 가능 • 결제일 전 영업일까지 변경 신청 시 당월 결제일에 적용 가능
최소결제비율	최저 10%, 최고 20%	개인신용평점에 따라 차등 적용
수수료율	5.5%~17.2%	개인신용평점에 따라 차등 적용
적용 시기	리볼빙 약정 이후 매출분부터 적용	약정 전 매출분은 결제일 2~3영업일 전까지 신청 시 변경 가능 ※ 단, 이용한 일시불에 대해 선결제가 있거나, 일부결제금액이월 약정 후 당일에 일시불을 선결제한 경우 변경 불가

2. 신청 방법 및 상담 문의

영업점 방문, 고객센터(1566-2566) 전화, 인터넷뱅킹·모바일 앱 신청

3. 청구금액

> 리볼빙 이용대금 잔액(전월 미결제액＋당월 신규 이용금액*)×결제비율
> ＋리볼빙 수수료＋할부원금·장단기카드대출 및 기타수수료(할부수수료, 연회비 등)
>
> * 당월 신규 이용금액은 전월 11일부터 당월 10일까지 일시불로 이용한 금액임

4. 리볼빙 수수료

- 당월 신규 이용금액: 면제
- 당월 리볼빙 수수료: 전월 미결제액×리볼빙 수수료율×전월결제일 익일부터 당월 결제일까지 일수÷365

42 위 [안내문]에 따를 때 A은행 리볼빙 서비스에 대한 반응으로 적절하지 않은 것은?

① 이용한 카드이용대금을 이달 내에 전액 납부할 여유가 없을 때 이용하면 좋겠군.

② 리볼빙 서비스를 적용할 수 있는 금액은 약정일 이후 매출분으로 제한되는군.

③ 리볼빙 서비스는 대면 신청과 비대면 신청 모두 가능하군.

④ 카드 연회비는 리볼빙 서비스 대상 금액이 아니군.

⑤ 결제비율은 개인신용평점의 영향을 받는군.

43 위 [안내문]과 A은행 고객 갑의 [상황]에 따를 때, 7월에 청구될 리볼빙 수수료는 얼마인가?

[상황]

○ 카드 이용 내역
- 5월 22일: 일시불 500,000원
- 5월 28일: 할부 3개월 600,000원
- 6월 7일: 일시불 400,000원
- 6월 9일: 일시불 200,000원
- 6월 15일: 일시불 300,000원
- 6월 29일: 할부 2개월 100,000원
- 7월 4일: 할부 4개월 200,000원
- 7월 7일: 일시불 200,000원
- 7월 11일: 일시불 300,000원
○ 리볼빙 신청 내역
- 신청일: 5월 25일
- 약정 기간: 5년
- 결제비율: 30%
- 최소결제비율: 20%
- 수수료율: 연 10%
○ 출금통장 잔액: 1,000만 원

① $350,000 \times 0.1 \times \dfrac{30}{365}$원

② $360,000 \times 0.1 \times \dfrac{30}{365}$원

③ $420,000 \times 0.1 \times \dfrac{30}{365}$원

④ $770,000 \times 0.1 \times \dfrac{30}{365}$원

⑤ $880,000 \times 0.1 \times \dfrac{30}{365}$원

44 다음 글과 [표]에 따를 때, 갑과 을의 미팅 시간으로 가장 빠른 시각은 언제인가? (단, 언급되지 않은 조건은 고려하지 않는다)

A사에 근무 중인 갑은 오전 9시에 회사에 출근한 직후, 거래처 B와 C에 방문해 계약을 진행하기로 하였으며, 계약 진행에 소요되는 시간은 각각 50분, 1시간이다. 출장 순서는 상관없으며, 이동은 자가용을 이용하기로 하였다. B사와 C사의 점심시간은 각각 오후 12시~오후 1시, 오전 11시~오후 12시이며, 이 시간에는 업무를 하지 않으나, 점심시간 30분 전에 도착할 경우 계약 진행이 가능하다. 갑은 B, C와의 계약 종료 후 복귀하지 않고 계약을 종료한 거래처의 구내식당에서 1시간 동안 식사를 한 후, 을과 F에서 미팅을 하기로 하였다.

D사 대표인 을은 오전 8시에 회사에서 출발하여 E사에 출장을 다녀오기로 하였으며, 출장 소요 시간은 35분이다. 을은 출장 후 복귀하여 회의에 참석할 예정이며, 회의는 을이 복귀한 직후 시작하여 총 2시간 동안 진행될 예정이다. 을은 회의 후 50분 동안 점심식사를 한 후 갑과의 미팅 장소 F로 이동하려고 한다. 을은 모든 이동에 시내버스를 이용한다.

[표 1] 이동 구간별 거리

이동 구간	A↔B	A↔C	B↔C	B↔F	C↔F
거리	58km	52km	35km	45km	33km

※ 자가용 이용 시, 60km/h로 일정하게 이동한다고 가정함

[표 2] 시내버스 시간표

D→E→D			D→F	
출발	도착·출발	도착	출발	도착
오전 8:10	오전 09:15	오전 10:05	오후 01:40	오후 02:05
오전 8:45	오전 09:40	오전 10:30	오후 01:50	오후 02:15
오전 9:20	오전 10:05	오전 10:55	오후 02:00	오후 02:20
오전 9:50	오전 10:30	오전 11:15	오후 02:10	오후 02:35
오전 10:30	오전 11:10	오후 12:05	오후 02:20	오후 02:40

① 오후 1시 56분 ② 오후 2시 2분 ③ 오후 2시 15분
④ 오후 2시 33분 ⑤ 오후 3시 35분

[45~46] A회사는 사무실을 이전하면서, 기존의 회사 물품 중 하나를 중고로 처분하고 해당 물품을 새 제품으로 교체하기로 결정하였다. 다음 [표 1]은 회사가 중고 처분을 고려하고 있는 물품이며, [표 2]는 항목별 점수표이다. [표]를 보고 이어지는 물음에 답하시오.

[표 1] 중고 처분 고려 물품

구분	정수기	커피머신	에어컨	휴게실 탁자	빔프로젝터
사용 기간	3년	4년	5년	2년	3년 6개월
보증 기간	2년	5년	7년	1년	5년
노후도	보통	매우 높음	높음	낮음	매우 높음
구매 당시 출고가	700,000원	300,000원	1,800,000원	500,000원	1,200,000원
처분 이익	구매 당시 출고가의 30%	구매 당시 출고가의 40%	구매 당시 출고가의 20%	구매 당시 출고가의 35%	구매 당시 출고가의 30%
새 제품 출고가	900,000원	600,000원	1,600,000원	700,000원	1,500,000원
직원 의견	교체할 필요가 없다	교체해야 할 것 같다	반드시 교체해야 한다	교체해야 할 것 같다	교체해야 할 것 같다

[표 2] 항목별 점수표

구분	내용
사용 기간	• 보증 기간의 절반 이하: 0점 • 보증 기간의 절반 초과: 2점 • 보증 기간과 동일: 4점 • 보증 기간 초과: 5점
보증 기간	• 잔여 보증 기간 없음: 5점 • 잔여 보증 기간 1년 이내: 3점 • 잔여 보증 기간 2년 이내: 2점 • 잔여 보증 기간 2년 초과: 0점
노후도	• 매우 높음: 5점 • 높음: 4점 • 보통: 2점 • 낮음: 1점
새 제품 출고가 처분 이익	낮은 순서대로 5점, 4점, 3점, 2점, 1점 배점
직원 의견	• 반드시 교체해야 한다: 5점 • 교체해야 할 것 같다: 4점 • 교체할 필요가 없다: 2점

45 위 [표]에 따라 A회사는 점수 총합이 가장 높은 물품을 처분하려고 한다. A회사가 처분할 물품으로 가장 적절한 것은 무엇인가?

① 정수기
② 커피머신
③ 에어컨
④ 휴게실 탁자
⑤ 빔프로젝터

46 A회사의 김 대리는 중고 처분을 고려 중인 물품을 살펴보던 중, 일부 내용이 잘못된 것을 알게 되었다. 잘못된 내용을 다음과 같이 수정한 뒤 점수 총합이 가장 높은 물품을 처분한다면, A회사가 처분할 물품으로 가장 적절한 것은 무엇인가?

[수정해야 할 내용]

• 정수기와 휴게실 탁자의 보증 기간이 잘못 알고 있던 것보다 각각 3년씩 길다.
• 에어컨의 처분 이익은 구매 당시 출고가의 40%이다.
• 직접 확인한 결과 각 물품의 노후도는 다음과 같다.

물품	정수기	커피머신	에어컨	휴게실 탁자	빔프로젝터
노후도	높음	높음	낮음	낮음	보통

① 정수기
② 커피머신
③ 에어컨
④ 휴게실 탁자
⑤ 빔프로젝터

[47~48] 다음 글을 읽고 이어지는 물음에 답하시오.

K언어치료센터에서는 '출생연도, 성별, 진단명, 치료방법, 교육기관 재원·재학 여부, 바우처 지원대상 여부' 순으로 다음 [표]의 규칙에 따라 환자번호를 생성한다.

[표] 환자번호 생성 방법

출생연도	성별	진단명
• 2000년생: 00 • 2001년생: 01 • 2002년생: 02 ⋮ • 2015년생: 15 ⋮ • 2021년생: 21	• 남성: 01 • 여성: 10	• 단순 발달지연: R0 • 조음장애: R1 • 말더듬: R2 • 인지장애: F1 • 자폐증: F2 ※ F1과 F2는 정신적 질환으로 분류됨

치료방법	교육기관 재원·재학 여부	바우처 지원대상 여부
• 언어: 0 • 인지: 1 • 놀이: 2 • 미술: 3 • 음악: 4 • 정서: 5 • 운동: 6 • 감각: 7 ※ 2개 이상 병행할 경우 숫자 순서대로 입력 예 감각치료과 미술치료 병행: 37	• 재원·재학 기관 없음: 00 • 어린이집 재원: 01 • 유치원 재원: 02 • 초등학교 재학: 10 • 중학교 재학: 11 • 고등학교 재학: 12	• 바우처 지원대상: 1 • 바우처 지원대상 아님: 0

47 위 글에 따를 때 K언어치료센터의 환자번호로 알 수 있는 내용이 아닌 것은?

① 환자의 생년월일

② 환자의 인지장애 여부

③ 환자의 고등학교 재학 여부

④ 환자가 바우처 지원대상인 남성인지 여부

⑤ 환자가 K언어치료센터에서 정서치료를 받고 있는지 여부

48 다음은 K언어치료센터에서 치료를 받고 있는 A의 환자번호이다. 위 글에 따를 때 환자 A에 대한 설명으로 옳지 않은 것은?

1701R0012010

① 2017년생 남아이다.

② 어린이집에 등원하고 있다.

③ 바우처 지원대상자가 아니다.

④ 정신적 질환으로 분류되지 않는다.

⑤ K언어치료센터에서 두 가지 치료방법을 병행하고 있다.

[49~50] 다음 글을 읽고 이어지는 물음에 답하시오.

A국가는 코로나19 확진자에 대해 '성별, 출생연도, 확진일시, 확진경로, 감염바이러스, 백신접종 여부' 순으로 다음 [표]의 규칙에 따라 확진자코드를 생성하고 있다.

[표] 확진자코드 생성 방법

성별	출생연도	확진일시
• 남성: A • 여성: B	<1999년 이전> • 1900년: A00 • 1901년: A01 ⋮ • 1997년: A97 • 1998년: A98 • 1999년: A99 <2000년 이후> • 2000년: B00 • 2001년: B01 ⋮ • 2021년: B21	연도: 0 / 월일: 0101 <연도> • 2020년 확진: 0 • 2021년 확진: 1 <월일> • 1월 1일 확진: 0101 • 1월 2일 확진: 0102 ⋮ • 12월 31일 확진: 1231
확진경로	감염바이러스	백신접종 여부
<국내발생> • 동일지역 내 감염: IA • 타 지역으로부터 감염: OA • 감염경로 알 수 없음: UK <해외유입> • 해외로부터의 감염: OC	• 기존 코로나 바이러스: V • 알파형 변이 바이러스: A • 베타형 변이 바이러스: B • 감마형 변이 바이러스: G • 델타형 변이 바이러스: D • 람다형 변이 바이러스: L	• 백신접종 완료: A • 백신접종 진행 중: B • 백신접종 안 함: C ※ 접종 총회차가 1회인 백신의 경우 1회만 맞아도 '백신접종 완료'이나, 접종 총회차가 2회 이상인 경우 2회 모두 맞아야 '백신접종 완료'로 인정

49 다음은 A국가의 코로나19 확진자인 갑에게 부여된 확진자코드이다. 위 글에 따를 때 갑에 대한 내용으로 옳지 않은 것은? (단, 현재는 2021년이다)

BB1801130UKVB

① 작년에 확진되었다.
② 미성년자인 여성이다.
③ 국내에서 감염되지 않았다.
④ 변이된 바이러스에 의한 감염이 아니다.
⑤ 총 2회 이상 접종해야 하는 백신을 맞았다.

50 아직 확진자코드를 부여받지 못한 코로나19 감염자 을은 증상이 악화되어 타 병원으로의 이송이 결정되었다. 다음은 을의 이송자와 타 병원 직원의 [대화]이다. 위 글과 [대화]에 따를 때, 을에게 부여될 확진자코드로 가장 적절한 것은?

[대화]

• 이송자: 연락드린 ○○병원 이송팀입니다.
• 타 병원 직원: 네, 안녕하세요. 환자가 몇 년생이라고 하셨죠?
• 이송자: 2020년생 2월 2일 출생 남아로 생후 10개월이었던 12월 2일에 부모로부터 감염되었어요.
• 타 병원 직원: 그렇군요. 혹시 변이 바이러스 감염자인가요?
• 이송자: 네, 델타형 변이 바이러스로 확인되었고, 아직 너무 어려 백신접종은 하지 않은 상황입니다.

① AA2000202IADC
② AA2001202IADC
③ AB2000202OADC
④ AB2001202IADC
⑤ AB2001202OADC

혼JOB
농협은행 6급
필기시험 대비
실전모의고사

PART 2
실전모의고사

제1회
실전모의고사
직무능력평가 + 직무상식평가

[시험 안내]

1. 시험 구성

과목	출제 범위	문항 수	시험 형식	권장 풀이 시간
직무능력평가	• 의사소통능력, 수리능력, 문제해결능력 • 자원관리능력, 정보능력	45문항	객관식 5지 선다	85분
직무상식평가	• 디지털 상식 • 금융 · 경제 분야 용어 · 상식	25문항		

2. 유의 사항

○ 본 실전모의고사의 문항 수, 시험 형식, 풀이 시간 등은 실제 시험과 다를 수 있으므로, 반드시 농협은행 6급 필기시험 관련 공지를 확인하시기 바랍니다.

○ 본 실전모의고사의 전 문항은 무단 복제 및 배포를 금합니다. 이를 위반할 경우 관련 규정에 따라 처벌을 받을 수 있습니다.

직무능력평가

01 다음은 경기 변동에 관한 설명이다. 이 글을 읽고 [그림]에서 '주기'와 '진폭'을 바르게 파악한 것은?

> 자본주의 경제에서 생산과 소비 등의 경제 활동이 왕성하게 되는 호경기와 그것이 쇠퇴하는 불경기가 교대로 발생하는 변동 과정을 경기 변동이라고 한다. 경기 순환은 어떤 일정한 주기를 가지고 발생하고 호황과 불황이 파상적으로 반복되며 그 변동은 나아가 국제적으로도 파급된다. 이와 같은 경기 순환의 물결이 본격적으로 나타나기 시작한 것은 자본주의 경제가 확립된 19세기 초 유럽에서였으며 역사상 특히 유명한 것은 1929년 미국에서 시작된 세계적인 불황이다.
>
> 일반적으로 경기 순환은 확장기, 후퇴기, 수축기, 회복기의 국면으로 구성된다. 확장기는 경제 변수의 시계열이 총량적으로 상승 또는 증가하는 기간으로서 일반적으로 호경기에 있는 시기이다. 이 시기에는 소득, 투자, 고용 등이 증가하고 재고, 실업률 등이 감소한다. 후퇴기는 호황이던 경기가 추세를 바꾸어 하락하는 초반기로서 소득 성장이 둔화되고 투자, 고용 등은 감소한다. 경기 불황으로 접어들면서 수축기가 시작되는데 이 시기에는 생산 시설 가동률이 저하되고 재고와 실업이 증가한다. 수축기를 지나 모든 경제 지표의 변동 방향이 바뀌면서 회복기가 시작되는데 생산 시설 가동률이 다시 평상 수준에 도달하고 투자와 고용이 증가한다. 이 회복기가 연장되어 다시 확장기로 접어들면서 한 순환이 형성된다.
>
> 확장기와 후퇴기 사이의 최고 호황기를 정점, 수축기와 회복기 사이의 최저 불황기를 저점이라고 하며, 확장기로부터 회복기까지 순환 기간의 길이를 주기, 한 주기에서 정점과 저점 사이의 길이를 진폭이라 한다.

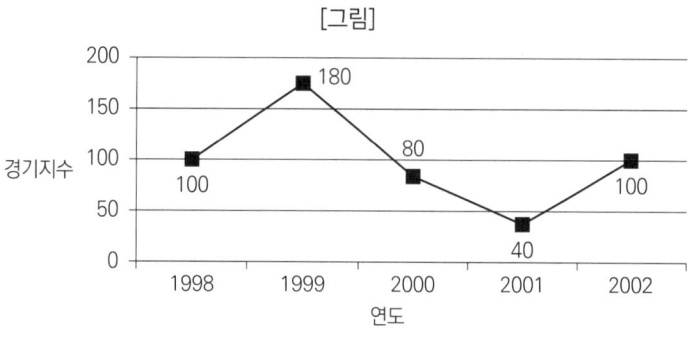

[그림]

	주기	진폭
①	1년	20
②	2년	100
③	3년	40
④	4년	80
⑤	4년	140

02 다음은 [여성농업인 바우처 지원사업] 공고문이다. 이에 대한 설명으로 옳지 않은 것은?

[여성농업인 바우처 지원사업]

1. 내용

   농촌지역 여성농업인의 건강증진 지원 및 문화활동 기회 제공을 위한 지원사업

2. 지원자격

   – 농촌지역에 거주하면서 영농에 종사하는 여성농업인

   – 만 20세 이상 ~ 만 70세 미만인 자

   – 농업경영체에 등록된 여성농업인(경영주 또는 경영주 외 농업인)

   > 지원 제외 대상
   >
   > – 전년도 사업대상자 중 카드미발급자 및 전액 미사용자
   >
   > – 도내 농촌지역 미거주자
   >
   > – 본인이 건강보험 직장가입자, 사업자등록자
   >
   > ※ 한시적(3개월 미만) 취업자는 지원 가능
   >
   > ※ 농업경영과 관련한 직장가입자 및 사업자등록자는 지원 가능
   >
   > ※ 직장가입자의 경우라도 본인의 농업 외 소득이 1,000만 원 이하인 자는 지원 가능

3. 지원 금액 및 내용

   – 1인 연간 지원액: 13만 원(자부담 포함, 지원 비율: 도비 30%, 시비 50%)

   – 여성농업인의 건강증진 및 문화 복지활동을 위한 바우처카드 발급 지원

   – 카드 사용기간: 카드발급일 ~ 당해 연도 12. 31.까지

   – 카드 분실 훼손 시 농협은행 시지부에서 재발급, 기간 내 미사용 시 자동 소멸

---

① 미성년자인 경우 여성농업인 바우처 지원대상이 아니다.

② 전년도 사업대상자는 당해 연도에는 지원대상에서 제외된다.

③ 농업경영과 관련된 건강보험 직장가입자는 소득이 1,000만 원을 초과하더라도 지원이 가능하다.

④ 지원액 중 자부담액은 25,000원을 초과한다.

⑤ 바우처 지원액 중 미사용분이 있더라도 다음 연도로 이월되지 않는다.

03 다음 글의 중심 내용으로 가장 적절한 것은?

> 노동 사회는 무엇보다도 사회 보장과 여가 등 (남성)노동자의 사회적 권리가 표준화된 노동 국가별로 다르지만 대략 하루 8시간, 주 40시간, 연 40주 노동과 40년의 기대 노동 생애 기준에 따라 보장되고, 그것이 제도화된 사회를 뜻한다. 표준화된 노동에 종사하지 않는 사람은 그러한 사회적 권리에서 주변화 되거나 배제되어 노동자로서의 생활 기회와 생활양식을 보장받지 못한다. 따라서 표준화된 노동을 벗어난 대안적인 생활양식은 일부 프리터족(free arbeiter: 필요한 돈이 모일 때까지만 일하고 쉽게 일자리를 떠나는 사람들)처럼 틈새 속에서만 불안정하게 존재한다. 탈노동 사회로서의 문화사회론은 이러한 사회 형태에 대한 문제 제기이다.
>
> 주 40시간 노동을 기준 노동으로 삼는 주 5일 근무제는 중심부 국가에서 노동 사회의 제도에 속하는 셈이다. 국내의 문화 사회와 탈노동 사회 담론에서도 주 5일 근무제를 탈노동으로 간주하지는 않지만, 노동시간의 단축에 치중하여 노동 시간의 배치라는 측면에는 그다지 주목하지 않는 경향이 있다. 주 5일 근무제는 기준 노동 시간의 길이와 관련될 뿐 아니라 여가의 배치 리듬을 규정한다. 이러한 노동 시간의 배치는 일일 기준 노동 시간의 단축보다 노동과 여가의 리듬을 상호보완적인 것으로 만든다. 주 5일제의 경우 이틀의 주말 뒤에는 여가 리듬에서 다시 기존의 노동 리듬으로 돌아오는 것이다. 그러나 일일 노동 시간의 단축은 평일의 노동 리듬과 평일의 생활 리듬을 변화시켜 생활양식의 변화 가능성을 높인다.

① 노동 사회의 표준 노동 시간은 노동자들의 노동 리듬과 생활 리듬을 규정한다.
② 노동 사회의 표준 노동 시간은 노동 시간과 여가 시간 사이의 긴밀도를 높였다.
③ 노동 사회의 표준 노동 시간의 변화는 노동자의 일상 생활양식에 큰 영향을 끼쳤다.
④ 노동 사회의 표준 노동 시간은 노동자들의 노동 시간의 단축과 여가 시간의 확대를 가져왔다.
⑤ 노동 사회의 표준 노동 시간은 중심부 국가가 탈노동 사회로 나아갈 가능성을 한층 높여 주었다.

04 다음은 한 중고차 시장과 관련된 제시문이다. 제시문을 읽고 옳은 것을 [보기]에서 모두 고르면?

> 싼타라 국가에는 하나의 중고차 시장이 존재한다. 중고차 시장에 나오는 중고차들의 품질은 A급과 B급, C급 세 가지로 나누어지며, 자동차 품질에 대한 정보는 판매자만 알 뿐 구매자들은 일절 알 수 없다. 다만 각각의 품질이 차지하는 비중만을 안다고 한다.
>
> 구매자는 시장에 판매되는 중고차의 품질별 비중에 맞게 평균기대가격을 형성하여 중고차를 사고자 한다. 중고차의 가격에 대해 A급 판매자의 경우 800만 원, B급 판매자의 경우 600만 원, C급 판매자의 경우 400만 원을 받고자 한다. 판매자들은 자신들이 받고자 하는 금액 이상의 가격을 제시하면 팔지만 그렇지 않은 경우는 팔지 않고 시장을 떠난다고 한다. 결국 구매자는 판매자가 시장을 떠나기 전에 형성된 평균기대가격으로 저품질의 중고차를 구매하게 된다.

| 보기 |

ㄱ. 시장에 A급과 C급 중고차가 각각 50%씩 차지하고 있다면, 시장은 C급 중고차만 600만 원에 거래될 것이다.

ㄴ. 시장 내에 A, B, C급 중고차가 각각 1/3씩 차지하고 있다면, 시장은 B급과 C급 자동차를 400만 원에 거래하게 될 것이다.

ㄷ. 시장에 A급과 B급 중고차가 50%씩 차지하는 경우, 시장은 B급 중고차만 700만 원에 거래될 것이다.

ㄹ. 시장은 A, B, C급 중고차가 몇 %인지 여부에 상관없이 A급 중고차는 거래될 수 없을 것이다.

① ㄱ, ㄴ

② ㄱ, ㄷ

③ ㄱ, ㄴ, ㄷ

④ ㄴ, ㄷ, ㄹ

⑤ ㄱ, ㄴ, ㄷ, ㄹ

05 다음 글을 읽고 추론한 내용으로 적절한 것을 [보기]에서 모두 고르면?

주식시장에서는 어떤 기업의 주가가 그 기업의 가치를 적정하게 반영하고 있는지 판단하기 위해 여러 지표들이 사용되고 있다. 투자자들은 이러한 지표들을 보고 특정 기업의 주식에 투자할지 여부를 결정하는 경우가 많다. 가장 보편적으로 사용되는 지표 중 하나로는 주가수익비율(PER: Price Earnings Ratio)이 있다.

PER은 주가를 주당순이익으로 나눈 값이다. 여기서 주당순이익(EPS: Earning Per Share)이란 어떤 회사가 1년 동안 벌어들인 순이익을 그 회사의 주식 수로 나눈 것으로, 1주당 얼마만큼의 순이익을 냈는가를 계산한 값이다. 가령 A사가 1년간 1,000만 원의 순이익을 냈는데, 이 회사의 총 주식 수가 1만 주라면 A사는 1주당 1,000원의 수익을 낸 것이 되고, 이때의 1,000원이 바로 주당순이익이다. 만일 A사의 현재 주가가 1만 원이라면 A사의 PER은 주가를 주당순이익으로 나눈 값인 10이 되는 것이다.

PER은 한 기업의 주당순이익 1원이 투자자들에 의해 실제 얼마의 가격으로 평가받고 있는가를 나타낸다. 다시 말해, 기업이 벌어들이는 1원의 이익에 대해 투자자들이 얼마의 가치를 부여하고 있는가를 보여 주는 수치이다.

여러 가지 조건이 비슷한 기업들 중에서 PER이 낮은 기업일수록 현재 주가가 이익규모에 비해 상대적으로 저평가된 것으로 판단할 수 있으며, 앞으로 주가가 상승할 가능성이 큰 종목으로 판단할 수 있다. 반면, PER이 높은 기업은 주당순이익이 이미 주가에 많이 반영되어 있거나 가치에 비해 과대평가된 기업으로 볼 수 있다.

| 보기 |

ㄱ. PER은 기업의 주가가 가치를 적정하게 반영하고 있는지를 판단할 수 있게 하는 지표이다.
ㄴ. 시장에서 판단하는 적정 PER이 변하면 적정 주가도 그에 따라 변한다.
ㄷ. 어떤 기업의 순이익이 증가하면 PER은 높아지고, 주가가 상승하거나 주식 수가 증가하면 PER은 낮아진다.
ㄹ. 저평가된 종목에 투자하는 투자자라면 PER이 낮은 종목을 선별적으로 매입할 것이다.

① ㄱ, ㄹ
② ㄱ, ㄴ, ㄷ
③ ㄱ, ㄴ, ㄹ
④ ㄴ, ㄷ, ㄹ
⑤ ㄱ, ㄴ, ㄷ, ㄹ

06 다음은 콜금리에 관해 설명하고 있는 글이다. 이를 읽고 [보기]에서 콜금리 인상 주장의 근거로 적합하지 않은 것을 모두 고르면?

> 일시적으로 자금이 부족한 금융기관이 자금이 남는 다른 곳에 자금을 빌려 달라고 요청하는 것이 콜이며, 이러한 금융기관 간에 발생한 과부족(寡不足) 자금을 거래하는 시장이 콜시장이다. 콜자금의 거래는 금융기관이 공동출자한 한국자금중개와 서울외국환중개(금융결제원 지분 100%)에서 양분하여 거래되고 있으며 한국은행에서 두 회사의 거래를 집계하여 가중 평균한 금리를 공시하고 있다. 콜시장은 금융시장 전체의 자금흐름을 비교적 민감하게 반영하는 곳이기 때문에 이곳에서 결정되는 금리를 통상 단기실세금리지표로 활용하고 있다.
>
> 콜금리는 재정자금의 동향이나 개인 기업의 현금수요 등을 배경으로 한 금융시장의 수급사정에 의해서 변동하는데, 사실상 중앙은행인 한국은행이 통제한다. 따라서 경기과열로 물가가 상승할 가능성이 있으면 콜금리를 높여 시중 자금을 흡수하고 경기가 너무 위축될 것 같으면 콜금리를 낮추어 경기를 활성화시키는 방안을 세우는 등 매달 통화정책 방향을 결정하고, 통화안정증권이나 국채를 시중은행과 사고파는 방식으로 시중의 자금량을 조절한다.
>
> 이때 콜금리의 상승은 시중은행으로 하여금 대출자금을 콜시장 자금으로 전환하게 하는데, 대출시장에서는 수요초과로 인해 시중 금리가 상승하게 된다.

| 보기 |
ㄱ. 콜금리 인상으로 부동산 투기 억제가 가능하다.
ㄴ. 현재 실물경제는 과소비가 발생하는 등 과열기조이다.
ㄷ. 대출자의 이자부담이 커져 소비가 둔화된다.
ㄹ. 현재 콜금리 목표가 여전히 경기회복을 뒷받침하는 수준이다.
ㅁ. 최근 물가지수가 전년동월 대비 10% 상승하였다.

① ㄷ
② ㄱ, ㄹ
③ ㄷ, ㄹ
④ ㄷ, ㅁ
⑤ ㄴ, ㄷ, ㅁ

07 다음 글에 나타난 구매자 중심의 시장 상황에 비추어 볼 때, 기업들이 소비자들에게 더 많은 호응을 얻기 위해 취해야 할 전략으로 적절한 것을 [보기]에서 모두 고르면?

> 자본주의 경제 체제에서는 대체로 가격 수준에 따라 수요와 공급의 양이 조절된다. 그러나 시장 상황에 따라 가격 요인과 비가격 요인의 비중이 달라질 수 있다. 구매자 중심의 시장에서 가격의 역할은 점차 축소되고 있다. 가격 이외에 판매점, 상표, 디자인, 신속한 배달과 수리, 광고 등과 같은 것들이 강조되고 있는 것이다. 이러한 요인들은 모두 소비자의 선택과 관련을 맺고 있다. 그러므로 현대 기업은 기업과 소비자와의 호혜적 관계를 무시할 수 없는 처지에 놓여 있다. 이런 점에서 기업은 소비자가 추구하는 가치를 적극적으로 고려해야 하는 시대가 도래한 것이다.
>
> 그동안 기업과 소비자가 추구하는 가치가 양립할 수 없다는 비판이 제기되어 왔다. 기업들이 환경 문제나 사회 복지 등과 관련된 요인을 잘 살피지 않고 지나쳐 버렸다는 것이다. 오늘날 기업 활동에 관한 연구가 단지 기업 내부의 문제만이 아니라 기업 활동과 사회 전체의 균형적 발전 간의 문제로까지 그 범위를 확대시키고 있는 것은 바로 이러한 이유에서이다. 현대 기업은 단기적으로 이윤만을 추구하겠다는 태도를 버리고 소비자의 생활수준과 문화를 향상시키는 방향으로 기업 활동을 전개해야 할 것이다.

┌─ | 보기 | ─

ㄱ. 소비자의 입장에서 소비자의 잠재적 욕구를 파악한다.
ㄴ. 상품의 가격경쟁력에 비중을 두고 소비자에게 보다 저렴한 제품을 제공한다.
ㄷ. 공공주택을 건설하는 기업의 경우 공공주택 주변에 휴식공간을 추가로 건설한다.
ㄹ. 소비자들에게 기업의 좋은 이미지를 심어 주기 위해 공해 추방 운동을 지원한다.

① ㄱ, ㄴ
② ㄱ, ㄷ
③ ㄴ, ㄹ
④ ㄱ, ㄷ, ㄹ
⑤ ㄴ, ㄷ, ㄹ

08 다음 신문 기사를 읽은 독자들의 판단으로 가장 적절한 것은?

> 외국계 투자자본에 맞설 우리 자본을 키우자는 취지로 도입된 사모(私募)투자전문회사(PEF, 소수의 투자자로부터 모은 자금을 주식·채권 등에 운용하는 펀드. 이하 사모펀드라고 함) 제도가 애초 기대에 크게 못 미치고 있다. 국내 사모펀드들이 고전하는 가장 큰 이유는 외국계 자본들이 휩쓸고 간 뒤에서 '쓸 만한' 기업 매물이 거의 남아 있지 않기 때문이다. 자산운용계 한 사모펀드 사장은 "외국계 자본들이 이미 알짜 기업들을 사고팔아 단물을 죄다 삼켰고, 그나마 남은 곳은 너도나도 달라붙어 가격만 크게 올려놓아 투자 매력이 없는 상태"라고 말했다.
>
> 투자자들이 단기간에 많은 수익을 얻을 수 있는 '대박성 투자'에만 집착하는 것도 문제다. 본래 사모펀드는 내재 가치가 잘 드러나지 않는 정상 기업을 사서 가치를 키워 되파는 것이지만 경제 위기라는 특수한 상황을 이용해 들어온 외국계 펀드들이 부실 기업을 싸게 인수해 몇십 배로 부풀려 투자금액을 회수하는 것만 봐 온 국내 투자자들의 기대 수익이 턱없이 높다. 웬만해서 그 눈높이를 맞출 수 없다는 것이 전문가들의 견해이다.
>
> 올해 안에 사모펀드를 만들겠다고 밝힌 곳은 은행 4곳, 증권사 2곳 등 모두 9군데에 이르며, 개인 참여도 활발하다. 그리고 국내에서 이미 짤짤한 재미를 본 대형 외국 펀드들도 한국 등 아시아 시장을 공략하기 위해 다시 자금을 모집하고 있다. 이러한 상황에서 토종 사모펀드들이 수많은 난관을 뚫고 '실탄'이 충분한 외국 자본에 맞설 정도로 성장할 수 있을지는 미지수다.

① 국내 사모펀드들은 외국계 기업과 선불리 경쟁하지 않는 것이 좋겠군.
② 사모펀드에서 수익을 보장할 수 있는 방법은 최대한 매물을 싸게 구입하는 것이군.
③ 외국계 기업이 국내에서 얻을 수 있는 이익에 대한 법적 제한 조치가 필요하겠군.
④ 외국계 펀드 회사의 매니저들을 스카우트하여 전문성을 전수받는 것이 좋겠군.
⑤ 기업의 내재 가치를 중심으로 투자하는 방식이 정착되면 국내 사모펀드와 외국 펀드의 공정 경쟁이 본격화되겠군.

09 다음 글에 드러난 건설협회 관계자의 주장을 뒷받침하는 논거로 가장 적절한 것은?

> 국토교통부는 치솟는 아파트 가격을 잡기 위해 분양 원가를 공개하는 것을 검토하고 있다. 즉, 전문 회계법인의 회계 감리를 받은 분양 원가 자료를 공개함으로써 건설업체들이 폭리를 취하는 것을 막고 분양가를 억제하려는 것이다.
>
> 이에 대해 건설협회 관계자는 분양 원가 공개 의무화에 대하여 반대 입장을 분명히 하면서 "기술 혁신을 통해 원가를 절감해 봐야 그만큼 분양가가 낮아져서 기업에 별 도움이 되지 않는다면 누가 기술 혁신을 하려 들겠느냐? 주택의 품질을 낮춰 원가를 절감하는 것이 채산성 면에서 더 좋지 않겠느냐?"라고 반문하였다.

① 원가를 공개하느냐 마느냐는 기업이 자체적으로 판단할 문제이지 결코 정부가 강제할 일은 아니다.

② 아무리 철저하게 회계 감리를 하더라도 건설업의 특성상 공개된 원가가 정확한 것인지를 판단하기 어렵다.

③ 주택 시장에 분양 원가 공개가 의무화되면 소비자들은 주택의 질보다는 가격 요인에만 관심을 갖게 될 것이다. 이는 다시 기업의 경영 전략까지 영향을 미칠 것이다.

④ 택지 가격의 상승, 건축 자재 가격의 상승 등으로 원가 인상 요인이 생겼을 경우 원가를 공개하는 것이 분양가를 억제하는 효과로 연결되지 않을 수 있다.

⑤ 분양 원가를 공개하게 되면 어느 업체가 어떤 자재를 사용했는지도 알 수 있게 되므로 자연스럽게 아파트의 질에 대한 소비자의 판단을 유도할 수 있을 것이다.

핵심 기출동형 50제

제1회 실전모의고사

제2회 실전모의고사

제3회 실전모의고사

10 다음 [상황]의 O사가 분석한 SWOT 분석 내용으로 옳지 않은 것은?

[상황]

간편식을 선호하는 1인 가구 증가와 캠핑족의 증가, 코로나19로 인한 외식 감소로 인하여 밀키트의 구매비율이 매년 증가하는 추세이다. 이에 6년 전부터 밀키트 사업에 뛰어들어 한식, 일식, 양식, 분식 등의 다양한 종류의 밀키트를 출시한 O사가 각광받고 있다. O사는 최근 밀키트의 용기를 바로 조리할 수 있는 용기로 교체하면서 업계에서 높은 점유율을 유지하고 있다. 하지만 O사 제품은 특정 마트에서만 구매할 수 있으며, 타사 대비 할인 이벤트가 아주 적다. O사 개발팀은 간편식 업계가 포화로 인하여 경쟁이 심화될 것을 우려하고 있으며, 몇몇 대형마트에서 간편식 PB상품을 출시하여 가격 경쟁력에서 우위를 점할 수 없다는 이야기를 전했다.

---

① 간편식 업계의 포화로 경쟁에서 우위를 갖기 위해 타사 대비 다양한 할인 이벤트를 진행한다.

② 코로나19로 인한 외식 감소와 간편식 선호도 증가로 다양한 종류의 간편식을 앞세워 시식 행사를 진행한다.

③ PB상품 출시로 가격 경쟁력 하락에 대응하기 위해 신선하고 고급스러운 식재료를 사용한 프리미엄 상품을 출시하여 차별화에 힘쓴다.

④ 1인 가구 증가하는 추세에 맞춰 1인 가구 이용률이 높은 편의점에서 간편식 판매를 시작한다.

⑤ 간편식을 선호하는 캠핑족들에게 바로 조리할 수 있는 용기를 위주로 SNS 홍보를 진행한다.

11 다음은 A사가 SWOT 분석을 위해 조사한 자료이다. 이를 토대로 A사가 추진해야 할 전략으로 옳지 않은 것은?

- 동종업계의 B사와 C사 인수로 인한 오프라인에서의 높은 인지도
- 타사 부품 사용으로 인한 높은 가격
- 새로운 경쟁업체들의 등장
- 뛰어난 AS 제도와 다양한 마케팅
- 국제 무역 규제와 불안정한 환율
- 국내의 경제 성장률로 인한 제품 구매율 상승
- 다양한 기술 발전으로 인한 대량생산 가능성 확대
- 높은 재구매율과 높은 국내 점유율
- 경쟁 업체들의 저가 모델 출시
- 초기 모델과 유사한 디자인으로 올해의 최악의 디자인상 수상

---

① 국제 무역 규제로 인한 수출량 감소를 대비하여 내수용 제품을 더 많이 출시한다.
② 저가 모델의 등장에 대비하여 타사와 다른 AS 제도를 마케팅한다.
③ 가격을 낮추기 위해 대량생산이 가능한 기술을 접목시킨다.
④ 새로운 경쟁업체들에 대비하여 높은 인지도에 있는 오프라인 매장에서 이벤트를 진행한다.
⑤ 초기 모델을 좋아하는 소비자를 위해 복각모델을 출시한다.

12 다음 [대화]를 토대로 장 사원이 해야 할 업무의 순서로 옳은 것은?

[대화]

- 이 팀장: 장 사원님, 지난주에 부탁한 비품 도착했나요?
- 장 사원: 네, 팀장님. 오늘 오후에 도착 예정입니다.
- 이 팀장: 그럼 오후에 도착하면 바로 정리 좀 부탁해요.
- 장 사원: 네, 알겠습니다.
- 이 팀장: 혹시 지난주에 비품 관리 대장 확인하고 부족한 비품도 같이 주문하셨죠?
- 장 사원: 네. 그런데 A4용지, 클리어 파일은 품절이라서 같이 주문하지 못했습니다.
- 이 팀장: 우리가 주로 사용하는 비품이니 지금 업체에 연락해서 재고 확인해 보세요.
- 장 사원: 네, 알겠습니다.
- 이 팀장: 장 사원님, 먼저 1팀에 여분 비품 좀 받아서 클리어 파일 10개만 나한테 전달해 주세요.
- 장 사원: 네, 알겠습니다.

---

① 비품 정리 – 1팀에서 여분 비품 받기 – 이 팀장에게 클리어 파일 전달 – 업체 연락
② 업체 연락 – 1팀에서 여분 비품 받기 – 이 팀장에게 클리어 파일 전달 – 비품 정리
③ 업체 연락 – 비품 정리 – 1팀에서 여분 비품 받기 – 이 팀장에게 클리어 파일 전달
④ 1팀에서 여분 비품 받기 – 이 팀장에게 클리어 파일 전달 – 업체 연락 – 비품 정리
⑤ 1팀에서 여분 비품 받기 – 이 팀장에게 클리어 파일 전달 – 비품 정리 – 업체 연락

13 다음 글에 근거할 때, 옳은 것을 [보기]에서 모두 고르면?

감가상각(減價償却)이란 시간의 흐름에 따른 자산의 가치 감소를 회계에 반영하는 것이다. 감가상각의 대상은 건물, 기계장치 등의 유형자산이다. 토지는 영구적으로 이용 가능하고 건설 중인 자산은 후에 건물로 전환되기 때문에 이 두 종류의 자산에 대해서는 감가상각을 하지 않는다. 무형자산은 감가상각을 하지 않는 것이 원칙이나 광업권, 어업권처럼 사용연한이 정해져 있는 무형자산은 예외이다. 감가상각비를 계산하는 방법으로는 정액법(定額法), 정률법(定率法), 생산량비례법, 연수합계법 등이 있다.

정액법은 매년 일정액을 감가상각하는 방법으로 취득원가에서 잔존가치를 차감한 금액을 내용연수로 나누어 감가상각비를 구한다. 정액법으로 감가상각하는 자산은 일반적으로 유형자산이고, 특히 건물의 경우에는 세법상 정액법으로 감가상각하는 것을 원칙으로 하고 있다. 정률법은 자산의 기초 장부금액에서 일정 비율을 감가상각비로 산출하는 방법이다. 감가상각 첫해에 가장 많은 상각비가 계상되지만, 점차 상각비가 감소하여 감가상각 마지막 해에는 가장 적은 감가상각비가 계상되는 특징이 있다. 생산량비례법은 자연자원(광산, 유전 등)에 적용하는 감가상각법으로 자산의 이용정도를 고려하여 예상생산량에 근거한 비율로 감가상각비를 계산하는 방법이다. 즉, 취득원가에서 잔존가치를 뺀 금액에 내용연수를 곱하고, 이를 예상생산량으로 나누어 감가상각비를 계산한다. 연수합계법은 취득원가에서 잔존가치를 뺀 금액을 해당 자산의 내용연수의 합계로 나눈 후 남은 사용기간을 곱하여 감가상각비를 산출하는 방식이다. 예를 들어 내용연수가 5년이라면 내용연수의 합계는 15년 (1+2+3+4+5)이 된다.

※ 취득원가: 재산을 취득하는 데 실제로 사용된 원가, 즉 취득가액을 말함
※ 잔존가치: 자산이 사용불능이 되어 폐기처분될 때 받을 수 있으리라고 기대되는 금액
※ 내용연수: 자산이 영업활동에 사용될 수 있는 예상기간, 즉 자산의 수명을 말함

| 보기 |

ㄱ. 건설 중인 건물이나 저작권 같은 무형자산은 감가상각을 하지 않는다.
ㄴ. 연수합계법으로 계산한 감가상각비는 자산의 사용기간이 지날수록 감소할 것이다.
ㄷ. 취득원가가 5억 원이고 10년간 사용 가능한 유형자산의 잔존가치가 취득원가의 10%라면, 정액법으로 계산한 감가상각비는 4천5백만 원이다.
ㄹ. 예상생산량이 500억 톤이고 내용연수가 20년인 해외유전의 감가상각비를 생산량비례법으로 계산할 경우, 연간생산량과 감가상각비는 서로 비례할 것이다.

① ㄱ, ㄴ　　　　　　② ㄱ, ㄷ　　　　　　③ ㄴ, ㄷ
④ ㄴ, ㄹ　　　　　　⑤ ㄷ, ㄹ

14 X부서는 태블릿PC를 구매하고자 자료를 정리하였다. 이를 토대로 할 때 A팀이 구매하는 태블릿PC
는 무엇인가?

[표] 태블릿PC 사양과 가격

구분	A제품	B제품	C제품	D제품	E제품
화면 크기	10.2인치	12.4인치	10.2인치	12.4인치	10.2인치
내장메모리	64GB	128GB	128GB	64GB	64GB
램	3GB	6GB	4GB	3GB	6GB
CPU속도	2.67GHz	2.53GHz	2.4GHz	2.27GHz	2.42GHz
가격	430,000원	570,000원	520,000원	480,000원	510,000원

[A팀이 구매하고자 하는 태블릿PC]

• 예산은 420만 원으로 태블릿PC를 8대 구매하고자 한다.
• 화면 크기는 10인치 이상이고, 내장메모리는 64GB 이상으로 구매하고자 한다.
• 램은 4GB 이상이고, CPU 속도는 2.3GHz 이상으로 구매하고자 한다.
• 두 가지 이상의 제품이 선정된 경우는 내장메모리가 더 큰 제품을 구매한다.

① A제품   ② B제품   ③ C제품
④ D제품   ⑤ E제품

15 다음은 A마트 멤버십 포인트 제도에 관한 자료이다. [상황]의 T가 10월 동안 적립한 포인트의 변경 전과 변경 후의 차이는?

[표] A마트 멤버십 포인트 제도

변경 전			변경 후		
등급	기준	적립비율	등급	기준	적립비율
VIP	직전 분기 50만 원 이상 구매	1.0%	VIP	직전 분기 40만 원 이상 구매	1.0%
일반	직전 분기 50만 원 미만 구매	0.5%	골드	직전 분기 20만 원 이상 구매	0.5%
			일반	직전 분기 20만 원 미만 구매	0.1%

※ 포인트 적립은 오프라인 점포 구매 건에 한하며, 기준 금액 산정 시 온라인 점포 구매 건도 포함됨

[상황]

T의 7~10월의 구매 이력은 다음과 같다.

구매일	구매 장소 및 구매액	구매일	구매 장소 및 구매액
7월 1일	A마트 1호점(오) 78,000원	9월 6일	A마트 1호점(오) 18,500원
7월 4일	A마트(온) 5,000원	9월 20일	A마트 2호점(오) 92,000원
7월 15일	A마트 2호점(오) 2,500원	9월 25일	A마트 1호점(오) 58,000원
7월 20일	A마트 1호점(오) 18,500원	10월 1일	A마트 1호점(오) 95,000원
8월 7일	A마트(온) 50,000원	10월 17일	A마트 2호점(오) 48,000원
8월 15일	A마트 2호점(오) 42,000원	10월 24일	A마트(온) 59,000원
8월 29일	A마트(온) 45,000원	10월 31일	A마트 1호점(오) 60,000원

※ 오: 오프라인 매장, 온: 온라인 매장

① 1,015포인트
② 1,260포인트
③ 1,522포인트
④ 1,710포인트
⑤ 2,030포인트

핵심 기출동형 50제

제1회 실전모의고사

제2회 실전모의고사

제3회 실전모의고사

16 총무팀은 회의실에 새로 비치할 프로젝터를 구매하고자 한다. 총무팀 고 사원이 정리한 다음 자료를 토대로 할 때 [권 팀장의 지시 내용]에 따라 구매하는 제품은?

[표] 제품별 사양과 가격

구분	A제품	B제품	C제품	D제품	E제품
해상도	1,920×1,080	1,920×1,080	1,920×1,080	1,920×720	1,920×1,080
밝기	550안시루멘	600안시루멘	1,000안시루멘	500안시루멘	600안시루멘
소음	25dB	24dB	26dB	25dB	30dB
램프수명	25,000시간	30,000시간	30,000시간	20,000시간	30,000시간
중량	0.8kg	1.0kg	1.0kg	1.3kg	0.7kg
부가기능	○, ◇	○, ◇	●, ◇	○, ●, ◆	○, ◇
가격	590,000원	580,000원	600,000원	620,000원	580,000원

※ ○: 내장 배터리, ●: 스마트TV기능, ◇: 자동 키스톤보정, ◆: 블루투스 연결

[권 팀장의 지시 내용]

· 10개의 회의실에 모두 설치할 예정이며, 예산은 600만 원 이하이다.
· 구매하고자 하는 프로젝터는 램프수명은 25,000시간 이상, 소음은 26dB 이하, 밝기는 500안시루멘 이상, 내장 배터리와 자동 키스톤보정 기능이 있는 제품을 선택한다.
· 2가지 이상의 제품이 선정될 경우 중량이 적은 제품을 구매한다.

① A제품
② B제품
③ C제품
④ D제품
⑤ E제품

[17~18] 다음 [영농자재에 대한 부가가치세 사후 환급 특례]를 읽고 이어지는 물음에 답하시오.

[영농자재에 대한 부가가치세 사후 환급 특례]

농업인이 영농에 사용하기 위하여 구입하는 필름·파이프 등에 대하여는 구입 시 부담한 부가가치세를 환급받을 수 있다. 다만, 2011. 7. 1.부터 농업인이 부가가치세 사후 환급을 받기 위해서는 국립농산물품질관리원을 통하여 농업경영정보를 등록하여야 한다.

1. 농업용기자재에 대한 부가가치세 사후 환급
   - 농업인이 영농자재를 구입할 때 부가가치세 부담이 없도록 하는 제도에는 (사전)영세율제도와 (사후)환급제도가 있다. 영세율제도는 기자재 판매 시 영(0)세율을 적용하는 제도이고, 환급제도는 구입할 때 부가가치세가 포함된 가격으로 구입한 후 지역농협 등 환급대행기관에 부가가치세 환급을 신청하여 구입 시 부담한 부가가치세를 되돌려 받는 제도이다. 처음부터 부가가치세를 면제하지 않고 사후에 환급해 주는 이유는 농업용 이외의 다른 용도로 사용되는 것을 방지하여 농업인에게 실질적인 혜택을 주기 위한 제도이다.
   - 부가가치세 환급이 적용되는 농업용 기자재에 한하여 환급 특례를 적용받을 수 있다.
2. 부가가치세를 환급받는 방법
   농업인이 부담한 부가가치세를 환급받기 위해서는 해당 서류를 기자재의 구입일이 속하는 분기 말의 다음 달 10일까지 지역농·축협 등 환급대행기관에 제출해야 한다.

---

17 위 [영농자재에 대한 부가가치세 사후 환급 특례]를 읽고 보인 반응으로 가장 적절한 것은?

① 아름: 농업인은 구입한 모든 물품에 대해서 부가가치세를 돌려받을 수 있구나.
② 다운: 우리 할머니는 2011년 7월 1일 이전부터 영농활동을 하셨으니까 농업경영정보를 등록하지 않아도 부가가치세를 환급받을 수 있겠어.
③ 윤희: 농업인이 구입하는 영농자재에 대한 부가가치세는 처음부터 납부하지 않을 수도 있어.
④ 송강: 영농자재 부가가치세 사후환급제도의 경우 농업인에게 실질적인 혜택이 돌아가지 않는다는 단점이 있어.
⑤ 본재: 부모님께 부가가치세 환급을 위해 지역농·축협에서 영농자재를 구입하시라고 말씀드려야겠어.

18 위 [영농자재에 대한 부가가치세 사후 환급 특례]에 따를 때 다음 중 부가가치세를 사후에 환급받을 수 있는 경우는? (단, 언급하지 않은 내용은 모두 충족하는 것으로 본다)

① 교육공무원 A가 텃밭의 작물 재배에 사용하기 위해 농업용 필름을 구입한 경우
② 농업인 B가 부가가치세 영세율을 적용받아 농업용 파이프를 구입한 경우
③ 농업인 C가 영농에 사용하기 위해 부가가치세 환급 미적용 영농자재를 구입한 경우
④ 농업인 D가 4월 15일에 구매한 농업용 기자재의 부가가치세 환급을 위해 같은 해 7월 5일에 해당 서류를 농협에 제출한 경우
⑤ 농업용 기자재를 구입한 농업인 E가 환급 시 필요한 서류를 준비해 구매처에 제출한 경우

[19~20] 다음은 미국 펀드 매도와 환매에 관한 자료이다. 이어지는 물음에 답하시오.

[미국 펀드 매도와 환매]

오후 5시 이전 매도	오후 5시 이후 매도
• T 영업일: 매도 신청 • T+2 영업일: 기준가로 매도 • T+5 영업일: 입금	• T 영업일: 매도 신청 • T+3 영업일: 기준가로 매도 • T+6 영업일: 입금
오후 5시 이전 환매 청구	오후 5시 이후 환매 청구
• T 영업일: 환매 신청 • T+3 영업일: 기준가로 환매 • T+7 영업일: 환매대금 지급	• T 영업일: 환매 신청 • T+4 영업일: 기준가로 환매 • T+8 영업일: 환매대금 지급

※ 9월에 토요일, 일요일 외의 휴일은 없는 것으로 가정함

19 다음 [대화]의 ㉠에 해당하는 날짜는?

[대화]

• 직장인 A: 안녕하세요. 제가 보유하고 있는 펀드를 매도하려고 합니다. 제가 직장인이다 보니 영업시간에 직접 은행에 방문하는 것이 어려울 것 같아요.
• 금융사 직원: 전화로 매도주문을 넣으실 수 있습니다. 매도주문 진행 도와드릴까요?
• 직장인 A: 네. 그럼 매도주문 진행 부탁드립니다.
• 금융사 직원: 네 알겠습니다. 오늘 9월 2일 금요일 오후 3시 매도주문하였으며, 매도 후 금액은 (㉠)에 입금됩니다.

① 9월 5일   ② 9월 6일   ③ 9월 7일
④ 9월 8일   ⑤ 9월 9일

20 9월 2일 금요일에 직접 은행을 방문하여 매수 요청을 한 B는 9월 8일 목요일 오후 6시에 환매를 청구했다. 이에 환매대금이 지급되는 날짜는?

① 9월 16일   ② 9월 17일   ③ 9월 18일
④ 9월 19일   ⑤ 9월 20일

21 갑~정은 한 사람당 여러 개의 대출상품을 이용할 수 있으며, 가능한 대출상품은 모두 이용하려고 한다. 다음 [표]와 [상황]에 따를 때, 갑~정 중 가장 많은 사람이 이용하게 되는 대출상품을 모두 고르면? (단, [상황]에서 '一'로 표시된 사항은 고려하지 않는다)

[표] 대출 상품 비교

구분	대상자	대출한도
햇살론	• 신용 6~10등급(연소득 4,000만 원 이하) • 연소득 2,600만 원 이하 자영업자	창업자금 1,000만 원~5,000만 원
새희망홀씨	• 신용 5~10등급(연소득 4,000만 원 이하) • 연소득 3,000만 원 이하	최대 2,000만 원
미소금융	• 신용 7~10등급(재산 대비 채무비율 50% 미만, 연소득 2,000만 원 이하) • 신용 5~6등급(연소득 2,000만 원 이하이며 1년 내 금융거래가 없거나, 소득이 없으며 3년 내 금융거래 없어야 함)	창업자금 1,000만 원~5,000 만원
바꿔드림론	신용 6~10등급(연 20% 이상 고금리로 3,000만 원 이하 채무자)	최대 3,000만 원

[상황]

이름	신용등급	연소득	직업	금융거래	채무
갑	5등급	2,000만 원	근로자	1년 내 금융거래 없음	없음
을	7등급	3,000만 원	자영업자	一	연 30%로 4,000만 원 채무
병	6등급	1,800만 원	자영업자	1년 내 금융거래 없음	없음
정	9등급	1,000만 원	一	一	• 자산 대비 채무비율 58% • 연 11%로 2,000만 원 채무

① 햇살론   ② 새희망홀씨   ③ 미소금융

④ 바꿔드림론   ⑤ 햇살론, 새희망홀씨

22 다음 글과 [표]를 근거로 판단할 때, 갑과 을이 출장을 다녀와 두 사람 모두가 복귀할 수 있는 가장 빠른 시각은? (단, 다른 조건은 고려하지 않는다)

> A에 근무 중인 갑과 을 두 사람은 오전 회의에 참석한 후 갑은 B와 C에, 을은 C에 출장을 다녀오기로 하였다. 출장은 시내버스를 이용한다.
>
> 갑이 속한 부서의 회의는 오후 12시에 마쳤고, 갑은 점심을 먹은 후 오후 12시 30분에 출발하기로 하였다. 갑의 출장 소요시간은 B에서 30분, C에서 20분이 소요되고 B, C 순으로 출장을 다녀와야 한다.
>
> 을이 속한 부서의 회의는 오후 1시에 마쳤으며 바로 출발하였다. 을의 C 출장 소요시간은 1시간 10분이다.

[표] 시내버스 오후 시간표

A → B → C			C → B → A		
출발	도착·출발	도착	출발	도착·출발	도착
12:20	1:00	1:30	3:40	4:00	4:40
12:50	1:35	2:10	3:55	4:20	5:00
1:00	1:45	2:25	4:10	4:35	5:05
1:15	2:20	3:05	4:30	5:00	5:20

A → C		C → A	
출발	도착	출발	도착
12:50	1:40	3:00	3:40
1:20	2:05	3:20	3:55
1:40	2:30	3:35	4:00
2:00	3:00	3:45	4:10

① 3:40 ② 3:55 ③ 4:00

④ 4:10 ⑤ 4:40

[23~24] 다음은 버스 예약 홈페이지의 버스 시간표이다. 이어지는 물음에 답하시오.

[표] 버스 시간표

출발시각	회사	등급	가격	잔여석
12:21	A사	우등	15,300원	1/24
12:56	B사	우등	15,300원	0/24
13:16	B사	일반	12,500원	5/38
13:38	A사	우등	15,300원	5/24
14:21	A사	우등	15,300원	8/24
14:34	B사	일반	12,500원	0/35

[상황]

이 대리는 유 팀장으로부터 C시에 있는 회사로 외근을 나가라는 지시를 받았다. 이 대리는 오전 8시까지 사무실로 출근한 뒤 9시에 예정인 거래처와의 2시간 동안의 미팅을 마치고 외근 시 필요한 자료를 50분 동안 작성 후 동기와의 40분 동안의 점심 식사를 하고 사무실에서 도보로 5분 거리에 있는 버스터미널로 이동할 예정이다. 이 대리는 점심 식사 후 버스표를 예매할 계획이었으나 매진될 것에 대비하여 출근 후 바로 버스 시간표를 검색하고 가장 빠르게 탑승할 수 있는 버스표를 예매하고자 한다.

23 위 [표]와 [상황]을 토대로 할 때 이 대리가 해야 할 업무의 순서로 옳은 것은?

① 출근 → 버스 시간표 검색 및 예매 → 자료 작성 → 거래처와 미팅 → 점심 식사 → 터미널로 이동 및 외근

② 출근 → 버스 시간표 검색 및 예매 → 거래처와 미팅 → 자료 작성 → 점심 식사 → 터미널로 이동 및 외근

③ 출근 → 거래처와 미팅 → 자료 작성 → 버스 시간표 검색 및 예매 → 점심 식사 → 터미널로 이동 및 외근

④ 출근 → 거래처와 미팅 → 자료 작성 → 점심 식사 → 버스 시간표 검색 및 예매 → 터미널로 이동 및 외근

⑤ 출근 → 자료 작성 → 거래처와 미팅 → 점심 식사 → 버스 시간표 검색 및 예매 → 터미널로 이동 및 외근

24 이 대리가 예매한 버스의 출발시각은?

① 12:21　　　　　② 12:56　　　　　③ 13:16
④ 13:38　　　　　⑤ 14:21

25 다음의 소문이 사실이라고 할 때 상황에 대처하기 위한 적절한 방안을 [보기]에서 모두 고른 것은?

> • '가'국의 A는 '가'국의 대출금리(연 8%)보다 싼 '나'국(연 0.5%)에서 대출을 받아 생산설비를 구입했다.
> • '가'국의 B는 '나'국에서 연 0.5%의 금리로 대출받아 금리가 연 7.25%인 '다'국의 국채를 사 놓아 자기 돈은 한 푼도 들이지 않고 6.75%의 금리 차이를 수익으로 거두고 있다.
> • 가까운 시일 내에 '나'국이 대출 금리를 9%로 대폭 인상한다는 소문이 돌고 있다.

| 보기 |

> ㄱ. A는 '다'국에서 대출을 받아 '나'국의 대출을 상환하여야 한다.
> ㄴ. A는 '나'국에서 받은 대출의 상환을 가속화해야 한다.
> ㄷ. B는 '가'국에서 대출을 받아 '나'국의 대출을 상환하는 것이 최선의 방법이다.

① ㄱ
② ㄴ
③ ㄱ, ㄴ
④ ㄴ, ㄷ
⑤ ㄱ, ㄴ, ㄷ

26 다음은 시장점유율과 시장성장률에 의해서 사업영역을 분류한 BCG 매트릭스에 대한 설명이다. 이를 보고 추론할 수 없는 내용을 고르면?

> 'BCG 매트릭스'는 보스턴컨설팅그룹(Boston Consulting Group)에 의해 1970년대 초반 개발된 것으로, 기업의 경영전략 수립에 있어 하나의 기본적인 분석도구로 활용되는 사업포트폴리오(Business Portfolio)분석기법이다. BCG매트릭스는 자금의 투입, 산출 측면에서 사업(전략사업 단위)이 현재 처해 있는 상황을 파악하여 상황에 알맞는 처방을 내리기 위한 분석도구이다. '성장-점유율 매트릭스(growth-share matrix)'라고도 불리며, 산업을 점유율과 성장성으로 구분해 4가지로 분류했다. 즉, X축을 '상대적 시장점유율'로 하고, Y축을 '시장성장률'로 하여, 미래가 불투명한 사업을 물음표(Question Mark), 점유율과 성장성이 모두 좋은 사업을 별(Star), 투자에 비해 수익이 월등한 사업을 캐시카우(Cash Cow), 점유율과 성장률이 둘 다 낮은 사업을 도그(Dog)로 구분했다.

높다 ↑ 시장성장률 ↓ 낮다	Star	?
	Cash Cow	Dog
	높다 ← 시장점유율 → 낮다	

① BCG 매트릭스는 사업의 성격을 단순화, 유형화하여 상황에 따른 의사결정에 도움을 준다.
② 캐시카우(Cash Cow)에서 얻은 잉여자금은 새로이 별(Star)로 부각되는 사업이나 물음표(Question Mark)형 사업의 주요 투자재원이 된다.
③ 사업의 평가요소가 상대적 시장점유율과 시장성장률뿐이어서 단순화의 오류에 빠지기 쉽다.
④ 캐시카우(Cash Cow)에 새로운 투자를 하는 것은 설령 시장점유율을 높일 수 있더라도 평균 비용도 상승할 가능성이 높기 때문에 유효한 투자책이라고는 할 수 없다.
⑤ 별(Star)의 영역에 있던 사업이 점차 시장성장률이 낮아지면 캐시카우(Cash Cow)가 된다.

27 다음 제시문을 참고할 때 예상할 수 있는 변화로 보기 어려운 것은?

「범농협 디지털혁신 추진계획」 수립

□ 2020년 농협중앙회는 농협비전 2025에 스마트농업을 주요 과제로 포함함. 이를 전사적으로 통합·조정·추진하기 위하여 디지털혁신부를 신설하고 관련 위원회를 통합하여 디지털혁신위원회를 출범함

□ 디지털혁신부는 2020년 9월 「범농협 디지털혁신 추진계획」을 수립하였음. 이 계획의 목표는 4차 산업혁명 시대에 부응하는 농업분야 및 농협의 디지털 혁신으로 미래 성장동력 확보임

구분	2021년 [성공사례 도출]	2022년 [참여 확산]	2023년 이후 [내재화/체질 전환]
중앙회	• RPA 전국 농축협 도입 • 농협형 스마트팜 v1.5모델 발굴 • NH농업인포털 구축 서비스 개시 • 원격근무 시범부서 운영	• RPA 인공지능 기술 탑재 • 농협형 스마트팜 v2.0모델 정립 • NH농업인포털 고도화 • 원격근무 필수인원 확대	• RPA 변화관리 • 스마트 자재사업 진출 • NH농업인포털 사용자 확산 • 원격근무 개선·안정화
경제	• 무인매장 시범운영(10평) • 7대광역시 농축협 온라인 사업 • 온라인농산물거래소 시범 사업 • 한우 핵심 DB 데이터 연계	• 무인매장 규모 확대(100평) • 권역별 거점 농축협 온라인 사업 • 온라인농산물거래소 본사업 • 시스템 고도화	• 무인매장 점포수 확대 • 전국 시군 농축협 온라인사업 • 온라인경매 활성화 • 사업적용 활성화
금융 (상호포함)	마이데이터 서비스 시행	농촌 특화서비스 제공	마이데이터 기반 신사업 발굴

① 농산물거래 및 경매가 온라인으로 진행될 수 있다.

② 중앙회에는 원격근무 인원의 증가로 본부 출입인원이 감소할 수 있다.

③ 지역매장의 통폐합으로 인해 매장 운영인원이 감소한다.

④ NH농업인포털 서비스의 업데이트가 지속적으로 이루어질 수 있다.

⑤ 새로운 사업을 시도하고 성공한 사례를 바탕으로 2023년부터는 업무의 체질 전환이 이뤄진다.

28 A사 인사부 직원은 채용설명회용 포스터를 만들려고 한다. 다음에 제시된 [핵심가치]를 실제 상황과 관련지어 포스터 문구를 삽입하려고 할 때 [보기]와 적절하게 연결되지 않은 것은?

> [핵심가치]
> 고객중심, 상호존중, 변화주도, 최고지향, 주인정신

| 보기 |

ㄱ. 통합적이고 폭 넓은 시각에서 변화의 흐름을 예견하고 변화가 미칠 영향을 파악한다.

ㄴ. 실패를 두려워하지 않는 용기와 신속한 실행을 통해 근본적인 변화를 추진한다.

ㄷ. Client의 니즈를 심층적으로 이해하고 Client 관점의 상품과 서비스를 제공한다.

ㄹ. 쉬운 목표보다는 도전적인 목표를 설정하고 어떻게 하면 할 수 있을까를 고민한다.

ㅁ. 조직문화에 대해 깊이 이해, 공감하고 진정성 있게 실천하여 스스로 모범이 된다.

ㅂ. 상대방의 입장을 존중, 배려하고 'One Team' 관점에서 적극적으로 협업한다.

① 고객중심 – ㄷ
② 상호존중 – ㅂ
③ 변화주도 – ㄱ
④ 최고지향 – ㅁ
⑤ 주인정신 – ㅁ

29 다음의 기사를 읽고 농협은행의 직원만족 담당부서가 논의할 수 있는 사항으로 옳지 않은 것은?

> 취업정보업체는 자사 플랫폼에 지난 3년 간 제출된 총 2백만 건의 기업 평가 정보를 분석하여 근로자의 직장 만족도에 영향을 주는 요인을 분석했다. 이용자들은 자신의 직장 경험에 대해 총 만족도를 포함하여 승진 기회 및 가능성, 급여 및 복지, 업무와 삶의 균형, 사내문화, 경영진까지 총 6가지에 대해 5점 만점으로 평가하는데, 이들 간의 상관 관계를 분석한 것이다.
>
> 분석 결과, 직장에 대한 총 만족도와 가장 밀접하게 상관된 것으로 보이는 지표는 경영진 만족도였다. 경영진에 대한 만족도와 총 만족도의 상관계수는 2년 전 0.82에서 올해 0.86으로 상승했다. 경영진에 대한 만족도가 높을수록 직장에 대한 총 만족도가 높아진다는 건데, 그 수준이 매년 상승하고 있는 것이다. 최근 사회적으로 파장이 큰 사건들을 통해 알려진 오너와 경영진의 기업 전반에 대한 영향력을 보면 충분히 납득할 만한 결과이다.
>
> 사내문화 만족도는 경영진에 이어 두 번째로 총 만족도에 큰 영향을 주는 것으로 나타났다. 상관계수 역시 2년 전 0.77에서 올해 0.80으로 꾸준히 상승했다. 업무와 삶의 균형에 대한 만족도는 상관계수 자체는 사내문화와 경영진 만족도에 비해 낮지만, 2년 전 0.64에서 올해 0.71로 가장 큰 폭으로 상승했다. 업무와 삶의 균형이 직장의 총 만족도에 미치는 영향력이 빠르게 커지고 있다는 사실을 보여주는 대목이다.

① 부행장과 직원간의 소통 프로그램 도입
② 조직문화 개선 프로젝트 실시
③ 자율 출퇴근제 또는 재택근무제 도입
④ 시간 외 근무수당 현실화 방안 마련
⑤ 일찍 퇴근하는 패밀리데이 주 2회 실시

30 농협은행은 해외 진출을 위하여 국제법률 분야 전문가 1명을 채용하고자 한다. 다음 [조건]에 따를 때 응시자격을 충족하는 지원자를 고르면?

[응시자격요건]

○ 경력
    1. 관련분야에서 10년 이상 재직한 경력이 있는 자
    2. 관련분야에서 관리자로 3년 이상 재직한 경력이 있는 자

○ 학위
    1. 관련분야 박사학위 소지자
    2. 관련분야 석사학위 소지 후 4년 이상 경력자

○ 자격증
    변호사 자격증 소지 후 관련분야*에서 1년 이상 경력이 있는 자
    * 관련분야: 국제법, 국제통상법 분야

[조건]

○ 응시자격요건(경력, 학위, 자격증)에 기재된 사항 중 1개 이상에 해당되면 응시 가능함
○ 경력의 계산, 자격증 및 학위 소지 여부는 면접시험 최종일(2023.2.22. 예정) 기준으로 판단함
○ '경력'은 법인(외국법인 포함), 국제기구 또는 국제단체에 소속되어 관련분야에서 근무하거나 연구를 수행한 경력을 의미함
    ※ 학위취득에 소요되는 학위과정 경력은 제외하되, 국공립대학 및 사립대학에서의 강의 또는 연구 경력은 포함
○ '경력' 요건으로 응시하는 경우, 최종경력을 기준으로 퇴직 후 3년이 경과되지 아니하여야 함('학위' 및 '자격증' 요건으로 응시하는 경우는 해당 없음)

---

① 2008년부터 10년 동안 국제기구의 국제법 연구원으로 근무한 후 퇴직한 A
② 2022년 1월 한국 변호사 자격증을 취득하고 3개월 후 로펌에 취직, 국제법 분야의 전문 변호사로 현재까지 활동 중인 B
③ 2012년 10월 국제법 석사학위를 취득한 직후 국제법 연구교수로서 대학에서 2017년까지 강의한 C
④ 국제단체에서 국제통상법 전문가로 2020년부터 현재까지 재직 중이며 2021년에는 국제통상법 석사학위를 취득한 D
⑤ 2015년 7월부터 국제법연구소에서 근무하였고, 재직 중인 2020년에 국제통상법 석사학위를 취득하여 현재까지 동일 연구소에서 근무 중인 E

31 다음 제시문에 근거하여 [보기]에서 옳은 것만 고르면?

법인세란 법인의 당기 순이익에 대하여 부과하는 조세를 말한다. 이때 법인세액은 손익계산서상의 당기순이익에 세법상 조정사항을 반영하여 산출된 과세표준에 세율을 적용하여 계산된다. 당초 우리 정부는 200억 원~500억 원의 중간 과세표준 구간을 신설하여 이 구간의 법인세율을 22%에서 20%로 내릴 예정이었다. 그러나 '부자감세' 여론을 의식한 정치권의 요청으로 결국 2억 원~200억 원 구간을 신설하여 이 구간의 법인세율을 인하하기로 했다. 법인세율의 변화는 아래 표와 같다.

※ 법인세는 과세표준의 크기에 따라서 차등세율을 적용하는 비례세이다.

[법인세율의 변화]

과세표준	변경 전 세율	변경 후 세율
2억 원 이하	10%	10%
2억 원 초과 200억 원 이하	22%	20%
200억 원 초과		22%

| 보기 |

ㄱ. 당초 정부의 의도에 따른 법 개정이 이루어졌다고 할 때 과세표준이 300억 원으로 산출된 법인은 감세 혜택을 받지 못한다.

ㄴ. '부자감세' 여론을 의식한 나머지 새로이 개정된 세율 하에서는 과세표준이 199억 원으로 산출된 법인은 감세 혜택을 받는 반면, 과세표준이 201억 원으로 산출된 법인은 감세 혜택을 받지 못한다.

ㄷ. 개정 세율에 의할 때 과세표준이 300억 원으로 산출된 법인은 3억 9,600만 원의 법인세 인하 혜택을 받게 된다.

① ㄱ
② ㄴ
③ ㄱ, ㄴ
④ ㄱ, ㄷ
⑤ ㄱ, ㄴ, ㄷ

32 어느 도시에서 신문의 구독 상황과 지지 정당의 관계를 조사한 내용이 [정보]와 같다고 할 때, 다음 중 반드시 참인 것은?

[정보]

- A신문을 읽는 사람은 D당을 지지하고 있다.
- B당을 지지하고 있는 사람은 C신문을 읽고 있지 않다.
- A신문을 읽는 사람은 E신문을 읽고 있다.
- B당을 지지하고 있지 않은 사람은 D당을 지지하고 있지 않다.

---

① B당을 지지하는 사람은 A신문을 읽고 있다.

② C신문을 읽는 사람은 A신문을 읽지 않는다.

③ E신문을 읽는 사람은 D당을 지지하고 있다.

④ A신문을 읽는 사람은 B당을 지지하지 않는다.

⑤ C신문을 읽고 있지 않은 사람은 D당을 지지하고 있다.

핵심 기출동형 50제

제1회 실전모의고사

제2회 실전모의고사

제3회 실전모의고사

33 다음 [표]는 SWOT 분석을 나타내고 있다. SWOT 분석을 통하여 얻은 결과를 바탕으로 [보기]와 같은 전략을 구상하였다고 가정할 때, 전략 구상이 적절한 것들을 모두 고르면?

[표]

구분	내부	외부
긍정요인	강점(S: Strength)	기회(O: Opportunity)
부정요인	약점(W: Weakness)	위협(T: Threats)

| 보기 |

ㄱ. SO 전략: 외국어 및 지역 문화에 능통한 인재를 많이 보유하고 있는 A무역은 해외 시장 환경이 호전되는 상황을 바탕으로 적극적인 해외 법인 구축 및 해외 마케팅 전략을 세웠다.

ㄴ. ST 전략: 과당 경쟁에 따른 제품 가격의 하락으로 수익률이 날로 떨어지는 상황에서 B전자는 이를 자사 제품 라인업을 고부가가치 중심으로 바꾸는 계기로 삼고자 한다.

ㄷ. WO 전략: 신약을 개발할 만한 연구 역량을 아직 갖고 있지 않은 C제약사는 신약 특허를 지닌 약품의 시장 지배력이 강화되는 상황에서 구조조정을 과감히 시행하기로 결정했다.

ㄹ. WT 전략: 배급망 장악력이 떨어지는 D영화사는 성수기를 맞아 쏟아져 들어오는 외국상업 영화들 속에서 예술 영화를 제작하여 예술 영화 전용 배급망을 통해 상영함으로써 자사 이미지를 제고하려 한다.

① ㄱ, ㄴ

② ㄱ, ㄹ

③ ㄴ, ㄷ

④ ㄴ, ㄹ

⑤ ㄷ, ㄹ

34 다음 대화의 ⑦과 ⓒ에 들어갈 말을 적절하게 짝지은 것은?

> • 갑: 신입직원 가운데 일부가 봉사활동에 지원했습니다. 그리고 (⑦   )
>
> • 을: 지금 하신 말씀에 따르자면, 제 판단으로는 하계연수에 참여하지 않은 사람 중에 신입직원이 있다는 결론이 나오는군요.
>
> • 갑: 그렇게 판단하신 게 정확히 맞습니다. 아니, 잠깐만요. 아차, 제가 앞에서 말씀드린 부분 중에 오류가 있었군요. 죄송합니다. 신입직원 가운데 일부가 봉사활동에 지원했다는 것은 맞는데, 그 다음이 틀렸습니다. 봉사활동 지원자는 전부 하계연수에도 참여했다고 말씀드렸어야 했습니다.
>
> • 을: 알겠습니다. 그렇다면 아까와 달리 "(ⓒ   )"라는 결론이 나오는 것이로군요.
>
> • 갑: 바로 그렇습니다.

① ⑦: 하계연수 참여자 가운데는 봉사활동에 지원했던 사람이 없습니다.
　ⓒ: 신입직원 가운데 하계연수 참여자가 있다.

② ⑦: 하계연수 참여자 가운데는 봉사활동에 지원했던 사람이 없습니다.
　ⓒ :신입직원 가운데 하계연수 참여자는 한 명도 없다.

③ ⑦: 하계연수 참여자는 모두 봉사활동에도 지원했던 사람입니다.
　ⓒ: 신입직원 가운데 하계연수 참여자는 한 명도 없다.

④ ⑦: 하계연수 참여자 가운데 봉사활동에도 지원했던 사람이 있습니다.
　ⓒ: 신입직원 가운데 하계연수 참여자가 있다.

⑤ ⑦: 하계연수 참여자 가운데는 봉사활동에 지원했던 사람이 없습니다.
　ⓒ: 신입직원은 모두 하계연수 참여자이다.

35 다음 [규정]을 근거로 판단할 때 옳지 않은 것은?

> **[규정]**
>
> 제00조(상인-당연상인) 자기명의로 상행위를 하는 자를 상인이라 한다.
>
> 제00조(의제상인) ① 점포 기타 유사한 설비에 의하여 상인적 방법으로 영업을 하는 자는 상행위를 하지 아니하더라도 상인으로 본다.
>
>   ② 회사는 상행위를 하지 아니하더라도 상인으로 본다.
>
> 제00조(무능력자의 영업과 등기) 미성년자 또는 한정치산자가 법정대리인의 허락을 얻어 영업을 하는 때에는 등기를 하여야 한다.
>
> 제00조(법정대리인에 의한 영업의 대리) 법정대리인이 미성년자, 한정치산자 또는 금치산자를 위하여 영업을 하는 때에는 등기를 하여야 한다.
>
> 제00조(소상인) 등기에 관한 규정은 소상인에게 적용하지 아니한다.
>
> ※ 상행위: 영리에 관한 행위 일체를 말함
>
> ※ 소상인: 자본금액 1,000만 원 미만이고, 일반인으로서 영업하는 자를 말함

① 자신의 명의로 "OO정보센터"라는 상호 아래 타인의 재산이나 신용상태를 조사해 주는 것을 영업으로 하는 A는 당연상인이다.

② 휴대폰 판매를 하는 B회사는 최근 경제상황 악화로 2021년 12월 1일부터 영업활동을 하지 않고 있다. 2021년 12월 31일 현재도 상인으로 본다.

③ 미성년자 C가 직접 상행위를 할 경우에는 법정대리인의 허락을 얻고 등기도 해야 하지만 C의 법정대리인 甲이 C를 위하여 직접 영업을 하는 경우에는 등기를 하지 않아도 된다.

④ 점포를 갖추고 상인적 방법으로 영업을 하는 D는 상행위를 하지 아니하더라도 상인으로 본다.

⑤ 700만 원의 자본금으로 영업을 시작하려는 일반인 E는 따로 등기를 하지 않아도 영업을 할 수 있다.

36 다음 [그림]은 중소기업들의 경영상 애로요인에 관한 설문 조사 결과이다. 이에 대한 설명으로 옳은 것을 [보기]에서 모두 고르면?

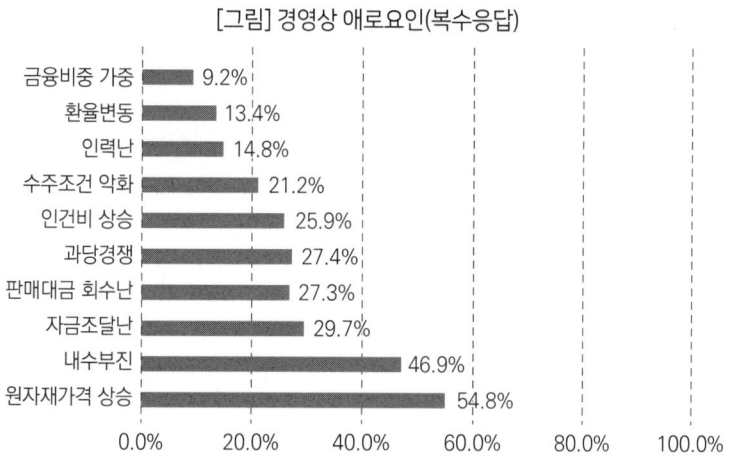

[그림] 경영상 애로요인(복수응답)

| 보기 |

ㄱ. 원자재가격 상승과 내수부진을 모두 호소하는 중소기업이 있다.

ㄴ. 세 가지 이상 항목을 애로요인으로 꼽은 중소기업이 있다.

ㄷ. 내수부진과 인력난을 애로요인으로 꼽은 기업의 수는 과당경쟁과 수주조건 악화를 애로요인으로 꼽은 기업의 수보다 많다.

ㄹ. 중소기업 중 절반 이상이 원자재 가격 상승 때문에 경영에 어려움을 겪고 있다.

① ㄱ, ㄴ　　　② ㄴ, ㄷ　　　③ ㄱ, ㄴ, ㄷ　　　④ ㄴ, ㄷ, ㄹ　　　⑤ ㄱ, ㄴ, ㄹ

37 다음 숫자들의 배열 규칙을 찾아 빈칸에 들어갈 알맞은 숫자를 고르면?

45	33
24	135

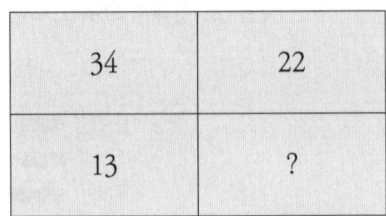

34	22
13	?

① 124
② 125
③ 126
④ 127
⑤ 128

38 다음 숫자들의 배열 규칙을 찾아 빈칸에 들어갈 알맞은 숫자를 고르면?

21	22	20	17	21	26	32	25	( )

① 11
② 13
③ 15
④ 17
⑤ 19

39 다음 [표]는 '갑' 회사의 지점(A~E)별 매출 관련 현황에 관한 자료이다. 이에 대한 [보기]의 설명 중 옳은 것만을 모두 고르면?

[표] '갑'회사의 지점별 매출 관련 현황

(단위: 억 원, 명)

구분	A	B	C	D	E	전체
매출액	10	21	18	10	12	71
목표매출액	15	26	20	13	16	90
직원수	5	10	8	3	6	32

※ 목표매출액 달성률(%)＝(매출액÷목표매출액)×100

| 보기 |

ㄱ. 직원 1인당 매출액이 두 번째로 높은 지점은 C이다.

ㄴ. 목표매출액 달성률이 가장 낮은 지점은 A이다.

ㄷ. 지점 매출액이 5개 지점 매출액의 평균을 초과하는 지점은 3곳이다.

① ㄱ

② ㄴ

③ ㄷ

④ ㄱ, ㄴ

⑤ ㄴ, ㄷ

40 다음은 도시와 농촌의 생활여건을 비교한 [그림]이다. 이에 대한 설명으로 옳은 것을 [보기]에서
모두 고르면?

[그림] 생활 여건의 도·농 간 격차(2021년 말)

※ 전국 평균을 100으로 둘 경우의 도시지역과 농어촌지역, 각각의 평균수준을 나타냄
※ 주거는 30년 이하 주택비중*(%), 교통은 도로포장률(%), 기초 생활은 상수도 보급률(%), 환경은 인구 1천 명당 오염배출시
  설 수(이 수치가 클수록 환경이 좋지 않음을 의미함), 정보는 컴퓨터 보급률*(%), 의료는 인구 1만 명당 의사 수, 복지는 국민
  연금 가입률(%), 교육은 대학진학률**(%), 문화는 인구 1만 명당 예술단 단원 수를 기준으로 함
  * 2017년 기준의 센서스
  ** 일부지역의 경우 2019, 2020년 자료 포함

| 보기 |

ㄱ. 농촌은 도시보다 주거, 환경, 의료 측면에서 더 좋은 생활여건을 보유한 것으로 나타났다.

ㄴ. 도시지역이 보유하고 있는 컴퓨터 대수는 농촌지역에 비하여 2배가량 많다.

ㄷ. 농촌은 도시에 비하여 상수도 시설이 부족한 것으로 나타났다.

① ㄱ
② ㄷ
③ ㄱ, ㄴ
④ ㄱ, ㄷ
⑤ ㄴ, ㄷ

41 주사위 A, B를 동시에 던져서 나온 두 숫자의 합이 5가 될 확률은?

① 1/36

② 1/18

③ 1/9

④ 1/6

⑤ 1/3

42 다음 [표]는 A, B, C, D기업의 2024년 4분기 손익계산서를 나타낸 자료이다. ㉠~㉣에 들어갈 수치를 옳게 짝지은 것은?

[표] 각 기업의 손익계산서

(단위: 억 원)

기업	매출원가		생산·판매액		기타비용	순위	
	총판매액	반품·할인액	생산액	판매액		영업이익	순이익
A	㉠	100	350	200	50	1	3
B	700	㉡	150	300	0	4	4
C	800	100	㉢	170	−50	2	1
D	600	200	200	100	㉣	3	2

※ 매출원가＝총판매액－반품·할인액

※ 영업이익＝매출원가－(생산액＋판매액)

※ 순이익＝매출원가－(생산액＋판매액)－기타비용

	㉠	㉡	㉢	㉣
①	700	100	450	−30
②	700	250	450	0
③	800	200	400	−50
④	800	200	400	50
⑤	900	200	400	50

43 다음 [표]는 2025년 1월 4일 현재 통화별 환율 정보에 관한 자료이다. 다음 [표]를 이용하여 해석한 내용으로 옳지 않은 것을 [보기]에서 모두 고르면?

[표] 2025년 1월 4일 통화별 환율 정보

(단위: 원)

국가 (통화)	매매기준율	전일비	현찰		송금(전신환)		미화환산율 (%)
			사실 때	파실 때	보내실 때	받으실 때	
미국 (USD)	1,129.00	▼5.00	1,148.75	1,109.25	1,140.00	1,118.00	1.0000
일본 (JYP100)	1,386.47	▼48.43	1,410.73	1,362.21	1,400.05	1,372.89	1.2280
중국 (CNY)	171.88	▼0.68	183.91	163.29	173.59	170.17	0.1520
유로존 (EUR)	1,586.58	▲1.47	1,618.15	1,555.01	1,602.44	1,570.72	1.4050
스위스 (CHF)	1,249.45	▼6.92	1,274.31	1,224.59	1,261.94	1,236.96	1.1070
캐나다 (CAD)	1,150.16	▲3.55	1,173.04	1,127.28	1,161.66	1,138.66	1.0190

※ 미화환산율은 국가별 매매기준율을 미국(USD) 매매기준율로 나눈 값임
※ 하루 동안 모든 금융기관의 모든 외환 거래에서는 [표]에 나타난 환율 정보가 반영되는 것으로 함
※ 전일비는 매매기준율에 대한 것이지만, 현찰과 송금(전신환)의 모든 거래에도 동일하게 적용됨
※ 평가절상은 기준이 되는 통화에 대비하여 화폐가치가 올라가는 것을, 평가절하는 반대로 화폐가치가 내려가는 것을 의미함

| 보기 |

ㄱ. 2025년 1월 4일에 일본 출장이 예정되어 있던 갑은 1월 3일 아침에 은행에서 엔화 100만 엔을 현찰로 구매하였는데, 1월 4일 당일에 일본 출장이 취소되었다. 이에 갑은 자신이 구매한 모든 엔화를 은행에 다시 매각하여, 97만 원 이상의 손해를 보았다.

ㄴ. 2025년 1월 3일의 환율을 기준으로 하여 볼 때, 2025년 1월 4일에 자국화폐의 가치가 원화에 대비하여 평가절상된 국가는 미국, 일본, 중국, 스위스이며, 자국화폐의 가치가 원화에 대비하여 평가절하된 국가는 유로존과 캐나다이다.

ㄷ. 2025년 1월 4일의 환율을 기준으로 일본의 엔화 1,200엔을 미화로 환산한 금액은 유로화 10유로를 미화로 환산한 금액에 비하여 더 적다.

ㄹ. 2025년 1월 4일의 환율을 기준으로 일본 1,100엔과 중국 115위안, 미국 120달러의 원화가치 총액은 유로존 120유로, 스위스 13프랑, 캐나다 100달러의 원화가치 총액보다 더 적다.

① ㄱ, ㄴ
② ㄴ, ㄷ
③ ㄱ, ㄴ, ㄷ
④ ㄴ, ㄷ, ㄹ
⑤ ㄱ, ㄴ, ㄷ, ㄹ

44 다음은 계절별 주택용 전기요금 산정 방법에 대한 자료이다. 8월에 A가 사용한 전력량이 1,050kWh 일 때, A가 지불해야 하는 전기요금은?

[계절별 주택용 전기요금]

• 하계 전기요금(7월 1일~8월 31일)

기본요금(원/가구)		전력량요금(원/kWh)	
300kWh 이하	910	300kWh까지	93.2
300kWh 초과 450kWh 이하	1,600	다음 150kWh까지	187.8
450kWh 초과	7,300	450kWh 초과	208.5

※ 1,000kWh 초과분 전력량요금은 704.5/kWh 적용

• 기타 전기요금(1월 1일~6월 30일, 9월 1일~12월 31일)

기본요금(원/가구)		전력량요금(원/kWh)	
200kWh 이하	910	200kWh까지	93.2
200kWh 초과 400kWh 이하	1,600	다음 200kWh까지	187.8
400kWh 초과	7,300	400kWh 초과	208.5

※ 동계(12월 1일~2월 말일)에 1,000kWh 초과분 전력량요금은 704.5원/kWh 적용

① 176,080원 ② 188,480원 ③ 200,885원
④ 213,330원 ⑤ 225,685원

45 L사 진 사원은 검색 시 사용할 수 있는 명령어를 정리했다. 이를 토대로 입력한 명령어로 옳지 않은 것은?

명령어	설명	입력한 명령어
allintitle	페이지 제목에 여러 개의 검색어를 모두 포함된 페이지를 찾도록 명령하며, 검색어 앞에 allintitle:을 입력한다.	L사 매출액 → ① allintitle:L사 매출액
inurl	페이지 URL에 특정 검색어가 포함된 페이지를 찾도록 명령하며, 검색어 앞에 inurl:을 입력한다.	O사 신제품 → ② inurl:O사 신제품
filetype	검색어를 포함한 특정 파일 확장자를 찾도록 명령하며, 확장자와 검색어(확장자와 검색어 사이는 한 칸 띄어 씀) 앞에 filetype:을 입력한다.	코로나19 사망자 수, PDF → ③ filetype:PDF 코로나19 사망자 수
allintext	본문에 여러 개의 검색어가 모두 포함된 페이지를 찾도록 명령하며, 검색어(검색어 사이는 한 칸 띄어 씀) 앞에 allintext:를 입력한다.	치킨, 햄버거 → ④ allintext:치킨, 햄버거
intext	본문에 검색어를 포함하는 페이지를 찾도록 명령하며, 검색어 앞에 intext:를 입력한다.	최신 유행 영화 → ⑤ intext:최신 유행 영화

직무상식평가

01 다음 중 강화학습에 대한 설명으로 옳은 것은?

① 지도학습처럼 정답 데이터를 기반으로 학습한다.

② 비지도학습과 같이 군집화를 수행한다.

③ 명확한 피드백 없이 데이터 간 패턴을 분석한다.

④ 환경과 상호작용하며 보상을 통해 학습한다.

⑤ 대량의 레이블된 이미지를 학습시켜 인식률을 높인다.

02 다음 중 크로스플랫폼에 대한 설명으로 옳은 것은?

① 한 운영체제 전용으로 개발되는 애플리케이션을 말한다.

② 개발자가 운영체제마다 각각 코드를 작성해야 한다.

③ 하나의 소스 코드로 여러 플랫폼에서 실행 가능하다.

④ 응용프로그램의 UI만 일관되게 유지한다.

⑤ 플랫폼마다 최적화를 위해 성능이 동일하지 않다.

03 다음 중 증강현실(AR)의 핵심 개념으로 볼 수 없는 것은?

① 현실 세계에 가상 정보를 덧붙인다.

② 위치기반 정보나 센서를 활용한다.

③ 몰입형 가상 환경을 완전히 구성한다.

④ 스마트폰 카메라와 연동되기도 한다.

⑤ 현실 세계와 상호작용하는 방식이다.

04 다음 [보기] 중 보안해킹 용어에 대한 설명으로 옳지 않은 것을 모두 고르면?

| 보기 |

ㄱ. 랜섬웨어(Ransomware): 공격자가 임의로 자신의 IP 주소와 Port를 해당 호스트의 IP 주소와 Port와 같게 하여 서버에 접속함으로써 서버의 실행속도가 느려지거나 마비되게 하는 공격을 말한다.

ㄴ. 스푸핑(Spoofing): 타인의 시스템 자원에 접근할 목적으로 IP를 날조하여 정당한 사용자인 것처럼 보이게 하거나 승인받은 사용자인 체하여 시스템에 접근함으로써 추적을 피하는 고급 해킹 수법이다.

ㄷ. 스파이웨어(Spyware): 전자 매체를 통해 과도하게 큰 용량의 데이터나 무차별적인 전송을 통해 고정된 버퍼를 과도하게 사용하게 하여 프로그램 사용이나 시스템의 기능을 저하시키는 행위를 말한다.

ㄹ. 파밍(Pharming): 합법적인 사용자의 도메인을 탈취하거나 도메인 네임 시스템(DNS) 또는 프록시 서버의 주소를 변조함으로써 사용자들로 하여금 진짜 사이트로 오인하여 접속하도록 유도한 뒤 개인정보를 탈취하는 공격 기법이다.

ㅁ. 피싱(Phishing): 클라이언트-서버 간 네트워크 통신 시 주고받는 패킷을 조작하는 해킹이다. 패킷의 내용을 조작해서 실제 게임 플레이의 결과를 마음대로 변경할 수 있다.

① ㄱ, ㄴ, ㄷ   ② ㄱ, ㄷ, ㅁ   ③ ㄴ, ㄹ, ㅁ

④ ㄱ, ㄴ, ㄷ, ㄹ   ⑤ ㄴ, ㄷ, ㄹ, ㅁ

05 다음 [보기] 중 메타버스(Metaverse)에 대한 설명으로 옳은 것을 모두 고르면?

| 보기 |

ㄱ. 가공, 추상을 의미하는 메타(Meta)와 현실 세계를 의미하는 유니버스(Universe)의 합성
  어이다.
ㄴ. 국내에는 제페토, 로블록스와 같은 서비스가 있다.
ㄷ. 게임을 의미하며, 가장 친숙한 플랫폼을 통해 인간의 삶에 새로운 차원의 서비스를 제공
  하고자 한다.
ㄹ. 1992년 스노우 크래시라는 소설에서 처음 등장한 개념이다.

① ㄱ, ㄴ　　　　　　　② ㄱ, ㄷ　　　　　　　③ ㄱ, ㄴ, ㄷ
④ ㄱ, ㄴ, ㄹ　　　　　⑤ ㄱ, ㄴ, ㄷ, ㄹ

06 다음 [보기] 중 구독경제에 대한 설명으로 옳지 않은 것을 모두 고르면?

| 보기 |

ㄱ. 구독경제는 주오라의 창립자인 티엔 추오가 만들어낸 단어이다.
ㄴ. X세대가 "더는 소유하지 않는다."라고 주창하며 시작되었다.
ㄷ. 미니멀리즘을 부정하며 다양한 경험을 추구하려 한다.
ㄹ. 반복적 수익보다는 일회성으로 경험을 한 후 결정하려는 트렌드와 연결된다.
ㅁ. 무제한 이용형은 소유권을 이전한다.
ㅂ. 정기배송형은 소유권을 이전한다.
ㅅ. 렌탈형은 소유권을 이전하지 않는다.
ㅇ. 렌탈형은 소유권을 선택할 수 있다.

① ㄴ, ㄷ, ㄹ, ㅁ　　　② ㄷ, ㄹ, ㅂ, ㅅ　　　③ ㄹ, ㅁ, ㅂ, ㅇ
④ ㄱ, ㄴ, ㄷ, ㄹ, ㅅ　⑤ ㄴ, ㄷ, ㅁ, ㅅ, ㅇ

07 다음 글의 ㉠에 들어갈 용어는 무엇인가?

> (㉠)은/는 정부에서 발표한 '한국판 뉴딜 종합계획'의 한 축을 담당하는 디지털 뉴딜 5개 대표과제 중 하나이다. 공공과 민간의 네트워크를 통해서 생성되는 데이터를 수집·가공·결합·거래·활용하여 데이터 경제를 가속화하고, 5세대(5G) 이동통신 전국망에 기반을 두고 5세대(5G) 이동통신과 인공지능 융합 서비스를 모든 산업으로 확산하기 위한 데이터 집합체계 사업으로 정의될 수 있다.

① Data Labelling ② Data Tech ③ Data Mining
④ Data Map ⑤ Data Dam

08 직접세인 소득세의 세율을 인하하고 간접세인 부가가치세의 세율을 인상할 때 예상되는 경제적 효과를 추론한 내용으로 적절하지 않은 것은?

① 직접세를 인상한 경우에 비해 조세 징수가 용이해질 것이다.
② 직접세를 인상한 경우에 비해 조세 저항이 작을 것이다.
③ 간접세는 소득재분배 효과가 작기 때문에 빈부 격차는 심화될 것이다.
④ 직접세의 세율이 인하되었으므로 가처분소득은 감소할 것이다.
⑤ 부가가치세는 비례세율을 적용하는 조세이기 때문에 역진성이 존재한다.

09 어느 경제에서는 옥수수와 바나나 두 가지 재화만을 생산한다. 2023년과 2024년의 가격 및 생산량이 [표]와 같다면, 2024년의 GDP디플레이터는 얼마인가? (단, 2023년을 기준년도로 하며 소수점 이하는 버린다)

[표]

구분	2023년		2024년	
	가격	생산량	가격	생산량
옥수수	3	2,000	4	3,000
바나나	400	1,000	300	2,000

① 60   ② 65   ③ 70

④ 75   ⑤ 80

10 초인플레이션(hyperinflation)에 대한 설명으로 옳지 않은 것은?

① 초인플레이션이 발생하면 화폐가 가치 저장수단으로 기능하지 못한다.

② 초인플레이션은 정부의 통화정책 실패로 발생할 수 있다.

③ 초인플레이션이 세수 감소로 인한 재정 악화에 영향을 미칠 수 있다.

④ 초인플레이션은 경제주체의 선택을 왜곡시킨다.

⑤ 초인플레이션은 화폐와 관련된 문제이므로 긴축 재정정책을 통해 해결해야 한다.

11 10명의 노동자가 제품을 생산할 때 평균생산은 15였다. 한 명을 더 고용하자 평균생산은 14가 되었다. 이때 마지막 노동자의 한계생산은 얼마인가?

    ① -7 ② -4 ③ 0   ④ 4   ⑤ 7

12 경제주체 간의 활동이 제3자에게 의도치 않은 영향을 줄 때 '외부성'이 존재한다고 말한다. 그 해결방안으로 '코즈의 정리'가 있다. 하지만 코즈의 정리를 현실에 적용하는 데는 한계가 있다. 그 이유로 보기 어려운 것은?

① 현실에서는 거래비용을 무시하기 어렵다.

② 외부성의 크기를 측정하는 데 한계가 있다.

③ 협상능력에 따라 결과가 왜곡될 수 있다.

④ 관련 당사자의 책임 범위를 구분하는 데 한계가 있다.

⑤ 정부의 개입이 없어서 서로의 양보를 얻어 내기 어렵다.

13 지수에 대한 설명으로 옳지 않은 것은?

① 라스파이레스 물가지수는 기준연도의 거래량을 기준으로 계산한다.

② 파쉐 물가지수는 비교연도의 거래량을 기준으로 계산한다.

③ 소비자물가지수는 가계에서 소비하는 재화와 서비스의 물가를 측정하는 지수이다.

④ GDP 디플레이터는 실질 GDP를 명목 GDP로 나눠 구할 수 있다.

⑤ 생산자물가지수는 소비자물가지수보다 더 많은 품목을 다룬다는 특징이 있다.

14 다음 [그림]은 완전경쟁시장에서의 기업 A의 단기비용곡선이다. 현재 제품의 시장가격은 P_1이며 MC＝한계비용, AC＝평균비용, AVC＝평균가변비용, AFC＝평균고정비용이다. 다음 중 [그림] 과 관련된 설명으로 옳지 않은 것은?

[그림]

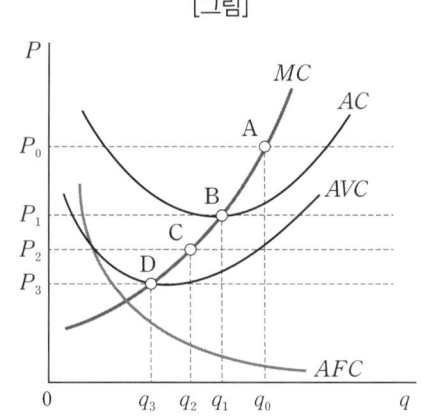

① 기업 A는 가격수용자이다.

② 제품의 시장가격이 P_2인 경우 제품을 더 생산할수록 손실이 커진다.

③ 제품의 시장가격이 P_3 이하일 때 기업 A는 조업을 중단해야 한다.

④ 제품의 시장가격이 P_0인 경우 기업 A는 초과이윤이 발생한다.

⑤ 제품의 시장가격이 P_1인 현재 기업은 정상이윤을 얻고 있다.

15 기축통화의 특징으로 옳지 않은 것은?

① 자유로운 교환이 금지된다.
② 발행 국가의 영향력이 커야 한다.
③ 발행 국가 경제의 변동성이 낮다.
④ 기축통화 발행 국가의 신뢰성과 안정성이 높다.
⑤ 발달한 외환시장과 금융시장이 형성되어야 한다.

16 정부의 가격통제에 대한 설명으로 옳지 않은 것은?

① 최저가격제를 실시하면 암시장이 발생할 수 있으며, 암시장에서의 가격은 최저가격제 실시 전 시장거래가격보다 높아지게 된다.
② 가격통제는 자원배분의 왜곡을 초래할 수 있다.
③ 유효한 최저임금제는 최저가격제의 일환이다.
④ 부동산 시장에서는 최저가격제보다 최고가격제를 시행해야 규제효과를 볼 수 있다.
⑤ 가격통제의 결과 시장에 공급되는 상품의 질이 떨어질 수 있다.

17 경기불황 시 정부와 중앙은행이 취할 수 있는 정책을 [보기]에서 모두 고르면?

> | 보기 |
> ㄱ. 국책 사업의 확대
> ㄴ. 법인세 인하
> ㄷ. 지급준비율 인하
> ㄹ. 통화안정증권 매도

① ㄱ, ㄴ   ② ㄱ, ㄷ   ③ ㄱ, ㄴ, ㄷ

④ ㄱ, ㄴ, ㄹ   ⑤ ㄴ, ㄷ, ㄹ

18 국가신용등급이 올랐을 때 나타나는 효과로 옳지 않은 것은?

① 주식, 채권 시장에서 외국인 투자가 늘어난다.

② 해외로부터의 자금조달 비용이 절감된다.

③ 차환율이 증가하는 등 자금조달이 한결 수월해진다.

④ CDS 프리미엄이 상승한다.

⑤ 해당 국가의 공공기관, 시중은행의 신용등급이 상승한다.

19 생산으로 인해 공해물질이 발생했을 때의 사적·사회적 편익과 사적·사회적 비용의 관계로 옳은 것은? (단, PMB는 사적 한계편익, SMB는 사회적 한계편익, P는 시장가격, PMC는 사적 한계비용, SMC는 사회적 한계비용이다)

① $PMB = SMB = P = PMC = SMC$

② $PMB = SMB = P = PMC < SMC$

③ $PMB = SMB = P < PMC < SMC$

④ $PMB < SMB = P = PMC < SMC$

⑤ $PMB < SMB < P < PMC < SMC$

20 대출채권 유동화제도에 대한 설명으로 옳지 않은 것은?

① 가계가 부담하는 주택담보 대출 비용이 증가한다.

② 다양한 자금조달 수단을 제공한다.

③ 대출의 유통시장 활성화에 기여해 증권시장과 자본시장의 통합이 활성화되었다.

④ 유동성이 떨어지는 자산을 많이 보유한 기업의 유동성을 향상시킬 수 있다.

⑤ 대출채권 유동화제도에 해당하는 예시로는 주택저당담보채권(MBS), 자산유동화증권(ABS) 등이 있다.

21 다음 [그림]의 ㉠에 들어갈 용어에 관련된 설명으로 옳은 것은?

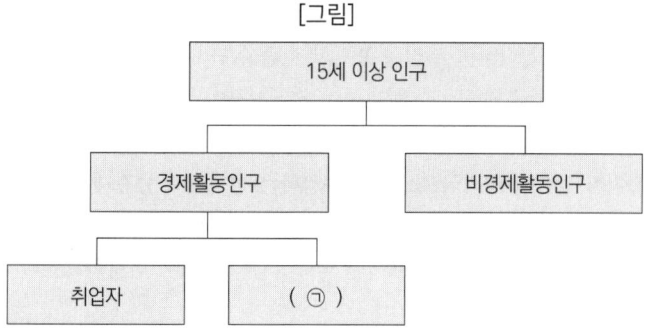

[그림]

① 일자리가 주어지면 즉시 취업이 가능한 자다.

② 근로형태를 가리지 않고 수입을 목적으로 1주 동안 18시간 미만 일한 자다.

③ 아르바이트를 하면서 입사원서도 낸 대학생은 여기에 해당한다.

④ 다른 경제지표와 달리, 경기변동의 영향을 받지 않는다.

⑤ 공식 지표와 체감 지표 간의 괴리가 없다.

22 생산가능곡선에 대한 설명으로 옳은 것은?

① 일반적으로 우상향하는 형태다.

② 한 재화의 생산량을 줄이지 않고도 다른 재화의 생산량을 늘릴 때 소개하는 곡선이다.

③ 두 축은 생산에 투입되는 노동(L)과 자본(K)의 양을 나타낸다.

④ 기술이 진보할수록 생산가능곡선은 원점에 가까워진다.

⑤ 생산가능곡선상의 한 점은 효율적 생산이 이뤄진다는 뜻이다.

23 환율은 내외금리차, 국내물가, 생산성 등 국민경제 여건에 따라 변동하지만, 역으로 환율변동이 국민경제에도 큰 영향을 미친다. 다음 중 환율변동의 효과에 대한 설명으로 옳지 않은 것은?

① 원/달러 환율이 하락하면 달러로 표시한 수출상품의 가격이 올라 경쟁국 제품에 비해 가격이 비싸지게 되므로 외국으로의 수출이 줄어 경제성장이 둔화되고 실업자가 늘어나는 등 고용사정도 어려워지게 된다.

② 원화가치가 상승하면 외국으로부터 수입하는 원재료나 중간재의 가격이 떨어져 상품의 생산비용을 감소시킴으로써 국내물가의 안정요인으로 작용하게 된다.

③ 원화가치가 하락하면 달러로 표시한 국내상품의 가격이 하락함으로써 수출이 늘어나고 수입은 줄어들어 경상수지의 개선을 기대할 수 있다.

④ 환율이 상승하면 원자재 및 부품의 해외의존도가 높은 나라의 경우 수입원자재가격이 올라 국내물가가 올라가게 된다.

⑤ 환율이 상승하면 외화부채가 있는 기업들의 원리금 상환부담이 줄어드는 긍정적인 측면도 있다.

24 채권수익률과 채권가격의 관계를 설명한 것으로 옳지 않은 것은?

① 채권가격과 수익률은 역의 관계이다.

② 수익률이 동일한 경우 만기가 길수록 할인 폭이 커서 채권가격은 더 높게 형성된다.

③ 낮은 수익률로 채권을 매입하는 것은 비싼 가격에 채권을 매수한다는 의미이다.

④ 만기가 길수록 수익률 변동에 의한 채권가격의 변동폭은 커진다.

⑤ 수익률의 하락이 예상될 경우 만기가 긴 채권을 보유함으로써 자본이득을 극대화할 수 있다.

25 **관계형 금융에 대한 설명으로 옳지 않은 것은?**

① 관계형 금융은 은행이 외형적인 담보나 보증보다는 기업의 잠재력을 평가해 장기 대출과 지분 투자, 컨설팅 등을 해 주는 제도이다.

② 관계형 금융은 기존의 재무정보뿐만 아니라 대표의 도덕성과 경영의지, 업계 평판, 사업 전망, 노사관계 등 비재무정보를 포함한 모든 기업정보를 종합적으로 평가한다.

③ 은행은 신용도가 낮거나 담보가 부족하지만 장기적 신뢰관계를 바탕으로 1년 이내 단기대출 위주로 관계형 금융을 지원한다.

④ 금융당국은 담보 대출 위주의 관행을 바꾸고 기업이 안정적으로 자금을 지원받도록 하기 위해 관계형 금융을 도입했다.

⑤ 기업은 은행이 경영현황을 정확히 파악할 수 있도록 최대한 경영정보를 충실히 제공하고, 은행은 기업의 경영현황을 종합적으로 심사하여 기업에 필요한 자금을 지원할 수 있도록 기업과 관계형 금융 업무협약(MOU)을 체결한다.

제2회
실전모의고사
직무능력평가 + 직무상식평가

[시험 안내]

1. 시험 구성

과목	출제 범위	문항 수	시험 형식	권장 풀이 시간
직무능력평가	• 의사소통능력, 수리능력, 문제해결능력 • 자원관리능력, 정보능력	45문항	객관식 5지 선다	85분
직무상식평가	• 디지털 상식 • 금융 · 경제 분야 용어 · 상식	25문항		

2. 유의 사항

○ 본 실전모의고사의 문항 수, 시험 형식, 풀이 시간 등은 실제 시험과 다를 수 있으므로, 반드시 농협은행 6급 필기시험 관련 공지를 확인하시기 바랍니다.

○ 본 실전모의고사의 전 문항은 무단 복제 및 배포를 금합니다. 이를 위반할 경우 관련 규정에 따라 처벌을 받을 수 있습니다.

직무능력평가

01 A사의 회의내용을 참고할 때, ㉠에 들어갈 말로 가장 적절한 것은?

[회의내용]

- A사 대표: 이렇게 긴급회의를 소집하게 된 것은 작년 대비 매출액이 30% 감소했기 때문입니다. 이에 대해 각 부서들은 어떻게 생각하십니까?

- 개발부장: 올해 홍보가 좀 부진해서 그런 것 같습니다. 실제로 예산을 줄이고자 작년보다 인지도가 낮은 홍보모델을 채용해 예산은 줄였지만 홍보효과는 감소하지 않았습니까. 홍보비용을 더 투자하더라도 기존의 모델을 유지했어야만 했어요. 아니면 더 투자해 인지도가 높은 홍보모델을 채용했어야 하는 게 옳았습니다.

- 홍보부장: 아닙니다. 물론 작년의 홍보모델보다 올해 홍보모델이 인지도가 낮은 것은 맞지만 절대 뒤처지지 않습니다. 오히려 이번 홍보모델이 최근 출연한 드라마의 시청률이 급격하게 오르면서, 해당 모델 인지도가 작년 모델보다 훨씬 더 높아졌습니다. 오히려 더 적은 비용으로 인지도 높은 모델을 채용한 상황이 되었습니다. 거기다 평소 꾸준한 봉사활동으로 인해 저희 회사의 이미지에도 좋은 영향을 주었습니다. 저희 회사가 착한 기업이라는 이미지를 얻을 수 있었던 것도 홍보모델을 바꾸고 나서부터였습니다. 저는 오히려 영업직원을 너무 외형상에만 집중한 나머지 능력이 낮은 직원을 채용한 것 아닌가 하는 생각이 듭니다. 실제로 영업직원은 작년보다 10% 증가했지만, 영업건수는 작년보다 20% 줄었으니까요.

- 영업부장: 모르시는 말씀입니다. 영업에 있어서 외형적인 요소는 상당히 중요한 부분을 차지합니다. 그러니 외형적인 요소를 어느 정도 고려해야하는 것은 맞습니다. 물론 영업직원이 증가했지만 계약이 성사된 건수는 적은 게 사실입니다. 하지만 이는 영업직원 중 신규직이 다수 채용되었던 것도 영향이 있습니다. 앞으로 적응해가면서 점차 자리를 잡아갈 것입니다. 저는 오히려 상품개발을 다른 기업과 동일한 수준으로 하고 있는 개발팀이 문제라고 생각합니다. 다른 회사보다 앞서나가려면 제품이 경쟁사보다 앞서야 합니다. 아무리 영업능력이 뛰어나도 타사 대비 경쟁력이 없다면, 굳이 저희 제품을 구입할 이유는 없다고 생각합니다.

- A사 대표: (㉠   ).

---

① 매출액의 감소를 다른 부서의 탓으로 돌리기보다는 모두가 앞으로의 대책에 대해 생각해 봤으면 좋겠군요.

② 이렇게 다른 부서를 지적하지 마시고, 자기 부서의 잘못을 따져 보는 것이 좋을 것 같군요.

③ 앞으로 영업팀은 채용에 있어 외모보다는 능력을 보고 채용해야 할 것 같군요.

④ 개발팀이 타사 대비 개발에 앞서야지만 현 상황이 해결될 것 같군요.

⑤ 홍보가 부족했기 때문에 매출액이 감소한 것 같군요. 홍보팀에서는 더 효과적으로 홍보할 수 있는 방안을 찾는 것이 좋겠군요.

핵심 기출통합 50제 / 제1회 실전모의고사 / 제2회 실전모의고사 / 제3회 실전모의고사

02 다음 글의 ㉠과 ㉡에 들어갈 말을 가장 적절하게 나열한 것은?

아담 스미스의 '보이지 않는 손'이라는 가정은 시장에서 개인의 이익추구 활동을 제한하지 않는 것이 전체 이윤을 극대화하는 최선의 방책임을 보여주는 것으로 간주되었다. 그렇다면 다음의 경우는 어떠한가?

공동 소유의 목초지에 양을 치기에 알맞은 풀이 자라고 있다고 생각해 보자. 일정 넓이의 목초지에 방목할 수 있는 가축 두수에는 일정한 한계가 있기 마련이다. 즉 '수용한계'가 존재하는 것이다. 그 목초지에 한 마리를 더 방목시킨다고 해서 다른 가축들이 갑자기 죽거나 병에 걸리는 것은 아니다. 하지만 목초지의 수용 한계를 넘어 양을 키울 경우, 목초가 줄어들어 그 목초지에서 양을 키워 얻을 수 있는 전체 생산량이 줄어든다. 나아가 수용 한계를 과도하게 초과할 정도로 사육 두수가 늘어날 경우 목초지 자체가 거의 황폐화된다.

예를 들어 수용 한계가 양 20마리인 공동 목초지에서 4명의 농부가 각각 5마리의 양을 키우고 있다고 해보자. 그 목초지의 수용 한계에 이미 도달한 상태이지만, 그 중 한 농부가 자신의 이익을 늘리고자 방목하는 양의 두수를 늘리려 한다. 그러면 5마리를 키우고 있는 농부들은 목초지의 수용 한계로 인하여 기존보다 이익이 줄어들지만, 두수를 늘린 농부의 경우 그의 이익이 기존보다 조금 늘어난다. 손실을 만회하기 위해 다른 농부들도 사육 두수를 늘리고자 할 것이다. 이러한 상황이 장기화될 경우 (㉠   ) 이와 같이 아담 스미스의 '보이지 않는 손'에 시장을 맡겨 둘 경우 (㉡   ) 결과가 나타날 것이다.

① ㉠: 농부들의 총이익은 기존보다 증가할 것이다.
　㉡: 한 사회의 공유 경제가 실현되는
② ㉠: 농부들의 총이익은 기존보다 감소할 것이다.
　㉡: 한 사회의 전체 이윤이 감소하는
③ ㉠: 농부들의 총이익은 기존보다 감소할 것이다.
　㉡: 한 사회의 공유 경제가 실패하는
④ ㉠: 농부들의 총이익은 기존과 동일하게 될 것이다.
　㉡: 한 사회의 전체 이윤이 유지되는
⑤ ㉠: 농부들의 총이익은 기존과 동일하게 될 것이다.
　㉡: 한 사회의 공공 영역이 보호되는

03 다음 글을 읽고 판단한 내용으로 적절한 것을 [보기]에서 모두 고르면?

> 주입이란 가계의 소비지출 외에 국내에서 생산된 재화나 서비스 구입에 사용되는 부분을 말한다. 가계 이외의 경제주체가 국내에서 생산된 재화나 서비스를 구입하면 소득순환 규모가 커지게 된다. 주입의 예로는 투자, 정부지출, 수출 등이 있는데 일반적으로 주입의 규모에 따라 국민소득의 크기가 결정된다.
>
> 누출이란 국민소득 중에서 가계에 의해 국내에서 생산된 재화나 서비스의 구입에 사용되지 않은 부분을 말한다. 소득 중 일부가 국내에서 생산된 재화 및 서비스 구입에 사용되지 않고 빠져나가면 소득 순환 규모가 작아진다. 누출의 예로는 저축, 조세, 수입 등이 있는데 일반적으로 소득의 처분 과정에서 그 크기가 정해진다.

| 보기 |

ㄱ. 주입과 누출의 상대적인 크기에 따라 거시경제의 순환 규모는 커지기도 하고 작아지기도 한다.
ㄴ. 주입이 누출보다 크면 소득순환의 규모는 증대한다.
ㄷ. 이자율이 높아져 가계의 저축이 늘어나면 소득순환 규모에 음($-$)의 영향을 미친다.
ㄹ. 이자율이 높아져 가계의 저축이 늘어나도 그만큼 정부지출이 늘어나면 소득순환 규모에 양($+$)의 영향을 미친다.
ㅁ. 주입과 누출의 규모가 같다는 것은 실질적으로 소득순환 규모가 감소함을 의미한다.

① ㄱ, ㄴ
② ㄱ, ㄴ, ㄷ
③ ㄴ, ㄷ, ㄹ
④ ㄷ, ㄹ, ㅁ
⑤ ㄱ, ㄴ, ㄹ, ㅁ

04 다음 글의 ㉠에 부합하는 예로 가장 적절한 것은?

> 프랜차이즈 업체들이 한정 메뉴를 내놓는 마케팅 전략을 꾸준히 구사하고 있다. 이 전략은 소비자의 구매 심리를 자극하는 주요 판촉 방안으로 흔히 쓰여 왔으며 매번 많은 고객의 관심과 수요를 이끌어 내는 것으로 드러났다. 한정판(limited edtion) 출시는 제품이나 서비스에 한정성, 희소성을 주요 특성으로 부각시키는 마케팅 전략의 일종이다.
>
> 상품이나 서비스를 공급하는 사업자들은 소비자들 사이에서 종종 나타나는 심리적 현상인 ㉠ 스놉 효과(snob effect)를 얻기 위해 한정 상품을 내놓는다. 스놉 효과는 특정 상품에 대한 소비가 증가하다가 상품 수요가 다시 줄어드는 현상을 의미한다. 여기에서 영어 '스놉(snob)'은 우리말로 '속물'을 뜻한다. 스놉 효과가 나타나는 이유는 수요가 높아진 재화나 서비스 대신 희귀한 대상을 소비함으로써 돋보이고 싶은 소비자 니즈가 존재하기 때문이다.
>
> 한정 판매 상품이 출시 브랜드에 긍정적인 영향력을 미치는 점도 업체들이 눈독 들이는 부분이다. 한 논문에 따르면 한정 제품의 특별함은 브랜드에 대한 인지도, 고객 충성도, 취급상품 품질 등 자산의 가치를 더욱 높여 준다고 한다. 소비자들이 한정 제품으로부터 특별함을 더욱 크게 체감할수록 브랜드를 더 잘 알고 관련 상품이나 서비스를 자주 이용하며 품질을 더 높게 인식한다는 의미이다.

① 인디음악계에서 소수의 마니아 팬층을 형성하고 있던 밴드가 유명해지자 기존의 팬들이 아쉬워했다.

② 영화의 주인공과 똑같은 브랜드의 구두를 신고 나니 마치 그 영화의 주인공이 된 듯한 느낌을 받았다.

③ 뉴스는 부정적인 일을 많이 보도하기 때문에 코카콜라는 '뉴스 후 광고 금지'라는 정책을 고수하고 있다.

④ 선거를 앞두고 실시한 사전 여론 조사에서 우세한 것으로 나타난 후보 쪽으로 유권자들의 표가 집중되었다.

⑤ 상품의 기존 가격을 아는 상태에서 할인된 가격으로 상품을 구입했더니 합리적인 소비를 했다는 생각이 들었다.

05 다음 글의 서술 방식을 가장 적절하게 설명한 것은?

> 기본대출은 모든 국민이 소득·자산·신용 등에 상관없이 일정 금액을 공정금리로 대출받을 수 있도록 정부가 보장하는 제도이다. 기본대출은 소득·자산·신용 등의 대출 조건을 심사하지 않는다는 점에서 보편적 금융서비스이고, 이를 모든 국민에게 권리로 보장한다는 점에서 소위 '금융기본권', 혹은 '경제기본권'이라 할 수 있다. 그리고 대부자와 차입자 간 소득분배의 왜곡이 발생하지 않는 공정금리로 대출해 준다는 점에서 '공정금융', 혹은 '공정경제'라고도 할 수 있다.
>
> 하지만 기본대출의 무심사 대출로 인해, 도덕적 해이가 발생할 가능성이 높다는 우려가 있다. 대출이 불필요한 사람도 저금리 대출을 받을 수 있고, 이로 인해 가계 채무가 오히려 증가할 수 있으며 정부 재정도 악화될 수 있다는 지적이다. 상환능력 자체가 부족하거나 채무변제를 이행하지 않더라도 가압류 등 추심 방법이 없는 기초생활보장 수급자 혹은 고령층에서 채무변제불능이 일부 나타날 가능성은 있다.
>
> 하지만 상환을 독려하는 절차와 함께 미상환 시 신용등급 하락 등의 벌점 제도를 만든다면, 사회 전반에 걸친 부채상환 책임 회피는 막을 수 있을 것이다. 대출 시행과 더불어 금융 교육 및 상담서비스 제공, 취업지원 서비스 등을 동시에 제공하면 도덕적 해이가 발생할 위험은 낮출 수 있다.
>
> 또 다른 우려는 기본대출의 도입 목적과 달리 대출금을 주식투자, 사행성 지출 등 비생산적 부문에 사용할 수 있다는 것이다. 일리 있는 지적이다. 지역화폐처럼 사용처를 제한하는 것이 예방책이 될 수도 있지만, 자금별 용도 전환을 할 가능성도 있다. 즉, 대출금은 생산적 부문에 사용하고, 대출을 통해 확보한 자금을 비생산적 부문에 사용할 수도 있다. 일단 대출이 실행되면 그 용도를 제한할 수는 없기 때문이다.
>
> 그러나 현재 서민금융 일부에서 사용하고 있는 '자금 용도 계획서' 작성 요구로 이런 우려를 일부 불식시킬 수 있을 것이다. 대출 실행 시에 자금의 용도에 대해 '일반 생활자금, 학업·취업 준비, 의료비, 주거비' 등으로 작성하게 하는 것이다. 소위 '목표에 의한 관리'가 대출자의 입장에서 이뤄질 수 있도록 설계하는 것이라고 볼 수 있다.
>
> 이렇듯 일부 부작용이 우려되더라도 적절한 대응 방안을 마련함으로써 우리는 공정금융이라는 대의를 달성하는 방향으로 가야 한다.

① 개념을 어떻게 해석하느냐에 따라 결과가 달라진다는 것을 보임으로써 결론을 도출하고 있다.
② 자신의 주장에 대해 제기되고 있는 문제점의 해결책을 제시함으로써 결론을 도출하고 있다.
③ 한계를 설정하여 반박하려는 주장과 자신의 주장 간의 절충안을 제시함으로써 결론을 도출하고 있다.
④ 주요한 용어에 대한 정의가 일상적인 사용과는 어긋난다는 것을 보여 줌으로써 결론을 도출하고 있다.
⑤ 반박하려는 주장이 옳다면 모순적인 결과를 받아들여야 한다는 것을 보임으로써 결론을 도출하고 있다.

핵심 기출유형 50제

제1회 실전모의고사

제2회 실전모의고사

제3회 실전모의고사

06 다음 (가), (나)를 읽고 추론한 내용으로 적절하지 않은 것을 [보기]에서 모두 고르면?

(가) 인수합병은 어느 회사가 다른 회사에 자본을 투여하고 사들이는 것을 말한다. 본래 인수합병이란 말은 합병과 인수라는 두 단어에서 따온 것이다. 그러나 오늘날에는 기업이 다른 기업을 사들이는 행위를 통칭하여 인수합병이라 한다.

인수합병은 우선 매수하는 회사가 매수되는 회사의 실체를 변하게 하느냐 아니냐에 따라서 합병과 인수로 구분된다. 전자는 매수되는 회사의 실체가 변하는 것이고 후자는 그렇지 않은 것이다. 실체가 변한다는 것은 법인의 형태가 바뀌는 것을 말하는데, 인수의 경우는 매수되는 회사를 자회사 혹은 관련 회사로 삼음으로써 법인 형태는 그대로 유지하게 된다. 합병은 매수하는 회사가 매수되는 회사를 흡수하는 흡수합병과 매수하는 회사와 매수되는 회사를 합쳐 제3의 회사를 만드는 신설합병이 있다. 합병의 경우라 할지라도 비록 법인은 소멸하지만 이전 법인과 직원들이 맺은 근로계약은 승계되는 것을 원칙으로 한다. 한편, 인수합병은 기업 매수의 수단에 따라 주식을 매수하여 경영권을 획득하는 주식 인수합병과 자산을 매수하여 경영권을 획득하는 자산 인수합병으로 나누어진다. 전자의 경우 우호지분을 포함하여 주식의 51%를 확보하면 인수합병이 된 것으로 볼 수 있다.

(나) 기업의 인수합병은 실제의 경우 다음과 같은 고려 요소를 지니고 있다.

ⓐ 부실기업은 채권단 혹은 최대 채권자에 의해 인수합병이 이루어지는 경우가 많다. 이 경우 채권단 혹은 최대 채권자는 자신의 채권을 인수하려는 기업의 자본으로 바꾼 뒤 인수합병을 집행하는 경우가 많다. 따라서 부실기업의 기존 경영자보다 기업을 회생시킬 수 있는 능력을 가진 경영자를 확보할 수 있다는 전제가 있을 때 채권단 혹은 최대 채권자는 큰 손실을 입지 않을 수 있다.

ⓑ 인수합병에 있어서 유의할 사항 중 하나는 인수 대상 기업의 가치를 실사함에 있어서 공정하고 객관적이어야 한다는 점이다. 만일 이 점이 지켜지지 않는다면 기업 인수합병은 자본주주의 어두운 그늘을 보호하는 제도가 될 수 있다.

| 보기 |

ㄱ. 인수합병이 되는 기업의 직원들은 신설합병의 경우보다 흡수합병일 경우 근로계약의 승계를 보장받을 가능성이 더 크다.

ㄴ. 채권단이 채권을 자본으로 바꾸어 기업의 경영권을 확보하는 것은 기업 인수의 경우 가능하지만 기업 합병의 경우에는 불가능하다.

ㄷ. ⓐ를 고려하여 채권단이 합병을 하는 경우 흡수합병과 신설합병 모두 경영진 교체가 이루어질 수 있다.

ㄹ. ⓑ를 인수합병에서 중시하는 사람은 자산 인수합병보다는 주식 인수합병을 선호할 수밖에 없을 것이다.

① ㄱ, ㄴ　　　　② ㄱ, ㄷ　　　　③ ㄴ, ㄹ

④ ㄱ, ㄴ, ㄹ　　　⑤ ㄱ, ㄷ, ㄹ

[07~08] 다음은 최근 세계에서 일어난 이슈에 관한 자료이다. 이어지는 물음에 답하시오.

---

1. 유류세 인하

정부는 최근 경기 변동으로 인한 유가 상승으로 서민부담을 덜기 위해 유류세 인하를 시행한다고 밝혔다. 화물·운송업계의 유류비 부담을 경감하기 위해 경유 유가연동보조금 지원 기준단가를 인하했다. 이에 항공사는 국내선 증편과 항공 화물 사업을 시행하였으며, 화물 사업 호조와 여객 사업 회복으로 흑자로 전환하여 경영실적 증가를 전망하고 있다.

2. 항공료 인하

유류세 인하로 인하여 유류할증료도 감소하게 될 예정이다. 이에 북미−남미, 동북아시아−동남 아시아, 유럽−북미 노선 간 항공료가 인하되어 이용자가 증가할 것으로 전망된다.

3. 테러 발생

A국의 B도시에서 테러가 발생하여 다수의 인명피해도 발생하였다. 이슬람 극단주의 세력에 의한 테러로 밝혀졌다. 추가 테러의 가능성으로 인하여 A국을 여행 유의 구역으로 설정하였다.

4. 코로나19 완화

정부는 코로나19 완화로 인하여 사회적 거리두기를 전면 해제했다. 거리두기 해제로 인하여 국내 뿐만 아니라 해외여행 수요가 증가할 것으로 예상된다. 그동안 코로나19로 연일 하락세였던 항공 주가 강세를 보이고 있다.

---

07 A항공사가 고객이 신경 쓸 것으로 예상되는 내용을 자사 홈페이지에 공지하려고 한다. 공지 내용으로 적절한 것을 [보기]에서 모두 고르면?

| 보기 |

ㄱ. 항공업계 경영실적 증가   ㄴ. 항공료 인하
ㄷ. 테러 발생   ㄹ. 코로나19 완화

① ㄱ, ㄴ   ② ㄱ, ㄷ   ③ ㄴ, ㄹ
④ ㄱ, ㄴ, ㄷ   ⑤ ㄴ, ㄷ, ㄹ

08 T여행업체는 위 자료를 바탕으로 프로모션을 진행하려고 한다. 다음 중 가장 적절한 전략은?

① A국가에서 3박 4일 일정을 패키지로 기획하여 마케팅한다.
② 노선 간 항공료 인하 기사와 함께 항공료가 인하된 노선 간 패키지 일정 여행을 기획한다.
③ 코로나19로 인하여 해외 패키지보다는 국내 패키지를 기획하여 마케팅한다.
④ 유류세 인하로 인하여 경영실적 증가를 마케팅한다.
⑤ T사 협력 카드로 결제 시 항공료 10만 원 할인 이벤트를 마케팅한다.

09 다음 글의 ㉠에 들어갈 내용으로 가장 적절한 것은?

> ○○군 영유아 건강관리사업부에서는 일부 군민들을 대상으로 로타바이러스 예방접종을 무료로 지원하기로 하였다. 이에 신청자를 모집해 다음과 같이 평가점수를 산정하여 지원대상을 선정하기로 하였다.
>
> – 평가점수: ○○군 거주기간 점수＋주민등록등본상 7세 미만 자녀수 점수
> – ○○군 거주기간 점수: 거주기간 3년 미만 5점, 3년 이상 5년 미만 7점, 5년 이상 7년 미만 10점, 7년 이상 15점
> – 주민등록등본상 7세 미만 자녀수 점수: 주민등록등본상 7세 미만 자녀수 1명 7점, 2명 10점, 3명 이상 15점
>
> [신청자 현황]
>
> | 신청자 | ○○군 거주기간(년) | 주민등록등본상
7세 미만 자녀수(명) | 평균연소득(만 원) | 특이사항 |
> |---|---|---|---|---|
> | 갑 | 4 | 2 | 2,800 | — |
> | 을 | 9 | 1 | 2,100 | 조손가정 |
> | 병 | 6 | 3 | 4,200 | — |
> | 정 | 5 | 2 | 3,700 | 한부모가정 |
> | 무 | 8 | 1 | 5,500 | 맞벌이가정 |
> | 기 | 3 | 2 | 4,800 | — |
> | 경 | 2 | 2 | 3,600 | — |
> | 신 | 3 | 1 | 5,000 | 맞벌이가정 |
>
> 신청 마감 결과, 총 8명이 신청하였고, 부서회의를 통해 '평가 점수가 20점 이상인 신청자'를 선정하기로 결론지었다. 이에 부서장은 "(㉠   )"라고 추가로 지시하였으며, 이에 따라 최종적으로 3명이 선정되었다.
>
> ※ 취약계층: 조손가정, 한부모가정, 맞벌이가정

① 취약계층은 평가점수와 상관없이 선정하세요.
② 평균연소득이 3,000만 원 미만인 신청자는 평가점수와 상관없이 선정하세요.
③ 평균연소득이 5,000만 원을 초과하는 신청자는 평가점수와 상관없이 제외하세요.
④ 주민등록등본상 7세 미만 자녀수가 1명인 신청자는 평가점수와 상관없이 제외하세요.
⑤ 신청자 중 주민등록등본상 7세 미만 자녀수가 가장 많은 신청자는 평가점수와 상관없이 선정하세요.

10 A는 다음 [출장 일정표]의 일정으로 LA에서 열리는 엑스포에 참석하고자 한다. A가 LA 시각으로 엑스포에 입장하는 시각은?

[출장 일정표]

일정	비고
1. 집에서 인천 공항으로 이동	• 10월 18일 오전 6시 출발 • 이동거리: 40km • 공항 출입 시 정체로 인하여 10분 더 소요됨
2. 탑승 수속 및 탑승 대기	2시간 소요
3. 비행기 탑승	비행시간: 11시간
4. 입국심사 및 픽업 차량 대기	1시간 20분 소요
5. 호텔 이동	• 이동거리: 40km • 공항 출입 시 정체로 인하여 15분 더 소요됨
6. 호텔 체크인 및 짐정리	40분 소요
7. 엑스포 이동	이동거리: 20km

※ A는 이동 시 자동차로 이동하며, 속력은 80km/h임
※ LA는 인천보다 16시간 더 빠름

① 6시 20분 ② 6시 30분 ③ 6시 40분
④ 6시 50분 ⑤ 7시

[11~12] 다음은 A놀이공원의 놀이기구 간 거리이다. 이어지는 물음에 답하시오.

[A놀이공원 놀이기구 간 거리]

- 후룸라이드 ↔ 관람차: 500m
- 바이킹 ↔ 회전그네: 600m
- 귀신의 집 ↔ 디스코팡팡: 800m
- 롤러코스터 ↔ 관람차: 2,000m
- 회전목마 ↔ 귀신의 집: 650m
- 회전그네 ↔ 디스코팡팡: 700m
- 회전목마 ↔ 롤러코스터: 900m
- 디스코팡팡 ↔ 회전그네: 400m
- 범버카 ↔ 회전목마: 700m
- 드롭번지 ↔ 롤러코스터: 1,500m
- 회전찻잔 ↔ 바이킹: 600m
- 후룸라이드 ↔ 범버카: 700m
- 드롭번지 ↔ 바이킹: 800m
- 회전찻잔 ↔ 드롭번지: 800m
- 드롭번지 ↔ 후룸라이드: 800m

11 A놀이공원에 방문한 C와 친구들은 3가지 놀이기구를 탈 수 있는 이용권을 구매했다. C와 친구들이 놀이공원 이동거리가 가장 짧은 것은?

① 드롭번지 → 후룸라이드 → 범버카
② 관람차 → 롤러코스터 → 회전목마
③ 바이킹 → 회전찻잔 → 드롭번지
④ 회전그네 → 디스코팡팡 → 귀신의 집
⑤ 귀신의 집 → 회전목마 → 롤러코스터

12 C와 친구들이 다음 [상황]과 같이 놀이공원을 이용했다고 할 때, C와 친구들이 놀이공원에서 나간 시각은?

[상황]

　C와 친구들은 오전 11시에 A놀이공원에 입장하였고, 입구에서 400m 떨어진 롤러코스터를 이용했다. C와 친구들이 이용한 놀이기구와 놀이기구별 대기시간, 이용시간은 다음과 같다. C와 친구들은 놀이기구를 모두 탄 후 입구에 있는 식당까지 500m 이동 후 30분 동안 식사를 하고 A놀이공원에서 나갔다.

구분	놀이기구	대기시간	이용시간
1	롤러코스터	80분	4분
2	드롭번지	60분	2분
3	바이킹	100분	5분

※ C와 친구들 이동속도: 100m/분

① 오후 4시 8분
② 오후 4시 13분
③ 오후 4시 18분
④ 오후 4시 23분
⑤ 오후 4시 28분

13 농림축산검역본부가 주관하는 청사 신축공사에 따른 건설사업관리 기업 선정 과정에 A, B, C기업이 참여했다. 농림축산검역본부가 제시한 [평가 기준]과 [기업 현황]에 따를 때, 선정될 기업을 모두 고르면?

> [평가 기준]
>
> 각 기업은 다음에 제시된 항목의 기본점수를 기준으로 각 항목에 해당하는 점수의 가감에 따라 해당 항목의 최종 점수가 결정되며 항목당 최종 점수는 100점을 넘을 수 없다.
>
> ○ 항목 1: 기업의 도덕성(기본점수 100점)
>   – 기업 내의 현직 이사 중 경제 사범으로 실형을 선고받은 자가 1명이 있다면 기본점수에서 10점이 감점되며, 1명씩 증가할 때마다 5점씩 추가적으로 감점된다.
>   – 최근 2년 이내에 기업을 대상으로 제기된 소송이 2건이라면 기본점수에서 10점이 감점되며, 2건에서 1건씩 증가할 때마다 5점씩 추가적으로 감점된다.
> ○ 항목 2: 기업의 건실성(기본점수 75점)
>   – 기업의 자기자본비율이 50% 이상인 경우에는 기본점수에서 10점이 가산되며, 50%의 비율에서 10%p씩 증가할 때마다 5점씩 추가적으로 가산된다.
>   – 기업의 부채 비율이 50% 이상인 경우에는 기본 점수에서 10점이 감점되며, 50%의 비율에서 10%p씩 증가할 때마다 5점씩 추가적으로 감점된다.
> ○ 항목 3: 기업의 시공능력(기본점수 50점)
>   – 최근 3년간 연도별 평균 도급액이 5천억 원 이상인 기업의 경우에는 기본점수에서 10점이 가산되며, 5천억 원에서 1천억 원씩 증가할 때마다 5점씩 추가적으로 가산된다.
>   – 최근 1년 이내에 1천억 원 이상의 대규모 건설 사업을 적어도 1건 진행한 기업의 경우에는 기본점수에서 10점이 가산되며, 1건씩 증가할 때마다 5점씩 추가적으로 가산된다.
>
> 각 항목의 점수를 더한 총점이 230점 이상인 기업이 선정된다. 단, 65점 이하의 점수를 받은 항목이 있는 기업은 선정 대상에서 제외된다.

[기업 현황]

구분	실형을 받은 현직 이사	2년 이내에 제기된 소송건수	자기자본비율	부채비율	최근 3년간 연도별 평균 도급액	최근 1년 이내 1천억 원 이상의 건설 사업 건수
A기업	3명	2건	45%	59%	6천억 원	6건
B기업	0명	3건	85%	18%	8천억 원	2건
C기업	3명	2건	53%	57%	5천억 원	4건

① A기업 ② C기업 ③ A기업, B기업
④ B기업, C기업 ⑤ A기업, B기업, C기업

14 다음 [상황]의 A사가 분석한 SWOT 분석 전략으로 옳지 않은 것은?

[상황]

　최근 한국산 브랜드의 인지도가 확대되면서 A사 제품의 인지도도 증가하고 있는 추세이다. 이에 A사는 여러 국가로 제품 수출을 계획 중이다. A사는 현재까지 수출 경험이 없으며 국내에만 판매를 하고 있고, 제품 금액이 높은 편이다. 하지만 A사 제품은 대기업 제품과 성능이 비슷하여 국내에서 선호도가 높다. 최근 C국가 내에서 A사에서 주력으로 판매하는 제품군에 대한 선호도가 증가하였으며, B국가 수출 시 관세 인하로 인하여 경쟁업체들의 제품 수출 시도가 증가하고 있는 추세이다.

---

① A사 제품 인지도가 증가하는 추세와 C국가 내에서 A사 주력 판매 제품군 선호도가 증가하였므로 C국가로 제품을 수출한다.

② 경쟁업체들과 수출 경쟁에서 A사 제품은 대기업 제품과 비슷한 성능을 강조하여 제품에 차별화를 한다.

③ B국가와 C국가에 제품 수출 시 수출 관련 인프라 구축 시까지 중계업체를 통하여 수출한다.

④ B국가와 C국가에 제품 수출 시 높은 금액으로 인한 매출 감소에 대비하여 원가를 절감하여 제품 금액을 낮춘다.

⑤ 수출 경험이 없으므로 수출보다 국내 판매를 주력으로 한다.

15 다음 [상황]의 P사가 분석한 SWOT 분석 전략으로 옳지 않은 것은?

> [상황]
>
> 스포츠 경기를 관람하거나 영화를 시청하면서 맥주와 치킨을 함께 먹는 일명 치맥의 인기가 한류로 인해 한국뿐만 아니라 세계로 뻗어 나가고 있다. 치킨 소비 증가로 인하여 대형마트에서는 치킨 브랜드의 절반 가격으로 치킨을 출시하여 치킨 브랜드를 위협하고 있다. 치킨 브랜드인 P사는 철저한 지점 관리와 청결하고 투명한 조리 과정으로 지점별 균일한 맛으로 소비자의 사랑을 받는 브랜드이다. P사는 풍부한 연구개발 비용에도 불구하고 부족한 치킨 메뉴 수와 적은 소스 종류, 타사 대비 적은 양에 비해 높은 가격으로 소비자의 외면을 받기도 한다.

① 풍부한 연구 개발 비용으로 소스와 치킨 종류를 개발할 수 있는 전문가를 스카우트한다.
② 마트 치킨을 대비하여 기존의 닭보다 큰 닭을 사용하여 치킨 양을 늘린다.
③ 치맥 열풍과 치킨 소비 증가에 청결함을 위주로 브랜드 이미지를 구축한다.
④ 마트 치킨을 대비하여 추가 할인과 자사 배달 애플리케이션 이용 시 배달요금 할인 이벤트를 진행한다.
⑤ 치킨 소비량에서 높은 점유율을 유지하기 위해 '전국 어디에서 먹어도 균일한 맛있는 맛'이라는 캐치프레이즈를 이용한다.

[16~17] 다음은 [선거벽보의 작성·제출]에 관한 규정의 일부이다. 이어지는 물음에 답하시오.

[선거벽보의 작성·제출 규정]

선거벽보는 문서라는 수단을 선거인의 통행이 많은 도로변의 담장 또는 게시판 등에 첨부함으로써 시각을 통하여 후보자를 유권자에게 알리기 위한 선거운동방법으로 도입되었습니다.

「공직선거법」은 이러한 선거벽보에 비정규학력의 게재를 금지하고 있는데, 이는 유권자들이 후보자의 학력을 왜곡되게 평가하여 공정한 판단을 흐릴 수 있으므로 이를 방지함으로써 선거의 공정성을 확보하고자 함에 있습니다.

• 작성·제출자는 후보자(대통령선거의 정당추천 후보자는 그 추천정당을 말함)이며 비례대표선거의 경우 선거벽보에 의한 선거운동을 허용하지 않습니다.

• 선거벽보의 종수 및 지질·규격은 다음과 같습니다.

종수	지질	규격
후보자마다 1종	100g/m² 이내의 종이	길이를 상하로 하여 작성 • 대통령선거: 길이 76센티미터 너비 52센티미터 • 지역구국회의원선거, 지역구지방의원선거, 지방자치단체의 장선거: 길이 53센티미터 너비 38센티미터

• 선거벽보에는 후보자의 사진(후보자만의 사진을 말함)·성명·기호, 소속정당명(무소속후보자는 '무소속'이라 표시)·경력(학력 포함)·정견 및 소속정당의 정강·정책 기타 홍보에 필요한 사항을 게재할 수 있습니다.

• 작성·제출 수량은 관할선거구 선거관리위원회가 선거기간 개시일 전 10일까지 공고합니다.

• 인쇄업자는 법정수량 외의 선거벽보를 인쇄하여 제공할 수 없습니다.

---

16 위 규정을 읽고 보인 반응으로 가장 적절한 것은?

① 선거벽보에 후보자의 가족사진을 게재해도 되는군.

② 선거벽보에 후보자의 출신 대학을 게재해서는 안 되는군.

③ 선거인의 통행이 없는 곳에 선거벽보를 첨부하는 것도 좋은 방법이군.

④ 국회의원선거 후보자라면 누구나 선거벽보를 이용해 선거운동을 할 수 있겠군.

⑤ 대통령선거 후보자의 선거벽보는 서울시장선거 후보자의 선거벽보보다 크기가 크겠군.

17 위 규정을 통해 확인할 수 있는 것을 [보기]에서 모두 고르면?

| 보기 |

ㄱ. 선거벽보의 작성·제출자

ㄴ. 선거벽보 작성·제출 수량의 공고 주체

ㄷ. 후보자 1인당 제작 가능한 선거벽보 종수

ㄹ. 선거벽보에 표기되는 후보자 성명의 글씨 크기

① ㄱ, ㄴ ② ㄱ, ㄷ ③ ㄴ, ㄹ

④ ㄱ, ㄴ, ㄷ ⑤ ㄴ, ㄷ, ㄹ

핵심 기출동형 50제

제1회 실전모의고사

제2회 실전모의고사

제3회 실전모의고사

18 카드업을 영위하는 사업자들의 시장점유율이 [보기]와 같은 경우, 다음 규정을 근거로 판단할 때 시장지배적 카드 사업자로 추정되는 자를 모두 고른 것은?

제00조(시장지배적 사업자의 추정) 일정한 거래분야에서 시장점유율이 다음 각 호의 어느 하나에 해당하는 사업자는 시장지배적 사업자로 추정한다.

  1. 1개 사업자의 시장점유율이 100분의 50 이상인 경우 그 사업자

  2. 3개 이하의 사업자의 시장점유율의 합계가 100분의 75 이상인 경우. 다만, 이 경우에 시장점유율이 100분의 10 미만인 자를 제외한다.

제00조(계열회사의 시장지배적 사업자의 추정) ① 전조(前條)의 기준을 적용하는 데 있어서 당해 사업자와 그 계열회사는 이를 하나의 사업자로 본다.

  ② 계열회사는 전조(前條) 제2호 단서의 규정을 적용하지 아니한다.

| 보기 |

ㄱ. 46%의 점유율을 가진 甲카드사

ㄴ. 25%의 점유율을 가진 乙카드사

ㄷ. 12%의 점유율을 가진 丙카드사

ㄹ. 8%의 점유율을 가진 丁카드사

ㅁ. 5%의 점유율을 가진 戊카드사(甲카드사의 계열회사)

---

① ㄱ, ㄴ   ② ㄱ, ㄴ, ㄷ   ③ ㄱ, ㄴ, ㄷ, ㄹ

④ ㄱ, ㄴ, ㄷ, ㅁ   ⑤ ㄱ, ㄴ, ㄷ, ㄹ, ㅁ

19 다음은 3D프린팅 PR방식별 특징에 관한 자료이다. [상황]의 A가 사용할 PR방식은?

[표] PR방식별 특징

구분	MM	SLA	MJM	SLS	LOM
정밀도	6	5	6	4	2
표면마감	5	5	5	5	2
제작속도	2	3	2	2	4
컬러 유무	×	○	○	×	×
재료강도	2	4	4	6	5
재료 유연성	×	×	○	×	×

※ 특징별 배점은 1~6점으로 부여했으며 숫자가 클수록 좋음

[상황]

A는 3D프린팅을 이용하여 물건을 프린팅하려 한다. A는 제작시간이 오래 걸리더라도 정밀도가 5점 이상인 우수한 방식을 선정하려 한다. A가 프린팅하려는 제품은 컬러가 필요하며, 재료 유연성이 있는 방식이어야 한다.

---

① MM   ② SLA   ③ MJM
④ SLS   ⑤ LOM

20 다음 [자료]는 연말정산 중 신용카드 등 공제액에 관한 규정이다. 이를 토대로 [상황]의 갑이 올해 적용받게 되는 신용카드 공제액을 계산하면 얼마인가? (단, 갑은 근로소득자이다)

[자료]

1. 공제 가능한 신용카드 등 사용자의 범위

   아래 공제 요건에 해당하는 배우자, 자녀, 부모님이 사용한 신용카드 등은 근로자 자신이 사용한 신용카드 등의 사용액과 합산하여 공제 가능함

공제대상자	공제요건
배우자	연간 소득금액의 100만 원 이하의 배우자
자녀	연간 소득금액이 100만 원 이하의 자녀
부모님	연간 소득금액 100만 원 이하인 생계를 같이하는 부모

   ※ 형제자매는 공제대상이 아님

2. 공제 사용 기간

   당해 연도 1월부터 12월까지의 사용액

3. 신용카드 등 사용금액의 범위

   신용카드, 직불카드, 현금영수증, 기명식선불카드, 백화점카드, 무기명 선불카드

4. 공제금액

   > 공제금액＝{신용카드 등 사용금액－(총급여액×20%)}×20%

   ※ 공제금액은 총급여액의 20%를 한도로 함

[상황]

- 올해 갑의 총급여액: 4,800만 원
- 올해 신용카드 사용액
  - 본인: 800만 원
  - 배우자(월소득 10만 원): 700만 원
  - 자녀(소득 없음): 300만 원
  - 부모님(월소득 5만 원, 생계를 같이함): 200만 원
  - 여동생(소득 없음, 생계를 같이함): 300만 원

---

① 0원　　　　　　② 68만 원　　　　　　③ 208만 원

④ 268만 원　　　　⑤ 500만 원

21 다음 상황에 대해 옳게 기술한 것을 [보기]에서 모두 고르면?

정부는 태풍으로 인하여 심대한 피해를 입은 A지역을 특별재해지역으로 선포하면서 다음과 같은 수해 복구 및 피해 보상 방안을 제시하였다.

1. 인명 피해보상
   • 사망자 1인당 500만 원의 위로금을 지급한다.
   • 부상자의 경우 300만 원까지 부상 정도에 따라 지급한다.
2. 주택피해 복구지원
   • 전파된 주택의 경우 300만 원의 위로금을 지급한다.
   • 반파된 주택의 경우 150만 원의 위로금을 지급한다.
   • 전파된 주택의 경우 3천 6백만 원까지 지원한다.
   • 반파된 주택의 경우 1천 8백만 원까지 지원한다.
3. 농작물피해 복구지원
   • 피해 규모에 따라 1가구당 2천만 원까지 지원한다.
   • 피해 규모에 따라 200만 원까지 위로금을 지급한다.
4. 피해 복구 지원금의 지원 지침(위로금은 미포함)
   • 주택의 경우, 피해액의 40%를 국고 지원의 대상으로 한다.
   • 농작물의 경우, 피해액의 30%를 국고 지원의 대상으로 한다.

| 보기 |

ㄱ. 2억 원으로 평가된 가옥이 전파되었을 경우, 3천6백만 원의 지원금과 300만 원의 위로금을 받는다.

ㄴ. 농작물 피해가 5천만 원에 달할 경우, 1천5백만 원의 지원금을 받고, 200만 원 이하의 위로금을 추가로 받는다.

ㄷ. 수해로 인한 이재민 1만 명 중에서 주택 파손의 피해자가 20%이고 농작물 피해자가 50%일 경우, 피해 보상에 드는 예산은 농작물 피해 복구의 경우가 더 많다. (단, 주택과 농작물의 파손율이 같고 평균 피해액도 같으며, 주택은 전파된 경우는 별로 없다고 가정한다)

ㄹ. 어느 가구의 피해 상황이 1인 사망, 1인 부상, 주택 반파(1억 원 평가 주택), 농작물 피해액 3천만 원일 경우, 이 가구가 받게 될 위로금과 지원금 총액은 최대 3천3백5십만 원이다.

① ㄱ, ㄷ   ② ㄴ, ㄹ   ③ ㄱ, ㄴ, ㄷ
④ ㄴ, ㄷ, ㄹ   ⑤ ㄱ, ㄴ, ㄷ, ㄹ

22 다음은 엔지니어링플라스틱의 종류별 특징에 관한 자료이다. [상황]의 A가 선택할 엔지니어링플라스틱은?

[표] 엔지니어링플라스틱 종류별 특징

구분	PA	PC	MPPE	POM	PBT
인성[1]	3	4	2	3	3
내약품성[2]	4	1	3	4	4
내연성[3]	3	2	3	1	3
성형성[4]	4	2	3	3	3
내가수분해성[5]	2	3	3	1	1
전기특성[6]	2	4	4	2	4

※ 각 특징의 점수는 1~4점으로 부과했으며, 숫자가 클수록 좋음
※ 1) 인성: 충격에 강한 특성
　2) 내약품성: 약품에 내성이 좋은 특성(B약품에 대한 내약품성)
　3) 내연성: 불이 붙지 않는 특성
　4) 성형성: 플라스틱 성형이 가능한 특성
　5) 내가수분해성: 수분과 접촉했을 때 분해가 일어나지 않는 특성
　6) 전기특성: 고압 전류가 흐를 때 깨지거나 절연이 유지되는 특성

[상황]

　A는 B약품을 보관하기 위해 엔지니어링플라스틱을 선택하고자 기준을 정리했다. B약품에 내성이 가장 좋아야 한다. 또한 플라스틱을 외부에 보관할 예정이므로 불이나 수분에 강한 특성이 있어야 하고, 지진이 잦은 지역이다 보니 충격에도 강해야 하므로 세 가지 요구사항에 대한 점수 합이 가장 높은 엔지니어링플라스틱을 선정한다.

① PA　　　　　　　② PC　　　　　　　③ MPPE
④ POM　　　　　　⑤ PBT

23 근로장려세제(EITC: Earned Income Tax Credit)는 근로소득 수준에 따라 산정된 근로장려금을 세금 환급의 형태로 지급하여 근로빈곤층의 근로유인을 제고하고 실질소득을 지원하기 위한 근로연계형 소득지원제도이다. 즉, 근로장려세제는 정부가 소득이 일정금액 이하인 사람들에게 근로소득의 일정비율을 지급해 주는 제도이며, 원칙적으로 근로소득이 늘어날수록 지급되는 근로장려금도 늘어나게 된다. 기획재정부는 이 제도를 시행하기 위해 다음과 같은 기준을 설정하였다. 다음 기준대로 제도가 시행된다고 할 때 옳은 것은?

1. 적용단위: 가구단위
2. 신청자격: 다음 요건을 모두 충족하는 근로자 가구
   1) 만 18세 미만의 자녀 2인 부양. 단, 부양자녀가 중증장애인인 경우 연령제한 없이 부양
      자녀의 범위에 포함된다.
      • 부양자녀의 소득기준: 연간 소득금액 100만 원 이하
      • 부양자녀의 범위: 친자녀를 원칙으로 하되, 민법 또는 입양촉진 및 절차에 관한 특례
      법에 따라 입양한 양자 및 사실상 입양상태에 있는 자도 포함한다. 또한 부모가 없거
      나 부모의 장애 등으로 자녀를 부양할 수 없는 경우에는 예외적으로 손자녀, 형제자
      매를 포함한다.
   2) 당해연도 가구(부부)의 총소득 1,700만 원 미만
      • 총소득: 근로소득과 사업소득 등 다른 소득을 모두 합산한 가구의 소득
      • 총소득 계산방법: 비과세 소득을 제외한 과세대상 소득을 대상으로 총수입 금액에서
      필요경비를 공제한 소득금액을 합산하되, 필요경비가 인정되지 않는 근로소득, 연금
      소득, 이자 배당소득은 총수입금액을 합산하여 산정한다. 필요경비가 인정되나 사업
      소득, 부동산임대소득, 기타소득은 그 금액이 부(−)의 수인 경우 "0"으로 본다. 퇴직
      소득은 일시적 소득에 불과하므로 총소득 범위에서 제외한다.
   3) 무주택이고, 일반재산 합계액 1억 원 미만

① A는 비행기 사고로 아들이 죽은 후 전셋집에서 혼자 3살짜리 쌍둥이 손자인 a와 b를 부양하고
   있다. A의 일반재산 합계액은 1억 원 미만이나, 지난해 퇴직하여 당해연도에 퇴직소득 3,000만
   원을 포함, 총 4,000만 원의 총소득이 있으므로 근로장려세제의 혜택을 받을 수 없다.
② 자가주택에 살고 있는 B는 집이 유일한 소득원이며, 연간 총소득은 1,500만 원이다. B는 중학
   교에 다니는 만 14세 딸과 1급 중증장애인에 해당하는 만 20세 아들이 있으므로 근로장려세제
   의 혜택을 받을 수 있다.
③ C는 당해연도에 근로소득 2,400만 원과 이자 배당소득 500만 원이 있고, 부인인 D는 5천만 원
   상당의 건물을 소유하여 임대사업을 하고 있으나 입주자가 임대료를 지급하지 않아 1,500만
   원의 손해를 보았다. 이들의 총소득은 1,400만 원이며, 노부모 소유의 집에서 노부모와 세 자
   녀(모두 미성년자임)를 부양하고 있으므로 근로장려세제의 혜택을 받을 수 있다.
④ E는 월셋방에 살며, 초등학생인 아들과 고등학생인 딸이 있다. 일반재산은 없는 E 가구의 총소
   득을 계산해 보면, 당해연도에 E가 벌어들인 근로소득 1,200만 원과 딸이 교내 아르바이트를
   통해 벌어들인 150만 원을 합하여 총 1,350만 원으로 1,700만 원 미만이어서 적용대상에 포함
   된다.
⑤ 전셋집에 살고 있는 F는 최근 초등학교에 다니는 아이가 부쩍 외로워하자 어려운 형편에도 2살
   난 아이를 입양하였다. 가구 내 유일한 소득원인 F의 당해연도 소득은 근로소득이 1,400만 원
   이고 필요경비가 80% 인정되는 기타소득이 1,000만 원이며, 다른 일반재산은 없다고 할 때 F
   는 근로장려세제의 혜택을 받을 수 있다.

24 다음 글을 읽고 판단한 내용으로 옳은 것은?

> 3년 전 N사 내에 새로 신설된 갑 부서에는 현재 총 5명의 직원이 있는데 이들이 입사한 년도는 각각 2023년, 2024년, 2025년이었다. 다음 [표]는 갑 부서 내의 총 직원 수와 이들의 평균 연봉을 나타낸 것이다.

[표] 갑 부서의 총 직원 수와 직원들의 평균 연봉

구분	2023년	2024년	2025년
갑 부서 내의 총 직원 수	2명	4명	5명
갑 부서 내 직원들의 평균 연봉	3,000만 원	3,100만 원	3,100만 원

> 이들 가운데 2023년에 입사한 직원들의 연봉은 매년 100만 원씩 인상되지만 2024년에 입사한 직원들의 연봉은 매년 동일하다. 또한 2023년부터 2025년까지 퇴사한 직원이나 다른 부서로 이동한 직원은 없으며 같은 해에 입사한 직원들의 연봉은 모두 동일하다고 알려졌다.

① 2025년을 기준으로 2024년에 입사한 직원의 연봉이 가장 적다.

② 2025년을 기준으로 2025년에 입사한 직원의 연봉은 3,000만 원보다 많다.

③ 2025년을 기준으로 2024년에 입사한 직원의 연봉은 3,000만 원보다 적다.

④ 입사 당시의 연봉을 기준으로 2024년에 입사한 직원의 연봉은 2025년에 입사한 직원의 연봉보다 적다.

⑤ 입사 당시의 연봉을 기준으로 2023년에 입사한 직원의 연봉은 2025년에 입사한 직원의 연봉보다 많다.

25 다음의 [A국 규정]과 [상황]을 근거로 판단할 때, 농업에 종사하고 총소득이 2천만 원인 갑과 자영업에 종사하는 총소득이 6천만 원인 을이 올해 각각 납부해야 할 금액은?

[A국 규정]

가. 총소득별 세금의 부과 비율은 다음과 같다.

총소득	세금 부과 비율
3천만 원 이하	총소득에서 경비를 제외한 소득의 50분의 1
3천만 원 초과 8천만 원 이하	총소득에서 경비를 제외한 소득의 25분의 1
8천만 원 초과	총소득에서 경비를 제외한 소득의 10분의 1

나. 경비는 총소득을 업종별 경비비율로 나누어 계산한다(동일한 업종은 총소득에 상관없이 업종별 경비 비율이 동일하다).

[상황]

A국에서 농업에 종사하고 있는 병은 올해 총 5천만 원의 소득을 올렸고 세금으로 1백만 원을 납부하였다. 그리고 A국에서 자영업에 종사하는 정의 경우 올해 총 3천만 원의 소득을 올렸고 세금으로 40만 원을 납부하였다.

	갑	을
①	20만 원	80만 원
②	20만 원	160만 원
③	30만 원	80만 원
④	30만 원	160만 원
⑤	50만 원	80만 원

26 사실상의 회사에 대한 다음 글과 [상황]에 따를 때, 옳지 않은 것을 [보기]에서 모두 고르면?

회사가 설립하더라도 설립과정에서 위법한 행위가 있었다면 나중에 법원의 판결로 회사설립이 무효화될 수 있다. 다만 이러한 경우에도 회사가 설립한 때로부터 회사설립 무효판결이 나는 시점 사이에 회사가 많은 행위들을 하게 된다. 이 경우 회사 설립에 위법한 행위가 있었음을 몰랐던 제3자들의 거래 안전을 보호하기 위해 실무상 인정되는 개념이 '사실상 회사'이다. 어떤 회사가 '사실상 회사'로서 한 행위에 대하여 다음과 같은 관계가 인정되고 있다.

- 회사의 대내적 관계: 대표이사, 이사, 감사 등이 한 행위는 효력이 있다.
- 회사의 대외적 관계: 대표이사가 회사의 명의(어떤 회사의 대표이사로서 행위함을 표시한다는 의미)로 제3자와 한 거래행위는 효력이 있다.
- 법률관계의 청산: 회사가 금전을 빌렸다면 채권자에게 금전을 갚아야 하고, 회사 구성원들이 회사에 지급한 재산 중 남은 것을 돌려주어야 한다.

[상황]

A회사는 2021. 12. 1. 설립되었는데 설립과정에서 법이 정한 자본금을 허위로 납입하는 위법을 저질렀다. 2022. 1. 3. 주주들의 소송제기로 재판이 시작되었다. 2022. 7. 30. 대법원은 A회사의 설립이 무효라는 판결을 내렸다.

| 보기 |

ㄱ. A회사의 감사 갑은 2022. 1. 4. 직무상 알게 된 회사의 영업상 비밀을 외부에 누설하였다. 갑은 2022. 7. 30. 이후에도 이러한 행위를 처벌하는 법률에 따라 처벌될 수 있다.

ㄴ. A회사의 대표이사 을은 2022. 6. 1. 회사 명의로 B회사로부터 제조설비를 구입하면서 당일 설비를 인수받고 계약금을 지불하였고, 잔금은 2022. 8. 1.에 지불하기로 하였다. A회사는 2022. 7. 30. 회사설립이 무효화되었으므로 제조설비계약 또한 무효가 되고 설비를 돌려주면 된다.

ㄷ. A회사의 채권자 병은 2022. 7. 30. 이후에는 A회사의 법적 실체가 없어졌으므로 A회사의 재산으로부터 채권액을 회수할 수 없다.

① ㄴ
② ㄱ, ㄴ
③ ㄱ, ㄷ
④ ㄴ, ㄷ
⑤ ㄱ, ㄴ, ㄷ

27 다음의 [규정]을 근거로 판단할 때 채권자 취소권 행사가 허용되는 경우는?

[규정]

제00조(채권자 취소권의 행사) ① 채무자가 채권자를 해(害)함을 알고 재산권을 목적으로 법률행위를 한 때에는 채권자는 그 취소 및 원상회복을 법원에 청구할 수 있다. 그러나 그 행위로 인하여 이익을 받은 자나 전득한 자가 그 행위 또는 전득 당시에 채권자를 해함을 알지 못한 경우에는 그러지 아니하다.

② 전항(前項)의 소는 채권자가 취소원인을 안 날로부터 1년, 법률행위가 있는 날로부터 5년 내에 제기하여야 한다.

※ 법률행위: 계약, 등기이전, 양도 등의 법적인 효력을 가지는 행위

※ 전득: 타인이 일단 취득한 물건이나 권리를 다시 그 사람으로부터 취득함

① 채무자인 B는 채권자인 A를 해할 목적으로 C에게 모든 재산을 증여하였으나 C는 그러한 사정을 전혀 알지 못하였다.

② 채무자 E는 채권자 D에 대한 빚을 갚기 위해 자신의 중요자산의 대부분을 차지하는 부동산을 F에게 처분하였고, F가 부동산을 매수한 동기는 D가 그 부동산을 탐낸다는 소문을 듣고 D를 골탕 먹이기 위함이었다.

③ 채무자인 H는 평소 빚 독촉을 하던 G가 얄미운 나머지 G가 흠모하던 I와의 교제에 성공하여 결혼하였다.

④ 채무자인 K는 채권자 J를 해할 목적으로, 2014년 1월 자신의 모든 재산을 L에게 증여하였다. L은 이러한 사정을 잘 알고 있었다. 2017년 3월 J는 그러한 사실을 소문을 통해 알았으나 아무런 행위를 하지 않고 있던 중 현재(2021년 12월)에 이르렀다.

⑤ 채무자 N은 자신의 사업이 부도나기 이틀 전 M의 채권추심을 피하기 위해 대부분의 재산을 친구인 O에게 매도하였다. O는 평소 M과 N 간의 자금거래상황 및 채권채무관계에 대해 잘 알고 있었다.

28 다음은 S연구소의 연구원이 작성한 [K-스마트물류산업 육성을 위한 문제점과 개선방안]이라는 보고서의 개요이다. Ⅱ장과 Ⅲ장을 바탕으로 구상한 Ⅳ장의 항목들로 가장 적절하지 않은 것은?

[K-스마트물류산업 육성을 위한 문제점과 개선방안]

Ⅰ. 위기에 처한 물류산업
  1. 운송업계의 연이은 파업
  2. 우리나라 물류 부문 경쟁력의 취약성

Ⅱ. 물류산업의 메가트렌드
  1. 물류 인프라의 대형화·허브화와 부가가치 물류의 성장
  2. 전문 물류기업의 성장
  3. 물류의 정보화

Ⅲ. 우리나라 물류산업의 문제점
  1. 물류 인프라의 경쟁력이 취약함
   - 수출입 물류거점 시설 부족
   - 물류 서비스 제공 미흡
  2. 물류중심국가로서의 기본 환경이 낙후함
   - 투자 환경 열악
   - 물류산업 지원 부족
  3. 화물운송체계가 취약함
   - 도로의존도 심화
   - 화물자동차 과잉
   - 물류정보망 활용 미흡
  4. 운송업계구조의 전근대성
   - 지입제와 다단계 주선 체계
   - 전문 물류기업 부족

Ⅳ. 대응방향
  (   )

---

① 철도의 복선화, 전철화를 통한 철도의 화물운송 분담률을 제고
② 물류전문 대학원이나 연구소를 지원하여 물류 서비스 제공을 위한 전문 인력을 양성
③ 주선업체의 대형화·조직화를 유도하여 다단계 주선의 폐해를 완화
④ 항만과 공항의 배후에 물류단지를 확충하여 부가가치 물류를 활성화
⑤ 국가가 물류 정보망을 구축하고 운영하는 현재의 시스템을 민간에게 이양

29 다음 [표]는 A국의 주요 채소·과실의 가격탄력성과 소득탄력성 수준을 비교한 것이다. [설명]을 참고하였을 때, 이를 옳게 해석한 것을 고르면?

[표] 가격탄력성과 소득탄력성

구분		소득탄력성		
		0.0 미만	0.0 이상~1.0 미만	1.0 이상
가격 탄력성	0.5 미만	가을무, 가을배추, 고랭지무	봄감자, 쪽파, 대파, 마늘, 노지고추, 당근, 딸기	양파, 고랭지배추, 호박, 오이, 사과, 복숭아
	0.5 이상 ~1.0 미만	고랭지감자	수박, 참외, 양배추	토마토, 배, 감, 포도
	1.0 이상	―	감귤	가을감자

[설명]

○ 수요의 가격탄력성
  - 가격 변화에 대해 수요량이 어느 정도 반응하는가를 나타낸 지표로 가격 변동비율에 대한 수요량 변동비율의 절댓값임
  - 수요의 가격탄력성＝(－수요량의 변화율/가격의 변화율)
○ 수요의 소득탄력성
  - 소득의 변화에 대해 수요량이 어느 정도로 민감하게 반응하는가를 나타낸 지표로 소비자의 소득 변동률에 대한 수요의 변동률을 나타내는 값임
  - 수요의 소득탄력성＝(수요량의 변화율/소득의 변화율)

① 소비자들은 감귤보다 가을감자 가격 변동에 더욱 민감하게 반응할 것이다.
② 같은 조건이라면 소비자들은 토마토를 수박보다 선호할 것이다.
③ 위 [표]에 제시된 채소·과일 중 가격이 가장 저렴한 것은 가을무이고, 가장 비싼 것은 가을 감자이다.
④ 만약 소비자의 소득이 1 올랐을 때, 포도의 수요는 1 이상 감소할 것이다.
⑤ 참외의 가격이 1 상승했을 때, 참외의 수요는 감소할 것이다.

30 다음 글에 근거할 때 [보기]에서 담합의 사례로 적절한 것을 모두 고르면?

> 통상 '담합'으로 불리는 공동행위는 공정거래법상 사업가가 계약이나 협정 등의 방법으로 다른 사업자와 짜고 가격을 결정하거나 거래상대방을 제한함으로써 그 분야의 실질적인 경쟁을 제한하는 행위를 가리킨다.
>
> 현행 공정거래법은 이 같은 부당한 공동행위의 유형을 대략 8가지로 구분하고 있다. 가격제한, 판매제한, 생산 및 출고제한, 거래제한, 설비 신·증설 제한, 상품종류 및 가격제한, 회사 설립제한, 사업활동제한 등이다. 같은 업자들끼리 값을 짜고 올려 받거나 공급물량을 제한하고 다른 회사의 참여를 막는 행위 등이 모두 이 같은 유형에 포함된다.
>
> 공정거래위원회는 이 같은 부당한 공동행위를 한 사업자에 대해서는 법령에서 규정한 기준 매출액의 10% 이내에서 과징금을 부과할 수 있다. 일단 담합이 성립되면 어느 하나의 기업이 합의를 위반하고 독자적으로 행동하여도 그 기업의 담합행위가 없었던 것이 되지는 않으며, 법적인 책임이 면제되지 않는다.

| 보기 |

ㄱ. X, Y, Z 식품회사는 각각 생산하고 있는 라면 가격을 1,000원으로 고정하기로 비밀리에 합의하고 이를 이행하였다. 하지만 Z 식품회사는 합의 이행 시작 보름 후에 라면 가격을 900원으로 할인 판매하여 시장점유율을 높였다.

ㄴ. P증권사와 R은행은 은행의 수익성과 고객들의 대출 및 상품수요를 고려하여 CD(양도성 예금증서) 금리를 독자적으로 연 5%로 동일하게 결정하였다.

ㄷ. A, B, C는 국내 3대 건설회사이다. 이들은 대형 국책사업이 있을 때마다 입찰에 참여하면서 상의 하에 입찰가격을 거짓으로 부풀린 혐의로 현재 조사를 받고 있다.

ㄹ. D와 E는 동일한 계열사의 기업이다. D는 재화의 생산에 필요한 부품을 E에게 구입하는 과정에서 계열사 전체의 이익을 극대화하기 위해 E와 협의하여 부품가격을 결정하였다.

ㅁ. OPEC은 12개국으로 이루어진 주요 석유수출국 모임이다. OPEC 가입국들은 석유 생산 쿼터를 결정하여 자신들의 석유 생산량을 통제하고 국제사회에서 영향력을 행사하고 있다.

① ㄱ, ㄴ
② ㄴ, ㄷ
③ ㄱ, ㄴ, ㄹ
④ ㄱ, ㄷ, ㅁ
⑤ ㄴ, ㄹ, ㅁ

31 다음 글의 최 대리에게 해 줄 조언으로 가장 적절한 것은?

> 최 대리는 사무실을 둘러보니 너무 어지러워 도저히 일을 할 수 없을 것 같아 사무실 정리를 시작하였다. 곳곳에 널려 있는 물건들을 모조리 캐비닛과 박스에 집어넣어 깔끔하게 정리하였다. 오랜만에 정돈된 기분이 들어 매우 기뻐하고 있었다. 하지만 최 대리의 짜증은 다음 날부터 시작되었다. 일을 하려고 하였을 때, 필요한 서류가 없어진 것을 발견하였다. 서류를 계속 찾아보았지만 보이지 않았고, 결국 캐비닛과 박스를 뒤지기 시작하였다. 그렇게 서류를 찾아서 일을 다시 시작하려 하였지만, 서류뿐만 아니라 많은 물품이 캐비닛과 박스에 들어 있었던 것이다. 그리하여 몇 시간 동안 뒤져서 필요한 물품을 다시 찾았지만, 사무실은 다시 난장판이 되어 있었다. 이를 본 최 대리는 허무할 수밖에 없었고, 다시 이를 정리하는 데 오랜 시간이 소요되었다.

① 캐비닛과 박스는 최대한 책상과 가까운 곳에 배치하는 것이 좋아.

② 일을 하려면 많은 물건이 필요할 수밖에 없으니 물품 정리함의 크기는 크면 클수록 좋아.

③ 자주 사용하는지 아닌지에 따라 물건을 분류하고 자주 사용하는 것은 가까이에 두는 방식으로 정리하는 것이 좋겠어.

④ 물품을 정리할 때는 개별 물품의 재질 특성에 맞게 종이류, 유리류, 플라스틱류 등으로 구분하여 따로 보관하는 것이 좋아.

⑤ 계속 사무실을 정리하다 보면 결국 업무를 해야 할 시간이 줄어들게 되기 때문에 정리 정돈은 한 달에 한 번 정도만 하는 것이 좋겠어.

32 다음은 '디지털농협' 구현을 위한 농협중앙회의 조직 개편 내용이다. [보기]에서 조직 개편에 대해 올바르게 이해한 사람을 모두 고르면?

[그림 1] 농협중앙회 조직 개편 세부내용

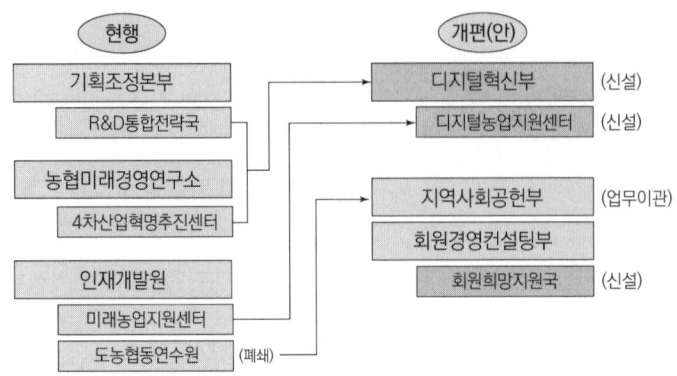

[그림 2] 조직 개편 후 조직도

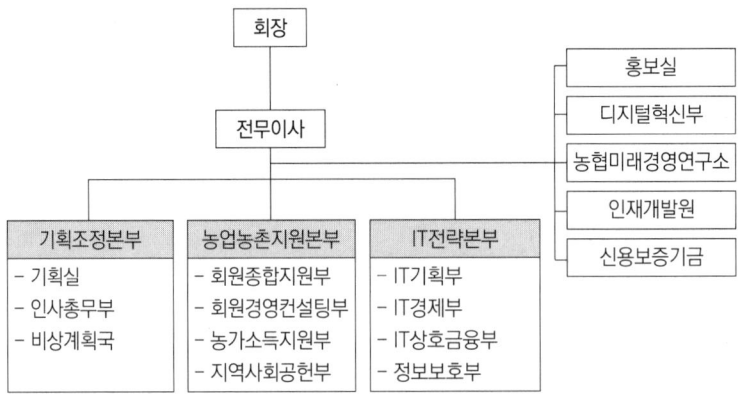

| 보기 |

A: 디지털혁신부는 향후 디지털농협 구현을 위한 범농협 컨트롤타워 역할을 수행하겠군.

B: 농협미래경영연구소, 인재개발원, 홍보실의 기능이 줄어들겠군.

C: 디지털혁신부는 어느 본부에도 속하지 않아 디지털농협 구현에 대해 신속한 업무추진이 가능하겠군.

D: 이번 조직개편으로 농업농촌지원본부의 역할이 강화되었군.

① A, B
② A, C
③ A, B, C
④ A, C, D
⑤ A, B, C, D

33 다음 글을 읽고 주어진 [데이터]를 비파괴적 압축방식으로 압축할 때 그 결과로 적절한 것을 고르면?

> MP3의 압축 방식은 우리가 알고 있는 zip이나 arj 등과 같은 일반적인 압축 방법보다 복잡한 알고리즘을 갖고 있다. MP3의 압축 방식을 이해하기 위해서는 파일 및 소리의 특성에 따라 압축 방식을 다르게 사용해야 한다는 점을 인식해야 한다.
>
> 먼저 컴퓨터에서 일반적으로 사용되는 압축 방법은 비파괴적인 방식으로, 데이터를 압축하고 복원하는 과정에서 데이터의 변경이나 손실이 전혀 없는 방식이다. 예를 들어 '한글'로 작업한 문서를 zip으로 압축해서 인터넷으로 송신했다고 하자. 만약 압축 과정에서 데이터가 변경되거나 손실되면 문서를 받는 사람이 내용을 정확하게 알아볼 수 없다. 이때 비파괴적인 압축 방식을 사용한다.
>
> 비파괴적인 압축 방식의 알고리즘은 상당히 단순하다. 연속되면서 동일한 데이터를 그 데이터와 반복 횟수로 표시하는 방법을 사용한다. 예를 들어 반복이 없으면 그 데이터만 표시되고, '5555555'처럼 반복되는 경우는 '5-7'로 표시된다. 같은 데이터의 반복이 많은 파일일수록 압축률은 높아진다. 이 방식을 사용하면 문서 파일은 연속된 데이터가 많기 때문에 일반적으로 3분의 1 이상 줄어들고, Wave파일은 약간 밖에는 줄어들지 않는다. 사운드와 같은 멀티미디어 데이터들은 일반 문서나 실행 파일과는 달리 연속되는 데이터가 적기 때문이다. 따라서 소리나 음악 파일은 비파괴적인 방법으로 압축하지 않고 다른 복잡한 알고리즘을 가진 파괴적인 압축 방법을 사용하게 된다.
>
> 파괴적인 압축 방식은 한번 압축한 후에는 원형으로 복원이 어려운 반면 압축률은 상당히 높아진다. 일반 문서나 실행 파일과 같이 정확한 복원을 목적으로 하는 경우에는 사용할 수 없다. 반면 사운드나 그림 데이터와 같이 약간 음질이 손상되고 화질이 저하되어도 듣거나 보기에 무리가 없는 경우에 주로 사용된다. JPEG나 MPEG 등이 파괴적인 압축 방식에 속한다.

[데이터]

7 6 6 6 1 2 3 3 8 8 9 9 9 9 9 5 4 4 4

---

① 7 - 63 - 123 - 2 - 32 - 82 - 94 - 5 - 43
② 7 - 63 - 123 - 28 - 294 - 54 - 3
③ 76 - 3123 - 28 - 29 - 454 - 3
④ 76 - 3123 - 28 - 294 - 54 - 3
⑤ 76 - 2123 - 282 - 9 - 454 - 3

핵심 기출동향 50제 · 제1회 실전모의고사 · 제2회 실전모의고사 · 제3회 실전모의고사

34 정 대리는 SMART 법칙에 따라 다음과 같이 업무 목표를 세웠다. ㉠~㉢ 중에서 적절하지 않은 것은?

구분	목표
S(Specific) 구체적으로	㉠ 이번 업무 평가에서 90점 이상을 받는다
M(Measurable) 측정 가능하도록	㉡ 일주일에 2개 이상의 계약을 성사시킨다.
A(Action-oriented) 행동 지향적으로	㉢ 기획 회의 때마다 아이디어를 제시한다.
R(Realistic) 현실성 있도록	㉣ 매일 네 시간씩 야근을 한다.
T(Time-limited) 시간 제약을 두고	㉤ 이번 주 목요일 퇴근 전까지 기안을 올린다.

① ㉠

② ㉡

③ ㉢

④ ㉣

⑤ ㉤

35 다음 [정보]에 따를 때, 확실하게 옳다고 할 수 있는 것은?

[정보]

- 음악을 좋아하는 사람은 나무를 좋아하고 외향적이다.
- 안경을 쓴 사람은 나무를 좋아한다.
- 손가락이 긴 사람은 음악을 좋아한다.

① 안경을 쓴 사람은 음악을 좋아한다.

② 손가락이 긴 사람은 외향적이지 않다.

③ 나무를 좋아하지 않는 사람은 안경을 썼다.

④ 외향적이지 않은 사람은 손가락이 길지 않다.

⑤ 음악을 좋아하는 사람은 안경을 쓰지 않았다.

36 오늘 사무실에 도착한 순서를 묻는 팀장의 질문에 5명의 팀원 김 과장, 이 대리, 박 대리, 최 사원, 정 사원은 다음 [대화]와 같이 대답하였다. 이들의 대답에 의할 때, 세 번째로 도착한 사람은 누구인가?

[대화]

- 이 대리: 저는 박 대리보다 늦게, 정 사원보다 일찍 사무실에 도착했습니다.
- 김 과장: 제가 도착했을 때는 이미 4명의 팀원이 모두 도착해 있었습니다.
- 박 대리: 저보다 먼저 누군가가 사무실에 들어가는 것을 보았습니다.

---

① 김 과장
② 이 대리
③ 박 대리
④ 최 사원
⑤ 정 사원

37 다음 [표]는 우리나라의 저축용도를 나타낸 자료이다. 이에 근거한 진술로 적합하지 않은 것은?

[표 1] 성별 저축용도

(단위: %)

구분		가구주	하고 있음	본인 및 자녀 교육비	주택 마련	내구 재 구입 비	결혼, 장례 비	질병, 재난	노후 생활 대비	여행 및 여가 활용	사업 자금 마련	차입 금 상환	기타	하고 있지 않음
20 20	전국	100.0	( )	18.8	17.6	0.8	9.4	14.1	30.2	0.9	4.4	3.5	0.4	27.0
	남자	100.0	( )	19.8	18.5	0.7	7.5	14.1	29.8	0.8	4.8	3.7	0.3	22.9
	여자	100.0	( )	14.0	12.8	1.0	19.0	13.9	32.3	1.8	2.3	2.1	0.9	42.9
20 24	전국	100.0	( )	28.4	20.4	0.7	7.1	10.1	26.0	0.9	3.0	3.2	0.1	31.8
	남자	100.0	( )	29.9	21.2	0.8	5.8	9.6	25.4	0.7	3.2	3.4	0.1	28.1
	여자	100.0	( )	20.0	15.6	0.5	15.3	13.1	29.7	1.7	1.5	2.4	0.2	47.4

[표 2] 연령별 저축용도

(단위: %)

구분	가구주	하고 있음	본인 및 자녀 교육비	주택 마련	내구 재 구입 비	결혼, 장례 비	질병, 재난	노후 생활 대비	여행 및 여가 활용	사업 자금 마련	차입 금 상환	기타	하고 있지 않음
20~29세	100.0	( )	10.8	38.1	2.3	27.8	4.7	7.1	3.2	3.8	2.1	0.1	32.2
30~39세	100.0	( )	27.8	35.0	0.6	4.7	8.8	14.2	0.9	4.3	3.7	0.1	20.6
40~49세	100.0	( )	42.9	15.0	0.5	2.0	9.6	23.2	0.3	3.0	3.5	0.1	23.4
50~59세	100.0	( )	23.6	9.1	0.9	10.4	11.5	38.8	0.6	1.7	3.2	0.2	30.6
60~64세	100.0	( )	6.2	4.4	0.4	9.9	16.4	57.7	1.4	0.9	2.1	0.6	60.7
65세 이상	100.0	( )	4.5	3.0	0.3	7.4	18.5	60.9	1.7	1.0	1.8	0.8	68.9

① 연령별로 보면 20대와 30대는 주택마련을 위해 저축하는 가구의 비율이 가장 높고, 40대는 교육비 마련을 위한 비율이 가장 높으며, 50대 이후는 노후생활대비를 위한 저축가구의 비율이 가장 높다.

② 2024년 저축을 하고 있는 가구의 비중은 2020년보다 4.8%p 감소하였다.

③ 2020년에 비하여 2024년 저축용도가 증가한 항목은 교육비 및 주택마련 항목이다.

④ 2024년에 노후생활 대비 저축 가구의 비중은 2020년에 비해 4.2%p 감소하였다.

⑤ 2020년 남자 가구주의 저축률은 2024년 여자 가구주의 저축률보다 낮다.

[38~39] 외화환전에 대한 다음 자료를 보고 이어지는 물음에 답하시오.

[표 1] 외화환전 기본수수료

통화	매매기준율	현찰	
		사실 때	파실 때
달러(USD)	1,150.00	1,170.00원	1,130.00원
100엔(JPY)	1,000.00	1,010.00원	990.00원
위안(CNY)	170.00	180.00원	160.00원
유로(EUR)	1,300.00	1,330.00원	1,270.00원
파운드(GBP)	1,500.00	1,550.00원	1,450.00원

※ 예를 들어, USD 100을 현금으로 환전할 경우 기본수수료는 (1,170.00 − 1,150.00) × 100 = 2,000원임

[표 2] 인터넷환전 추가 우대율

구분	해당 통화	우대율
주요통화	달러, 엔, 유로	기본수수료의 50%
기타통화 1	파운드, 스위스 프랑	기본수수료의 15%
기타통화 2	위안, 바트	환전 우대율 없음

[표 3] 환전금액별 추가 우대율

환전금액별 추가 우대	주요통화	기타통화 1	기타통화 2
USD 500 상당액 이상	기본수수료의 10%	기본수수료의 5%	추가 우대율 없음
USD 1,000 상당액 이상	기본수수료의 20%	기본수수료의 10%	

38 위 자료에 따를 때, 인터넷에서 JPY 50,000을 환전할 경우의 수수료는?

① 2,000원   ② 2,500원   ③ 4,000원
④ 4,500원   ⑤ 5,000원

39 위 자료에 따를 때, 다음 중 지불해야 할 수수료가 가장 적은 것은?

① USD 1,500을 인터넷에서 환전할 경우
② JPY 150,000을 영업점에서 환전할 경우
③ CNY 1,000을 인터넷에서 환전할 경우
④ EUR 1,000을 영업점에서 환전할 경우
⑤ GBP 500을 인터넷에서 환전할 경우

40 다음은 요식업을 하는 A사의 매출액을 조사한 조사결과이다. 이를 토대로 A사가 취해야 할 홍보 방법으로 옳지 않은 것은?

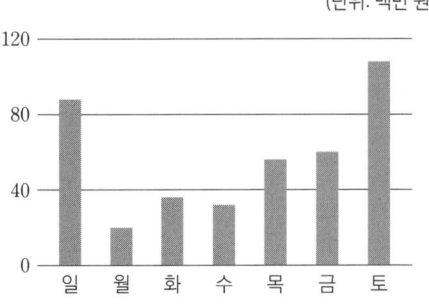

[그림 1] 요일별 매출액

(단위: 백만 원)

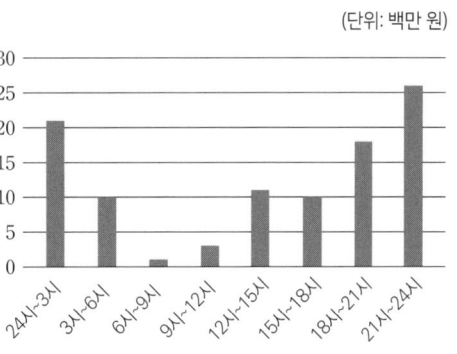

[그림 2] 시간대별 매출액

(단위: 백만 원)

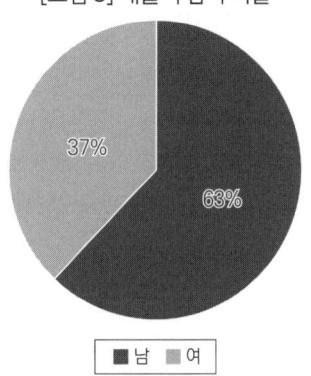

[그림 3] 매출액 남녀 비율

■ 남 ■ 여

① 매출이 가장 적은 월요일에는 할인 이벤트를 진행한다.

② 요일별로 매출액이 가장 낮은 시간대에 1인분을 추가 증정하는 이벤트를 진행한다.

③ 평일 중 하루를 레이디데이로 선정하여 여성이 포함된 테이블에 일정 금액을 할인해 주는 이벤트를 진행한다.

④ 배달 주문 시 음료 서비스 이벤트를 진행한다.

⑤ 평일에만 사용할 수 있는 시식권을 배포하는 이벤트를 진행한다.

41 다음 [표]는 갑의 은행 계좌 A~E의 매년 저축액을 나타낸 자료이다. 2017년부터 2024년까지 매년 총 이자소득을 같게 하는 E의 이자율은? (단, 계좌 A, B, C, D의 연간 이자율은 각각 2%, 4%, 3%, 4%이다)

[표] 계좌별 연간 저축액

(단위: 백만 원)

구분	2017년	2018년	2019년	2020년	2021년	2022년	2023년	2024년
A	400	300	500	350	450	500	550	600
B	150	200	250	300	350	300	350	400
C	300	300	300	300	300	300	300	300
D	450	400	350	300	250	300	250	200
E	400	500	300	450	350	300	250	200

① 2% ② 4% ③ 6%
④ 8% ⑤ 10%

42 다음은 A테마파크의 이용객 비중과 만족도 조사 결과에 관한 자료이다. 이를 토대로 A테마파크가 취해야 할 전략으로 적절하지 않은 것은?

[그림1] A테마파크 이용객 비중

(단위: %)

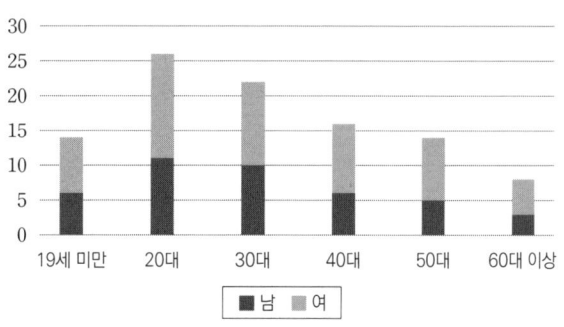

[그림2] 만족도 조사 결과

(단위: 점)

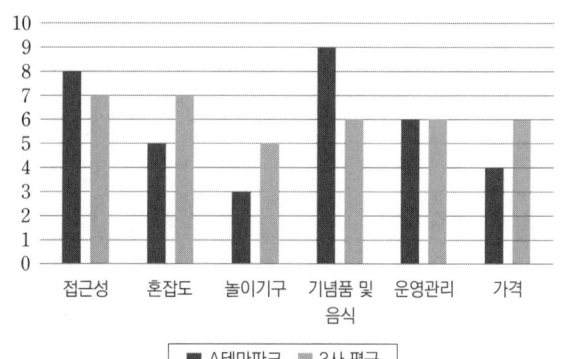

※ 타 테마파크는 대기 예약할 수 있는 애플리케이션을 이용 중

① 타 테마파크 대비 가격이 높으므로 제휴 카드 이용 시 할인 이벤트를 진행한다.
② 테마파크의 마스코트를 기념품으로 제작하여 판매한다.
③ 혼잡도에 대한 만족도가 3사 평균보다 낮으므로 대기 예약을 할 수 있는 애플리케이션을 개발한다.
④ 이용자 비중이 가장 높은 20대 여성의 선호도 조사를 토대로 퍼레이드를 진행한다.
⑤ 놀이기구에 대한 만족도가 가장 낮으므로 기존 놀이기구를 신규 놀이기구로 교체한다.

43 다음은 A자격증 월별 지원자 및 합격자에 관한 자료이다. 자료와 [조건]을 토대로 할 때, A자격증 5월 합격률은 몇 %인가?

[표] A자격증 월별 지원자 및 합격자

구분	1월	2월	3월	4월	5월	평균
지원자	25,300명	20,000명		22,700명		23,800명
합격자	3,700명	2,800명		3,200명		3,120명

※ 합격률＝합격자/지원자×100

[조건]

• 5월 지원자는 3월 대비 4,000명 증가했다.

• 5월 합격자는 3월 합격자보다 700명 더 많다.

① 10%

② 11%

③ 12%

④ 13%

⑤ 14%

44 A사는 사업 확장에 따라 기존에 사용하던 건물을 철거하고 신축하기로 하였다. 기존에 사용하던 건물은 지상 3층 사무실과 지하 1층 주차장으로 이루어졌으며, 사무실 층의 높이는 5m로 주차장 층의 1.25배에 해당하며, 가로, 세로는 각각 20m, 30m로 사무실 층과 주차장 층이 동일하였다. 다음 신축 건물에 대한 [조건]을 참고할 때, 기존 대비 증가한 각 사무실과 주차장 면적을 올바르게 짝지은 것은? (단, 옥상면적은 고려하지 않는다)

[조건]

• 본건물은 지하 4층과 지상 5층으로 신축한다. 사무실 층은 본건물의 지하 1층부터 지상 5층으로 구성하며, 본건물의 지하 2층부터 지하 4층과 본건물 단면적의 절반 면적으로 지상 2층 주차타워를 건설한다.

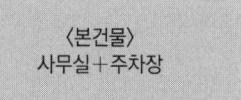 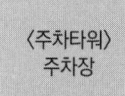

• 사무실 층의 높이는 기존의 1.2배 증축시키고, 주차장 층의 높이는 기존의 70%로 감축시킨다.
• 본건물의 가로, 세로는 각각 25%, 40% 증축시킨다.

	사무실 증가 면적	주차장 증가 면적
①	4,200m²	1,050m²
②	4,500m²	3,600m²
③	4,500m²	4,200m²
④	6,300m²	3,600m²
⑤	6,300m²	4,200m²

45 다음 [상황]의 오 사원이 사용할 엑셀 수식을 [보기]에서 고르면?

[상황]

오 사원은 회원 자료를 정리하던 중 김 팀장의 요청을 받고 회원 등급별 평균 구매액을 구하기 위해 엑셀 수식을 이용하려고 한다. 엑셀에 능숙하지 않은 오 사원은 엑셀 수식 사용법에 대해 검색한 결과가 다음 [보기]와 같았다.

| 보기 |

수식	내용
AVERAGE	인수들의 평균값을 구하는 수식
AVERAGEIF	주어진 조건에 따라 지정되는 셀의 평균값을 구하는 수식
SUM	인수들의 합을 구하는 수식
SUMIF	주어진 조건에 따라 지정되는 셀의 합을 구하는 수식
COUNT	범위에서 숫자가 포함된 셀의 개수를 구하는 수식

① AVERAGE ② AVERAGEIF ③ SUM
④ SUMIF ⑤ COUNT

직무상식평가

01 다음 중 스키마(Schema)에 대한 설명으로 옳은 것은?

① 실행 중인 데이터의 임시 저장소이다.

② 테이블 안에 저장된 모든 레코드의 집합이다.

③ 사용자의 질의 결과로 생성되는 뷰이다.

④ 데이터베이스 구조와 제약조건을 정의한 것이다.

⑤ 데이터 백업을 위한 로그 파일을 의미한다.

02 다음 중 중앙처리장치(CPU)의 주된 역할로 가장 적절한 것은?

① 외부 장치와의 통신을 관리한다.

② 데이터베이스를 저장한다.

③ 명령어를 해석하고 실행한다.

④ 인터넷 연결을 담당한다.

⑤ 그래픽 처리를 전담한다.

핵심 기출동형 50제

제1회 실전모의고사

제2회 실전모의고사

제3회 실전모의고사

03 다음 중 애자일(Agile) 개발 모형의 특징으로 가장 적절한 것은?

① 고객 피드백 없이 계획대로 개발한다.

② 전 과정이 문서 중심으로 이루어진다.

③ 반복적 개발과 피드백을 중시한다.

④ 전체 시스템을 일괄 개발하여 공개한다.

⑤ 개발 완료 후에만 사용자 테스트를 수행한다.

04 다음 글의 ㉠에 들어갈 용어는 무엇인가?

애플은 (㉠)로 불리는 아이폰의 기기 식별자에 대한 광고 접근 방식이 크게 바뀔 것이라며 iOS 14.5를 출시했다. 애플의 새 OS에서는 사용자의 동의를 얻어야만 타겟팅 광고가 가능하도록 했고, 예상대로 대부분의 사용자들은 자신의 앱 추적을 거부하고 있는 것으로 나타났다.

① GUID   ② IDFA   ③ UUID

④ ADID   ⑤ UDID

05 다음 글이 설명하는 디지털금융 마케팅용어는 무엇인가?

> 페이스북, 애플, 구글, 아마존 등 세계적인 인터넷 검색 업체와 소셜 미디어 기업들이 제공하는 정보에 의존하여 정보 편식을 하는 이용자들이 점점 자신만의 울타리에 갇히고 있다.

① AARRR
② Filter Bubble
③ Popcorn Brain
④ Silo Syndrome
⑤ Social Isolation

06 다음 [보기] 중 일반적으로 메타버스의 4대 요소라고 불리는 것을 모두 고르면?

| 보기 |

ㄱ. P2E
ㄴ. 가상세계
ㄷ. 가상현실
ㄹ. 거울세계
ㅁ. 기계학습
ㅂ. 라이프로깅
ㅅ. 웹3.0
ㅇ. 증강현실

① ㄱ, ㄴ, ㄹ, ㅅ
② ㄱ, ㄷ, ㅁ, ㅇ
③ ㄴ, ㄹ, ㅂ, ㅇ
④ ㄴ, ㅁ, ㅂ, ㅇ
⑤ ㄷ, ㄹ, ㅂ, ㅅ

07 다음 글이 설명하는 IT용어는 무엇인가?

> 호스트 컴퓨터에서 다수의 운영 체제를 동시에 실행하기 위한 논리적 플랫폼을 말한다. 가상화 머신 모니터 또는 가상화 머신 매니저라고도 부른다.

① 하이퍼바이저　　　　② 하둡　　　　③ 하이브리드
④ 도커　　　　　　　　⑤ 클라우드

08 다음 글의 ㉠에 해당하는 주장을 한 학자가 제시한 경제 정책의 내용으로 적절하지 않은 것은?

> 국내외 사정으로 경기가 불안정할 때에 정부와 중앙은행은 경기 안정 정책을 펼친다. 정부는 정부 지출과 조세 등을 조절하는 재정정책을, 중앙은행은 통화량과 이자율을 조정하는 통화정책을 활용한다. 이러한 정책들의 효과 여부에 대해서는 이견들이 존재하는데, 대표적으로 통화주의와 (㉠)을/를 들 수 있다.
> 경기 안정을 위해 정부의 적극적인 개입이 필요하다고 보는 (㉠)은/는 화폐를 교환 수단으로만 보지 않고 이자율과 역의 관계를 가지는 투기적 화폐 수요가 존재한다고 보았다. 투기적 화폐 수요는 통화량이 늘어나도 소비하지 않고 더 높은 이익을 얻기 위해 화폐를 소유하고자 하는 수요이다. 따라서 통화정책을 통해 통화량을 늘리고 이자율을 낮추면 투기적 화폐 수요가 늘어나 화폐가 시중에 돌지 않기 때문에 투자 수요가 거의 증가하지 않는다고 본 것이다. 즉, (㉠)은/는 실제로 사람들이 화폐를 거래 등에 얼마나 자주 사용하였는지가 소득의 변화보다 화폐 수요에 크게 영향을 미친다고 본 것이다. 그래서 (㉠)은/는 확장적 재정정책을 시행하여 정부 지출이 증가하면 국민 소득은 증가하지만, 소득의 변화가 화폐 수요에 미치는 영향이 작기 때문에 화폐 수요도 작게 증가할 것이라 보았다. 이에 따라 이자율도 낮게 상승하기 때문에 투자 수요가 예상된 것보다 작게 감소할 것이라 보았던 것이다.

① 세금 감면이 재정지출보다 더 유효하므로 감세정책을 확대하여야 한다.
② 이자율이 낮을 때에는 금융정책보다 재정정책이 유효하다.
③ 경기가 침체된 경우 유효수요를 창출하여야 한다.
④ 단기에는 정부의 시장 개입이 필요하다.
⑤ 소비는 절대소득에 비례하기 때문에 경기 침체기에는 소비도 감소한다.

09 등량곡선에 대한 설명으로 옳지 않은 것은?

① 무차별곡선이 소비자 한 명의 소비 행위를 설명했다면, 등량곡선은 소비자 두 명의 소비 행위를 설명한다.

② 등량곡선의 성질은 무차별곡선의 성질과 유사하다.

③ 기술진보가 이루어지면 생산가능곡선은 원점으로부터 멀어지지만, 등량곡선은 원점에 가까워진다.

④ 한계기술대체율은 등량곡선의 기울기이다.

⑤ 등량곡선과 등비용선이 만나는 점에서 생산량을 결정하는 것이 일반적이다.

10 다음 글의 ㉠~㉣에 들어갈 용어를 알맞게 짝지은 것은?

> 정보 비대칭은 크게 둘로 나눈다. 하나는 숨겨진 특성, 다른 하나는 숨겨진 행동이다.
> • 숨겨진 특성: 거래 당사자 중 어느 한쪽만 정보를 갖고 있는 상황이다. 주로 판매자가 정보를 알고 있으며, 소비자는 거래 이전 단계에서 정보가 부족해 곤란함을 겪는다. 경제학에서는 이를 (㉠)(이)라고 한다. (㉠)의 예로는 (㉡)을 들 수 있다.
> • 숨겨진 행동: 거래 또는 계약이 문제없이 진행됐음에도, 불완전한 감시나 관찰이 존재할 때 발생한다. 숨겨진 특성에서의 (㉠)와/과 구분해 (㉢)(이)라고 한다. (㉣)이 대표적 사례다.

	㉠	㉡	㉢	㉣
①	역선택	부실 회사의 자구노력 소홀	도덕적 해이	나쁜 중고차를 비싸게 사는 상황
②	도덕적 해이	나쁜 중고차를 비싸게 사는 상황	역선택	보험 가입 시 몸이 좋지 않은 사람이 대거 가입하는 상황
③	역선택	보험 가입 시 몸이 좋지 않은 사람이 대거 가입하는 상황	도덕적 해이	실업급여를 받는 구직자의 노력 부족
④	역선택	실업급여를 받는 구직자의 노력 부족	도덕적 해이	나쁜 중고차를 비싸게 사는 상황
⑤	도덕적 해이	나쁜 중고차를 비싸게 사는 상황	역선택	부실 회사의 자구노력 소홀

11 완전경쟁시장에서 한 기업의 단기총비용함수는 다음과 같다. 이에 관한 설명으로 옳지 않은 것은?

$$C = 200 + Q^2$$

※ C는 비용, Q는 생산량을 의미한다.

① 제품 10개를 생산했을 때 총비용은 300이다.
② 가변비용은 Q^2이다.
③ 한계비용은 $2Q$이다.
④ 고정비용은 200이다.
⑤ 평균비용은 $2Q$이다.

12 자동차 중고매매업체가 출고된 지 4년이 지난 중고차(출고 시 신차 가격은 3,000만 원) 1대를 2022년 1월 초에 1,200만 원에 매입했다. 이후 차를 정비해 2022년 4월 초 1,500만 원을 받고 한 고객에게 판매했다. 이론상 이 과정에서 2022년 GDP 증가 규모는 얼마인가? (단, 해당 중고차 평균 감가상각은 연 300만 원이다)

① −300만 원   ② 변동 없음   ③ 300만 원
④ 1,200만 원   ⑤ 1,500만 원

13 경상수지에 대한 설명으로 옳은 것은?

① 경상수지란 한 나라가 일정 시점에 다른 나라와 주고받은 재화와 서비스의 거래, 그리고 소득 흐름을 기록한 표다.

② 수출은 대차대조표상 대변에, 수입은 차변에 기록된다.

③ 경상수지 흑자인 나라는 채무국이 되고, 적자인 나라는 채권국이 된다.

④ 경상수지 흑자국의 통화는 외환시장에서 가치가 하락할 것이다.

⑤ 해외 무상원조는 경상수지에 속한다.

14 A, B, C 세 국가가 있다. 각국의 소득점유비중은 다음 [표]와 같다. 이에 관한 설명으로 옳은 것은? (단, 1분위는 최하위 20%, 5분위는 최상위 20% 가구를 나타낸다)

[표]

(단위: %)

구분	A국	B국	C국
1분위	0	20	6
2분위	0	20	12
3분위	0	20	14
4분위	0	20	20
5분위	100	20	48

① A국은 세 국가 중 가장 소득분배가 평등하다.

② C국은 B국보다 소득분배가 상대적으로 평등하다.

③ B국의 십분위분배율은 1이다.

④ A국의 지니계수는 1이다.

⑤ B국의 지니계수는 A국의 지니계수보다 작다.

15 비용곡선에 대한 설명으로 옳은 것은?

① 장기한계비용곡선은 단기평균비용의 포락선이다.

② 단기평균비용곡선은 최적설비조합점이다.

③ 평균비용곡선이 우상향할 때 평균비용곡선은 한계비용곡선 위에 있다.

④ 규모의 경제가 존재할 때 장기 평균비용곡선은 우하향한다.

⑤ 일반적으로 평균가변비용곡선은 평균비용곡선 위에 위치한다.

16 항상소득가설에 대한 설명으로 옳지 않은 것은?

① 소비의 결정은 일시소득이 아니라 항상소득에 의존한다.

② 항상소득과 일시소득 사이에는 높은 상관관계가 없다.

③ 소비지출 확대를 위해서는 조세의 일시적 감면보다 지속적 감면이 효과적이다.

④ 프리드먼(M. Friedman)이 주장한 이론으로 알려져 있다.

⑤ 소득의 변동이 일시적인 요인에 의한 경우에, 소비의 변동은 소득의 변동보다 커진다.

17 다음 중 미시적 마케팅 전략을 가장 효과적으로 사용할 수 있는 시장은?

① 경쟁 정도가 낮고 선호가 동질적인 시장

② 경쟁 정도가 낮고 선호가 다양한 시장

③ 경쟁 정도가 낮고 선호가 밀집된 시장

④ 경쟁 정도가 높고 선호가 동질적인 시장

⑤ 경쟁 정도가 높고 선호가 분산된 시장

18 배추 시장의 수요·공급은 아래와 같다. 정부가 배추 한 개당 3원의 세금을 소비자에게 부과했다. 이때 발생하는 경제적 순손실의 크기(A)와 소비자와 생산자 중 세금을 더 많이 부담하는 사람(B)을 옳게 짝지은 것은?

- $Q_d = 18 - P$
- $Q_s = 2P$

	A	B
①	2	소비자
②	2	생산자
③	2	동일하게 부담
④	3	소비자
⑤	3	생산자

19 IPO(기업공개)에 따른 영향으로 가장 적절한 것은?

① 전문경영인 도입을 통한 비효율적인 조직 운영

② 자기자본 증가를 통한 재무건전성 악화

③ 스톡옵션을 이용한 우수 인력 유치 가능

④ 적대적 M&A 위험에의 노출 가능성 상승

⑤ 소유권 분산에 따른 대주주 경영권 강화

20 가격탄력성에 대한 설명으로 옳지 않은 것은?

① 가격탄력성이 1보다 크면 탄력적이다.

② 가격탄력성이 1보다 작으면 비탄력적이다.

③ 가격탄력성이 1인 경우 단위탄력적이다.

④ 탄력성이 1보다 클 때 가격이 상승하면 총수입 또한 상승한다.

⑤ 완전경쟁기업이 직면하는 수요의 가격탄력성은 무한대이다.

21 한국은행의 통화정책에 대한 설명으로 옳지 않은 것은?

① 한국은행은 통화정책을 통해 시중의 통화량을 조절한다.

② 시중에 통화량이 넘쳐날 경우에는 기준금리를 인상해야 한다.

③ 시중에 통화량이 적을 경우에는 기준금리를 인하해야 한다.

④ 시중에 통화량이 넘쳐날 경우에는 통화안정증권을 발행해야 한다.

⑤ 시중에 통화량이 부족할 경우에는 한국은행 RP를 매각해야 한다.

22 다음 [보기]의 여러 경기종합지수 중 경기후행지수에 해당하지 않는 것을 모두 고르면?

| 보기 |

ㄱ. 취업자 수

ㄴ. 내수출하지수

ㄷ. 코스피

ㄹ. 소비재 수입액

① ㄷ   ② ㄱ, ㄴ   ③ ㄱ, ㄹ

④ ㄴ, ㄷ   ⑤ ㄴ, ㄹ

23 CAPM에 대한 설명으로 옳은 것은?

① 베타 계수는 개별 주식이나 펀드가 시장의 지수 변동에 반응하는 정도를 나타낸다.

② 베타만이 개별 주식 또는 펀드의 위험성을 나타낸다.

③ 투자자가 위험회피적일수록 SML의 기울기가 가파르다.

④ 베타의 어떤 변수도 증권의 수익률에 영향을 미치지 못한다.

⑤ CML(자본시장선)상에 위치한 포트폴리오는 효율적이므로 베타가 0의 값을 갖는다.

24 듀레이션이라는 개념은 채권의 가격변동에 영향을 미치는 만기와 표면금리 효과를 종합한 것으로 채권 투자자금의 평균 회수기간이라는 의미이다. 다음 중 듀레이션의 특징으로 옳은 것은?

① 이표채권의 듀레이션은 항상 채권의 만기 또는 만기까지의 잔여기간보다 길다.

② 표면금리가 높을수록 듀레이션은 길어진다.

③ 채권만기까지의 기간이 장기일수록 현금흐름의 현재가치는 상대적으로 더 작게 감소한다.

④ 채권수익률이 낮아질수록 듀레이션 값은 커지게 된다.

⑤ 만기일이 가까워질수록 듀레이션은 증가한다.

25 시장에서 발생하는 이상현상(anomaly)으로 옳지 않은 것을 [보기]에서 모두 고르면?

| 보기 |

ㄱ. PER이 낮은 주식의 수익률이 높은 현상

ㄴ. 기업규모 효과

ㄷ. 1월 효과

ㄹ. 이익 발표 후 계속적인 주가 상승

① ㄱ   ② ㄹ   ③ ㄱ, ㄷ

④ ㄴ, ㄹ   ⑤ ㄴ, ㄷ, ㄹ

제3회
실전모의고사
직무능력평가 + 직무상식평가

[시험 안내]

1. 시험 구성

과목	출제 범위	문항 수	시험 형식	권장 풀이 시간
직무능력평가	• 의사소통능력, 수리능력, 문제해결능력 • 자원관리능력, 정보능력	45문항	객관식 5지 선다	85분
직무상식평가	• 디지털 상식 • 금융 · 경제 분야 용어 · 상식	25문항		

2. 유의 사항

○ 본 실전모의고사의 문항 수, 시험 형식, 풀이 시간 등은 실제 시험과 다를 수 있으므로, 반드시 농협은행 6급 필기시험 관련 공지를 확인하시기 바랍니다.

○ 본 실전모의고사의 전 문항은 무단 복제 및 배포를 금합니다. 이를 위반할 경우 관련 규정에 따라 처벌을 받을 수 있습니다.

직무능력평가

01 다음 글에 근거하여 금리와 환율의 관계를 이해한 내용으로 적절하지 않은 것은?

> 돈은 끊임없이 움직인다. 움직이는 방향은 보다 많은 이익이 나는 쪽이다. 이런 돈의 흐름은 통화 종류가 다른 경우에도 마찬가지다. 교과서적으로 금리와 환율은 거꾸로 움직이는 것이 정상이다. 예를 들어, 국내 금리가 외국보다 현저히 높아지면 고수익을 찾아 국제자본이 유입되고 한국을 떠나려던 자본도 그대로 머물게 된다. 반대로 금리를 낮추면 환율은 상승(원화 가치 하락)한다. 금리와 환율 간 관계만 떼어 놓고 본다면 이렇듯 원론적으로 '반비례' 관계를 형성한다. 하지만 무수한 변수가 복합적으로 작용하는 경제 현상이 항상 '원론'대로만 벌어지는 것은 아니다.
>
> 외환위기 이래 우리나라 경제 관료들의 최대 고민은 '낮은 환율(높은 원화 가치)'이었다. 환율이 하락하면 우리 수출 기업들이 가격경쟁력을 유지하기가 점점 힘들어지기 때문이다. 이때 원론적인 해결책은 금리를 낮춰 환율을 올리는 것이다. 그러나 현실 경제에서 이런 처방은 전혀 '약효'가 없었다. 오히려 저금리 처방은 환율 하락을 유발할 수 있다. 그 원인은 주가에 있다. 금리가 떨어지면 채권 수익률 하락에 실망한 채권 투자자들이 단숨에 주식투자자로 변신할 수 있기 때문이다. 이렇게 주식 시장에 돈이 유입되면 주가는 오르게 마련이고 주가가 오르면 외국인 투자자들도 주식 시장에 몰리게 된다. 외국인 주식 투자가들이 몰려든다는 것은 외환 시장에서 달러 공급이 늘어난다는 뜻이고 이는 환율 하락으로 이어진다. 이 때문에 적어도 현재 우리나라에서는 원론적인 저금리 처방보다 고금리 처방이 환율 방어 효과를 가지게 된다.
>
> 금리와 환율 간 상관관계는 그 나라의 경제 수준을 재는 척도가 되기도 한다. 우리나라보다 '완전 시장'에 가까운 미국의 채권·외환 시장에서는 교과서적인 원칙이 정확히 적용된다. 금리가 오르면 달러 가치가 오르고 금리가 내리면 달러 가치가 떨어진다. 예컨대 금리가 올라 주가가 떨어졌다고 가정하자. 이때 우리나라는 주가 하락에 따른 환율 요인(원화 가치 하락 요인)이 금리 인상에 따른 환율 요인(원화 가치 상승 요인)을 압도하게 된다. 그 결과 원화 가치는 떨어진다. 그러나 미국은 증권·채권 시장 규모가 워낙 크고 단단하기 때문에 금리 인상에 따른 환율 요인이 주가 하락에 따른 환율 요인을 크게 앞질러 금리·환율 간에 반비례 관계가 유지된다. 또 달러화를 보유했을 때의 위험은 원화를 보유했을 때와 비교할 수 없을 정도로 작다. 완충 작용을 하는 헤지 비용이 적은 만큼 금리 변화에 따라 환율은 훨씬 민감하게 반응하게 된다.

① 금리와 환율 간 관계를 온전하게 이해하려면 추가적인 변수들, 특히 주가라는 대형 변수를 감안해야 한다.

② 외환위기 상황에서 고금리 정책을 통해 외국 자본을 끌어들여 달러 부족을 메우는 방법이 일시적 효과를 거둘 수 있었다.

③ 원론적으로는 자국 통화를 강세로 만들기 위해서는 금리를 올리고, 수출 증대를 위해 자국 통화를 약세로 만들고 싶으면 금리를 내리게 된다.

④ 현실 경제에서 금리를 인하하면 원화 가치가 하락한다.

⑤ 환헤지 비용과 금리 변화에 따른 환율 변동폭은 반비례 관계이다.

02 다음 글의 흐름상 ㉠에 들어갈 말로 가장 적절한 것은?

> 의사 결정 이론에는 의사 결정자의 선택이 있고, 그 후에는 불확실한 장래에 기대한 대로 일이 잘될 수도 있고 잘 안될 수도 있는 결과 발생이 있다. 그런데 의사 결정자의 선택은 의사 결정자의 결정에 달렸지만 장래의 일은 의사 결정자의 결정과는 전혀 무관하게 결정된다. 예컨대 오늘 비가 올 것에 대비해서 우산을 들고 출근하는 경우를 생각해 보자. 우산을 들고 갈 것인지 그냥 갈 것인지의 여부는 의사 결정자의 결정에 달린 선택이다. 그러나 그날 비가 올 것인지 안 올 것인지는 의사 결정자의 결정과는 무관하게 벌어지는 상태인 것이다. 그래서 의사 결정자가 내리는 선택을 행동(action)이라 하고 의사 결정자와는 관련 없이 벌어지는 상태를 사건(event)이라고 한다.
>
> 다른 예를 하나 생각해 보자. 자동차 생산 설비는 하루아침에 이루어질 수 없다. 1년이 걸리거나 2년이 걸릴 수도 있다. 그래서 1년 후 혹은 2년 후의 시장 상황을 예측해서 증설해야 한다. 그런데 이 자동차 회사에서 생산 라인을 3개 증설하는 계획과 10개 증설하는 계획을 검토하고 있다고 하자. 증설이 끝나 생산 개시까지 1년이 걸리는데, 1년 후의 전 세계 자동차 시장이 불황이 되면 생산 라인 10개를 증설하는 경우 손해가 매년 100억 원이 생기고, 3개를 증설하는 경우 10억 원의 이익이 난다. 또 호황이면 10개 증설하는 경우는 300억 원의 이익이 생기고, 3개 증설하는 경우는 40억 원의 이익만이 생긴다. 이때의 의사 결정은 그리 쉽지 않을 것이다. 그런데 생산 라인을 10개 증설했을 때 경기 침체가 온 경우 100억 원의 손실이 생기는 것이 아니라 10억 원의 이익이 발생한다고 가정을 수정한다면 이 자동차 회사가 내리게 되는 의사 결정은 쉬워진다. 왜냐하면 10개의 생산 라인을 증설하는 것이
> (㉠   )

① 가능한 한 더 많은 수의 생산 라인을 증설한다는 점에서 회사의 경영에 이익이 되기 때문이다.

② 1년 후의 시장 상황이 불황이더라도 3개 라인을 증설하는 경우보다 불리하지 않고, 호황일 경우에는 더 큰 이익을 얻게 하기 때문이다.

③ 위험 부담은 있을지 모르나 시장 상황이 매년 불황일 수만은 없으므로 결과적으로는 회사에 이익이기 때문이다.

④ 1년 후의 시장 상황이 불황일 경우에 손실이 발생할 수 있으나 호황일 경우에 얻을 이익을 크게 하는 것이기 때문이다.

⑤ 3개의 생산 라인을 증설하는 것과 10억 원의 이익을 얻는 점에서는 같을지라도 더 많은 생산 라인을 확보하는 이점이 있기 때문이다.

03 다음 글과 [상황]에 근거할 때, A~D 중 헤드의 총 이동거리가 짧은 스케줄링부터 순서대로 나열한 것은? (단, 트랙 간 거리는 모두 같다)

> 하드디스크 제어기는 '디스크 스케줄링'을 통해 목적 트랙*까지 헤드**가 이동하는 거리를 최소화한다. 트랙은 하드디스크 원판의 가장 안쪽부터 바깥쪽으로 순서대로 번호를 부여한다. 트랙에 새로운 정보를 쓰거나 저장된 정보를 읽고자 하는 정보처리 요청이 들어올 경우 헤드는 원판 위를 움직이며 읽거나 쓰기를 원하는 트랙의 위치로 이동한다. 이때 헤드가 원하는 트랙을 찾아 정보를 읽거나 쓰는 데에는 시간이 필요하므로 여러 개의 정보처리 요청이 동시에 들어올 경우 실시간으로 처리하지 못하고 요청이 들어온 순서대로 대기열을 구성하게 된다. 디스크 스케줄링 방식에는 다음과 같이 네 가지가 있다.
>
> 1. FCFS 스케줄링: 요청 순서대로 데이터를 처리하는 방법
> 2. SSTF 스케줄링: 헤드가 현재 위치로부터 이동 거리가 가장 가까운 트랙 순서로 이동하는 방식. 단, 이동 거리가 같은 트랙이 대기열에 2개 이상 있을 경우 번호가 큰 트랙 우선
> 3. SCAN 스케줄링: 헤드가 디스크의 양끝을 오가면서 이동 경로 위에 포함된 트랙에 대한 요청을 처리하는 방식. 헤드는 진행 방향상의 트랙 끝까지 이동 후 방향 전환
> 4. LOOK 스케줄링: 헤드가 대기열에 있는 트랙의 최댓값과 최솟값을 오가면서 이동 경로 위에 포함된 트랙에 대한 요청을 처리하는 방식. SCAN 스케줄링과는 달리 헤드는 진행 방향상의 트랙 끝까지 이동하지 않고, 최댓값 또는 최솟값까지 이동 후 방향 전환
>
> * 트랙: 하드디스크상에 정보를 저장하기 위해 구획된 물리적 공간
> ** 헤드: 트랙에 정보를 쓰거나 이미 저장되어 있는 정보를 읽는 장치

> [상황]
> 현재 하드디스크에는 150개의 트랙이 있고 가장 안쪽의 트랙이 0번이다. 현재 헤드의 위치는 50번 트랙 위이고 대기열에는 99, 35, 125, 15, 65번의 순서대로 트랙에 대한 처리 요청이 들어와 있다. 헤드는 요청을 모두 완료하는 즉시 이동을 중단한다.
>
> • A: FCFS 스케줄링 방식으로 대기열의 요청을 처리한다.
> • B: SSTF 스케줄링 방식으로 대기열의 요청을 처리한다.
> • C: SCAN 스케줄링 방식으로 대기열의 요청을 처리하되, 헤드가 현재 위치에서 트랙 0번 방향으로 먼저 이동한다.
> • D: LOOK 스케줄링 방식으로 대기열의 요청을 처리하되, 헤드가 현재 위치에서 대기열의 최솟값 방향으로 먼저 이동한다.

① B, C, A, D
② B, D, A, C
③ C, A, B, D
④ C＝D, B, A
⑤ D, B, C, A

[04~05] 다음 기사를 읽고 이어지는 물음에 답하시오.

기존의 등급제(1~10등급) 개인신용평가 방식이 2××5년 1월 1일부터 '신용점수제'(1~1,000점)로 바뀌었다. 5대 은행(KB국민·하나·신한·우리·NH농협)에서 2××2년부터 적용해 온 신용점수제를 2××5년부터는 저축은행과 보험, 신용카드사, 금융투자회사 등 전 금융권에 확대 적용하는 것으로, 저신용자의 대출 문턱이 한층 낮아질 전망이다.

대부분의 금융회사는 개인신용평가회사(CB사)에서 제공하는 10단계의 신용등급에 따라 대출 등을 결정하였다. 하지만 신용점수 격차가 10점 이내임에도 신용등급으로는 각각 6등급 하위와 7등급 상위에 자리할 경우 7등급자는 대출이 거절되거나 대출 이자가 올라가는 불이익이 발생하곤 했다.

이러한 관행을 바꾸기 위해 2××5년 1월 1일부터 CB사는 신용등급을 산정하지 않고 1점 단위로 세분화된 개인신용평점만 산정해 금융소비자와 금융회사 등에 제공한다. 금융소비자는 CB사가 제공하는 신용평점과 누적 순위, 맞춤형 신용관리 팁을 이용해 자신의 신용도를 관리할 수 있다. 또 금융회사는 세분화된 대출심사 기준을 도입해 획일적으로 신용등급 기준에 따라 대출을 거절하는 사례를 줄일 수 있다. 신용등급에 걸려 대출에 불이익을 받는 '문턱 효과'가 사라진다는 얘기다.

또한 이번 신용평가 방식 변경에 따라 앞으로는 신용카드 발급, 서민금융상품 지원 대상 등과 관련한 개인신용평점 기준도 새로 적용된다. 신용등급 6등급 이상에만 발급되던 신용카드는 2××5년 1월 1일부터 나이스평가정보 신용점수 680점 이상 또는 코리아크레딧뷰로 576점 이상으로 바뀐다. 햇살론을 비롯한 서민금융상품 지원 대상도 현행 6등급 이하에서 나이스평가정보 744점 이하 또는 코리아크레딧뷰로 700점 이하로 변경된다. 또 현재 4등급 이하에서만 적용되던 중금리 대출 시 신용공여 한도 우대 기준은 나이스평가정보 859점 이하, 코리아크레딧뷰로 820점 이하로 바뀐다.

04 위 기사를 읽고 적절하지 않은 반응을 보인 직원을 [보기]에서 모두 고른 것은?

| 보기 |

- A직원: 2××5년 전에도 신용점수제로 고객의 신용을 평가해 왔던 은행이 있었군.
- B직원: 변경 전 신용평가 방식에 의하면 작은 신용점수 차이에도 대출이 가능한 경우와 불가능한 경우로 나뉘기도 했군.
- C직원: 신용평가 방식이 변경되면서 기존에는 신용대출을 받을 수 없었던 고객이 신용대출을 받을 수 있는 경우가 생기겠군.
- D직원: 변경 후 신용평가 방식에 따를 경우 CB사는 금융회사에 고객의 신용정보를 제공할 때 신용등급뿐만 아니라 신용평점까지 계산해서 보내야 하는군.

① A직원   ② D직원   ③ A직원, D직원
④ B직원, C직원   ⑤ A직원, B직원, C직원

05 위 기사와 다음 [표]를 바탕으로 할 때, 옳은 내용을 고르면? (단, 각 선택지에서 언급하지 않은 CB사 기준 신용점수는 고려하지 않는다)

[표] CB사별 신용등급에 따른 신용점수 구간

등급	나이스평가정보	코리아크레딧뷰로	등급	나이스평가정보	코리아크레딧뷰로
1	900~1,000점	942~1,000점	6	665~749점	630~697점
2	870~899점	891~941점	7	600~664점	530~629점
3	840~869점	832~890점	8	515~599점	454~529점
4	805~839점	768~831점	9	445~514점	335~453점
5	750~804점	698~767점	10	0~444점	0~334점

※ 위의 등급 및 점수 기준은 신용평가 방식 변경 전과 변경 후 모두 동일함

① 나이스평가정보를 기준으로 신용점수가 730점인 고객은 신용평가 방식 변경 전과 변경 후 모두 서민금융상품 지원 불가 대상이다.

② 코리아크레딧뷰로를 기준으로 신용점수가 680점인 고객은 신용평가 방식 변경 전과 변경 후 모두 서민금융상품 지원 가능 대상이다.

③ 나이스평가정보를 기준으로 신용점수가 670점인 고객은 신용평가 방식 변경 전에는 신용카드 발급 불가 대상이었지만 변경 후에는 발급 가능 대상이 된다.

④ 코리아크레딧뷰로를 기준으로 신용점수가 590점인 고객은 신용평가 방식 변경 전에는 신용카드 발급 가능 대상이었지만 변경 후에는 발급 불가 대상이 된다.

⑤ 나이스평가정보를 기준으로 신용점수가 840점인 고객은 신용평가 방식 변경 전에는 중금리 대출 시 신용공여 한도 우대 가능 대상이었지만 변경 후에는 우대 불가 대상이 된다.

[06~07] 다음 글을 읽고 물음에 답하시오.

시장은 크게 경쟁시장과 비경쟁시장으로 나눌 수 있다. 경쟁시장은 자유 경쟁이 이루어지는 시장으로, 진입과 탈퇴가 자유롭고 시장이 가격을 결정한다. 비경쟁시장은 진입과 탈퇴가 자유롭지 않은데, 이는 다시 과점시장과 독점시장으로 나눌 수 있다. 독점시장에서는 하나의 공급자가, 과점시장에서는 몇몇 공급자가 가격을 결정할 수 있다. 독과점은 시장 질서의 왜곡, 소비자들의 피해, 기업 경쟁력 약화 등 많은 병폐를 낳기 때문에 정부는 독과점금지법으로 이러한 행위를 견제한다. 그러나 정부가 각종 인허가 정책이나 보조금 정책 등을 써서 독과점을 허용하는 경우도 있다. 수도, 전기 등과 같은 공공재를 생산하는 공적 기업, 고부가가치를 창출하기 위해서는 규모의 경제가 필요한 조선, 자동차 등의 대형 기업 부문 등이 이에 해당한다.

그러나 독과점시장에서는 기업이 가격을 정하게 되므로, 그 가격은 일반적으로 적정가격보다 높아지게 된다. 이때 정부는 최고가격제를 통해 '최고가격'을 정하고, 그 금액을 초과하여 거래하지 못하게 하는 방식으로 시장에 개입한다.

최고가격제는 서민이나 사회적 약자가 수요자인 상품에 적용된다. 정부는 사회적 약자를 보호하기 위해서 이러한 가격 정책을 시행한다. 또한 최고가격제는 공평성을 추구하는 데 쓰이기도 한다. 예를 들어 핸드폰에 최고가격제를 도입하여 가격을 10만 원 아래로 묶으면 더 많은 사람들이 저렴한 가격에 핸드폰을 살 수 있어 공평성이 증가된다. 최고가격제는 전시(戰時)와 같은 특수한 상황에서 필수품 공급을 원활하게 하는 데도 활용된다. 비상시에 가격이 급등한 쌀의 가격을 정부에서 시장 가격보다 낮게 정하면 소비자들은 쌀을 좀 더 원활하게 공급받을 수 있기 때문이다.

최고가격제를 실시할 경우 정부의 시장 개입으로 재화의 가격은 시장에서 수요와 공급에 의해 결정된 '균형 가격'보다 낮아진다. 독과점을 형성하여 수요자보다 우월한 위치에 있는 공급자는 이전보다 수익이 감소하여 공급을 줄이는 반면, 낮아진 가격으로 인해 수요는 늘어난다. 이로 인해 시장에서는 수요와 공급 간의 불균형이 발생한다. ㉠ 이 문제를 해결하는 방법은 정부가 공급을 늘리는 것뿐이다. 정부의 보충이 없을 경우에는 사회적 약자를 배려하기 위해 실시한 최고가격제가 오히려 사회적 약자에게 피해를 끼칠 수도 있다. 공급의 부족으로 인해 재화를 구입하지 못한 사람들이 생기게 되고, 암시장이 생겨 정부가 제한하기 전보다 더 높은 가격으로 재화를 구입해야 하는 경우도 발생할 수 있다.

시장에 맡겼더니 가격이 너무 싸서 문제가 되는 경우도 있다. 가령 쌀농사가 풍년이라 공급이 대폭 늘어났다고 하자. 쌀의 가격이 싸다고 해서 수요가 크게 증가하지는 않으므로 균형 가격은 하락하게 되고 이에 농부들은 생산 비용도 건질 수 없다. 이럴 경우 정부는 농부들의 최저 수익을 보장하기 위해 일정 가격 이하로는 쌀을 거래할 수 없도록 '최저가격제'를 실시할 수 있다. 그렇게 되면 농부들의 수익성을 보장할 뿐만 아니라 균형가격보다 높게 책정된 최저가격으로 인하여 수요보다 많은 쌀이 생산된다. 이때 정부는 그 잉여량을 구입했다가, 흉년 때 방출하여 쌀 가격의 상승을 막을 수도 있다.

06 위 글의 내용과 일치하지 않는 것은?

① 최고가격제는 공평성을 증대하기 위해서도 사용된다.

② 최고가격과 최저가격을 결정하는 기준은 균형가격이다.

③ 과점시장에서는 공급자들끼리 가격을 담합할 가능성이 존재한다.

④ 정부는 독과점의 폐해를 막기 위한 법적·제도적 장치를 마련하였다.

⑤ 가격 정책에 의한 정부의 시장 개입은 부정적 효과를 동반할 가능성도 있다.

07 위 글의 밑줄 친 ㉠의 사례로 볼 수 있는 것은?

① 노인 복지 요양 시설의 설립 기준을 강화한다.

② 장애인에게 차량 구입비용의 일부를 지원해 준다.

③ 대중교통 사업자에게 발생하는 손실을 보전해 준다.

④ 저소득층의 생계유지를 위한 대출 이자율을 고정시킨다.

⑤ 서민용 아파트 구입 자금의 일부를 싼 이자로 대출해 준다.

08 다음 글을 읽고 판단한 내용으로 옳은 것을 [보기]에서 모두 고르면?

캘리포니아주립대학 심리학과 교수인 로버트 레빈은 그의 저서 『시간은 어떻게 인간을 지배하는가』에서 각 나라별 삶의 스피드를 측정해 순위를 매겼다. 그는 삶의 페이스를 3가지 척도로 측정했다. 첫째는 걷는 스피드로, 도심 지역에서 18센티미터 보폭으로 보행인들이 걷는 스피드를 말한다. 둘째는 일 처리 스피드로, 우체국 직원들이 우표 한 장 달라는 일반적인 요청을 얼마나 빨리 처리하는가를 측정했다. 셋째는 공공장소에 있는 시계들의 정확성이다.

이 연구 결과에서 삶의 스피드가 가장 빠른 나라는 스위스인 것으로 나타났다. 부문별로 보면 걷는 스피드 3위, 우체국 일처리 2위, 시계 정확도 1위였다. 걷는 스피드에서 1위를 차지한 아일랜드는 시계 정확도 11위, 우체국 일처리 3위로 종합 2위에 올랐다. 독일은 우체국 일처리에서 1위를 차지했지만 걷는 스피드(5위)와 시계 정확도(8위)에서 뒤져 종합 3위를 차지했다. 종합 4위를 차지한 일본은 우체국 일처리 4위, 시계 정확도 6위, 걷는 스피드 7위였다. 미국은 걷는 스피드에서는 6위에 올랐지만, 우체국 일처리(23위), 시계 정확도(20위) 순위가 낮아 종합 16위에 머물렀다. 한편 한국은 종합 18위로 시계 정확도 16위, 걷는 스피드와 우체국 일처리에서 각각 20위에 올랐다. 아시아권 국가 중에서는 홍콩(10위), 대만(14위), 싱가포르(15위)가 한국보다 순위가 높았고 중국은 23위였다.

그렇다면 장소와 문화의 어떤 특질들이 삶의 템포를 다르게 만드는 걸까. 여기에서는 세계 문화의 템포를 규정하는 5가지 주요 요소를 들어 설명한다. 첫 번째는 경제발전이다. 경제가 활력이 있는 지역이 좀 더 빠른 템포를 갖는 경향이 있다는 것이다. 두 번째는 산업화의 정도로, 부유한 사람들이 많이 사는 지역이 시간적으로 좀 더 빠른 규범을 갖고 있다. 세 번째는 인구 규모이다. 대체로 도시에 사는 사람들이 시골에 사는 사람들보다 빨리 움직인다는 것이다. 네 번째는 기후로, 더운 지역에서의 삶이 더 느긋하다는 것이다. 다섯 번째는 문화적 가치이다. 개인주의 문화와 집단주의 문화를 비교해 볼 때 개인주의 문화가 귀속보다는 업적을 더 중시하는 경향이 있으며, 이는 시간은 돈이라는 생각을 갖게 하고, 시간을 귀하게 여기는 각박함으로 몰고 간다는 것이다.

한편 레빈 교수는 물리적으로 측정되는 1시간이 사람들의 심리적 상태에 따라 각각 다르게 느껴진다고 말했다. 그러면서 심리적 시계에 작용하는 다섯 가지 영향으로 즐거움, 긴급성, 활동의 양, 다양성, 시간과 무관한 사고를 들고 있다. 즐거운 시간은 빨리 지나가고, 급하면 급할수록 시간은 더디게 간다. 일이 재미있고 신경 써서 해 볼 만하고 더 많은 일들이 기다리고 있으면 시간이 더 빨리 가는 것 같다. 다양하면 다양할수록 시간은 빨리 흐른다. 시간과 무관한 사고는 예술 작품이나 음악과 같은 비언어적 활동에서 발생하는 것으로, 시간을 느끼는 언어적·분석적 사고를 잊게 하는 것이다.

─ | 보기 | ─

ㄱ. 시간은 속도와 함수관계를 갖고 있다.

ㄴ. 한국인들의 삶의 속도는 아시아권에서 조사대상국 중 다섯 번째로 빠르다.

ㄷ. 도시에 사는 사람일수록 삶의 속도가 빨라지는 경향이 강하다.

ㄹ. 사람들이 일상에서 느끼는 시간의 흐름은 문화에 따라 가변적이다.

ㅁ. 열대지방에 사는 사람들보다 온대지방에 사는 사람들이 좀 더 느린 템포를 갖는다.

① ㄱ, ㄴ   ② ㄱ, ㄴ, ㄷ   ③ ㄴ, ㄷ, ㄹ
④ ㄱ, ㄴ, ㄷ, ㄹ   ⑤ ㄱ, ㄴ, ㄷ, ㄹ, ㅁ

09 다음 정부의 계획에 대한 찬성하는 측과 반대하는 측이 제시할 수 있는 근거를 [보기]에서 골라 바르게 분류한 것은?

> 정부가 발표한 '2060년 미래 한국을 위한 중장기 적정인구 관리방안'에서 정부는 저출산·고령화에 따른 인구구조 변화에 대응하기 위해 국민연금 수급 연령 이하로 정년을 설정하는 것을 금지하고, 기업체의 정년을 60세로 연장하는 것을 법적으로 의무화하며, 장기적으로 정년제를 연령 차별로 간주해 폐지하는 계획을 검토하고 있음을 밝혔다.

| 보기 |

ㄱ. 민간부문의 정년은 평균 57.4세이고 조기퇴직이나 명예퇴직을 감안하면 실제퇴직 연령은 53세임에 반해 국민연금 수급 연령은 현재 60세이고 2033년에는 65세로 높아진다.

ㄴ. 우리나라는 연공서열형 임금체계로 인해 50대의 임금이 신입직원 급여의 2~3배에 달한다.

ㄷ. OECD는 중장년층과 청년층이 추구하는 일자리 유형이 다르기 때문에 일자리 경합이 일어나지 않는다는 연구결과를 발표했다.

ㄹ. 국민연금연구원의 '우리나라 중고령자의 노후준비 실태' 보고서에 따르면, 노후에 대한 준비가 제대로 되어 있지 않다는 응답이 68.2%이다.

ㅁ. 통계청의 발표에 따르면 2021년을 정점으로 국내 생산가능인구가 감소세로 돌아섰다고 한다.

ㅂ. 과거에 비해 최근 청년실업률이 우려할 만큼 높아진 이유는 청년층이 중장년층과의 일자리 경합에서 밀렸기 때문이라는 연구 결과가 있다.

	찬성	반대
①	ㅁ, ㅂ	ㄱ, ㄴ, ㄷ, ㄹ
②	ㄱ, ㄷ, ㅂ	ㄴ, ㄹ, ㅁ
③	ㄴ, ㄷ, ㅁ	ㄱ, ㄹ, ㅂ
④	ㄱ, ㄴ, ㄹ, ㅂ	ㄷ, ㅁ
⑤	ㄱ, ㄷ, ㄹ, ㅁ	ㄴ, ㅂ

10 아내와 2남 1녀를 두고 있는 아버지가 1억 4천만 원의 예금채권과 채무 4천 5백만 원을 남기고 사망하였는데, 생전에 아내에게는 노후생활비 명목으로 6천만 원을 유증하고, 5년 전에 장남에게 는 유학비용으로 4천만 원을 생전증여하였다. 제시문을 근거로 할 때 장남이 상속하게 될 예금채 권과 채무를 옳게 짝지은 것은?

> 공동상속인 중에 피상속인(사망자)으로부터 생전증여나 유증을 받은 경우와 같이 특별수 익자가 있는 경우의 구체적인 상속분의 산정을 위해서는, 피상속인이 상속개시 당시에 가 지고 있던 재산의 가액에 생전증여의 가액을 가산한다. 그 후, 이 가액에 각 공동상속인별로 법정상속분율을 곱하여 산출된 상속분의 가액으로부터 특별수익자의 수증재산인 증여 또는 유증의 가액을 공제하는 계산방법에 의하여 할 것이다. 여기서 이러한 계산의 기초가 되는 피상속인의 상속개시 당시에 가지고 있던 재산의 가액은 상속재산 가운데 채권과 같은 적극 재산의 전액을 가리키는 것으로 보아야 옳다. 따라서 채무와 같은 소득재산은 법정상속분 에 의하여 동순위의 상속인의 수인인 때에는 그 상속분은 균분으로 상속하고 피상속인의 배 우자의 상속분은 직계비속과 공동으로 상속하는 때에는 직계비속의 상속분의 5할을 가산하 고, 직계존속과 공동으로 상속하는 때에는 직계존속의 상속분의 5할을 가산하여 계산하여 야 한다.
>
> ※ 유증: 유언을 통해 자기 재산의 일부를 무상으로 타인에게 주는 행위
> ※ 생전증여: 살아 있는 동안에 자기 재산의 일부를 무상으로 타인에게 주는 행위

	예금채권	채무
①	0원	0원
②	0원	1천만 원
③	3천만 원	1천5백만 원
④	4천만 원	1천만 원
⑤	4천만 원	1천5백만 원

[11~12] H사는 영업 실적과 그 밖의 추가적인 사항에 따라 진급과 연봉인상을 결정한다. 직원들에 대한 정보를 나타내고 있는 다음 [표]를 보고 물음에 답하시오.

[표]

직원	영어 능력		영업 실적		최종학력	고객평가(점)
	3월	7월	계약 체결인원(명)	계약 체결금액(만 원)		
A	2급	2급	22	28,600	고졸	4.6
B	4급	5급	18	25,400	대졸	3.8
C	5급	4급	33	35,500	대졸	4.1
D	2급	2급	8	40,800	대졸	4.3
E	3급	4급	24	30,200	대졸	4.0
F	1급	2급	25	23,400	대졸	3.5
G	3급	1급	28	38,100	대졸	4.5

※ 영어 능력은 매년 자체적으로 3월과 7월에 평가하며, 1급 > 2급 > 3급 > 4급 > 5급 순으로 1급이 가장 우수한 성적임
※ 고객평가는 5.0점 만점임

11 직원들의 진급과 연봉인상을 결정하기 위한 회의 내용으로 적절하지 않은 것은?

① A는 최종학력이 가장 낮으나 고객평가가 가장 우수하므로 진급 및 연봉인상을 고려할 필요가 있다.

② B는 7월 영어 능력이 최하위, 고객평가 역시 하위권이다. 또한 그 밖에 다른 사항을 고려해도 진급 및 연봉인상 대상으로 선정되기에는 무리가 있다.

③ C는 영어 능력은 낮은 편이나 영업 실적이 상위권이므로 진급 및 연봉인상을 고려할 필요가 있다.

④ D는 영어 능력, 계약 체결금액, 고객평가 모두 우수하나 계약 체결인원이 가장 적으므로 진급 및 연봉인상 대상으로 선정되기 어렵다.

⑤ 영어 능력의 3월·7월 평점을 비교했을 때 가장 높은 직원은 F이나 고객평가가 가장 낮아 진급 및 연봉인상 대상으로 선정되기 어렵다.

12 다음 [기준]의 요건을 고려하여 진급 및 연봉인상을 결정한다고 할 때, A~G 중에서 진급과 연봉인상이 모두 되는 사람은 몇 명인가?

[기준]

1. 진급 요건
   계약 체결금액이 30,000만 원 이상인 자. 단, 다음에 해당하는 사람을 제외한다.
   • 3월과 7월 평균 영어 능력이 3등급보다 낮은 사람은 진급에서 제외한다.
   • 고객평가가 4.0점 미만인 자는 진급에서 제외한다.
2. 연봉인상 요건
   계약 체결금액이 35,000만 원 이상이거나, 계약 체결인원이 25명 이상인 자

① 1명   ② 2명   ③ 3명   ④ 4명   ⑤ 5명

13 농촌진흥청은 논농사 효율화 계획에 따른 농업용 드론 구매와 관련하여 A, B, C, D기종을 고려하고 있다. 다음의 글을 근거로 할 때 각 지역에서 구매할 가능성이 가장 높은 기종을 옳게 짝지은 것은?

다음에 제시된 [표]는 다섯 가지 성능의 합을 100%로 하여 각 지역에서 요구하는 성능의 중요도 비중과 기종별 성능점수를 나타낸 것이다.

[표 1] 각 지역에서 요구하는 성능의 중요도 비중

성능 \ 지역	경기 안성	충북 음성	경남 김해
정지비행 성능	10%	40%	30%
배터리 내구성	30%	0%	20%
최대 비행시간	40%	10%	10%
충전시간	0%	50%	40%
DJI 인증 여부	20%	0%	0%
계	100%	100%	100%

[표 2] 기종별 성능점수

성능 \ 기종	A기종	B기종	C기종	D기종
정지비행 성능	1급	1급	2급	2급
배터리 내구성	2급	3급	2급	1급
최대 비행시간	1급	2급	1급	1급
충전시간	2급	1급	1급	2급
DJI 인증 여부	인증	인증	미인증	미인증

각 지역은 Σ(중요도×성능점수)가 가장 높은 기종을 구매할 가능성이 높다. 기종별 성능점수는 100점 만점인 1급을 기준으로 2급이 50점, 3급이 0점이다. 이때 DJI를 인증한 경우에 100점, 인증하지 않은 경우에는 0점이 주어진다. 또한 [표 1]에서 각 지역이 요구하는 성능의 중요도 비중이 0%가 아닌 이상 성능 점수가 0점이면 그 기종은 선택하지 않는다. 예를 들어 경기 안성에서 요구하는 정지비행 성능의 중요도가 10%이고 A기종의 정지비행 성능 점수가 0이면 경기 안성은 A기종을 선택하지 않는다. 반면 경기 안성에서 요구하는 정지비행 성능의 중요도가 0%이고 A기종의 정지비행 성능 점수가 0일 때는 기종 선택에 영향을 주지 않는다.

	경기 안성	충북 음성	경남 김해
①	A기종	B기종	C기종
②	A기종	B기종	D기종
③	A기종	D기종	B기종
④	B기종	A기종	C기종
⑤	B기종	C기종	A기종

14 [표 1]은 N사의 부서 구성 및 인원 현황이다. 부서별 인적 구성의 특성에 따라 월별 회식지원비 지급 방식을 [표 2]와 같이 개정하려고 한다. [보기]에서 개정안에 따른 변화로 적절하지 않은 것을 모두 고르면?

[표 1] 부서 구성 및 인원 현황

부서	팀	인원	회식 참가인원
총괄지원부	총무팀	4명	4명
	행정지원팀	3명	3명
재무부	회계팀	8명	8명
연구개발부	신제품기획팀	5명	4명
	제품설계팀	9명	7명
사업부	지점사업팀	15명	15명
	학교사업팀	17명	16명
전산부	전산1팀	8명	7명
	전산2팀	9명	8명

[표 2] 회식지원비 지급 방식 변화 비교

구분	지급 기준	지급 방식
현행	팀별	30만 원 균등 지급
개정안	팀별	참가인원 1인당 20,000원 지급

| 보기 |

ㄱ. 부서를 기준으로 하였을 때, 회식지원비가 늘어나는 부서는 사업부뿐이다.

ㄴ. 지급 방식 개정에 따라 회식지원비 금액의 변화가 가장 큰 부서는 총괄지원부이다.

ㄷ. 부서를 기준으로 하였을 때, 지급 방식이 개정되더라도 지급받는 회식지원비 금액이 변하지 않는 부서가 있다.

ㄹ. 지급 방식이 개정될 경우 회식지원비 금액에 있어 두 번째로 큰 손해를 입는 부서는 연구개발부이다.

① ㄱ ② ㄴ ③ ㄷ

④ ㄹ ⑤ ㄷ, ㄹ

15 다음은 A사에 근무하는 이 사원이 B지역으로 외근 시 이용할 기차 목록이다. 이 사원은 B지역 기차역에 몇 시에 도착하는가?

[기차 목록]

구분	출발시각	소요시간	비고
가	오전 9시 30분	1시간 35분	10분 지연 출발 예정
나	오전 10시 20분	1시간 39분	—
다	오전 10시 30분	2시간 16분	5분 지연 출발 예정
라	오전 11시 00분	1시간 45분	4분 지연 도착 예정
마	오전 11시 20분	2시간 17분	—

[이 사원 예정 업무]

- 오전 8시 30분 출근
- 출근 후 1시간 동안 C사와 화상 미팅
- 미팅 종료 후 자료 정리(15분 소요 예정) 후 B지역으로 외근
- 외근 시 기차 탑승 예정, 기차역으로 이동 시 버스 탑승 예정
  ※ 사무실에서 버스 정류장까지 5분 소요, 버스는 매시 정각, 20분, 40분에 출발, 버스 탑승 시 25분 소요, 기차 탑승장까지 10분 소요(매표 시간 포함)
- 기차 탑승은 도착시각이 가장 빠른 기차에 탑승 예정

① 오후 12시 45분 ② 오후 12시 49분 ③ 오후 12시 51분
④ 오후 12시 56분 ⑤ 오후 12시 59분

[16~17] 다음은 A팀 외근 규정과 외근 일정이다. 이어지는 물음에 답하시오.

[A팀 외근 규정]

- 하루에 4명 이상의 직원이 외근을 나갈 수 없다.
- 하루에 대리 이상 직원이 3명 이상 외근을 나갈 수 없다.
- 외근은 일주일에 3일 연속으로 나갈 수 없다.
- 외근은 일주일에 3일 이하로만 나갈 수 있다.
- A팀 팀장은 일주일에 1회만 외근을 나간다.

[A팀 외근 일정]

월	화	수	목	금
11	12	13	14	15
강 대리 최 사원 이 사원	이 과장 전 과장	이 과장 최 사원 이 사원	강 대리 이 사원	조 팀장 고 대리
18	19	20	21	22
전 과장 고 대리	조 팀장 전 과장 강 대리	고 대리 강 사원 최 사원	이 과장 장 사원 최 사원	강 대리 장 사원

16 A팀의 이 사원이 추가로 외근을 나갈 수 있는 날은 최대 며칠인가?

① 1일　　　　　　　② 2일　　　　　　　③ 3일
④ 4일　　　　　　　⑤ 5일

17 이 사원의 병가로 인하여 이 사원이 나가야 하는 외근을 A팀의 다른 직원이 대체해야 한다고 할 때, 대체할 수 있는 직원은?

① 고 대리　　　　　② 이 과장　　　　　③ 전 과장
④ 장 사원　　　　　⑤ 조 팀장

18 다음은 다회용기 생산업체가 SWOT 분석을 위해 조사한 자료이다. 이를 토대로 추진해야 할 전략으로 옳지 않은 것은?

- 코로나19로 인한 배달업체 주문 급등에 따른 배달용기 사용 급등
- 기존 업체들도 배달용기 사용
- 몇몇 다회용기 업체들의 매출 하락으로 인한 사업종료
- 일회용품 사용 과다로 인한 환경 오염
- MZ세대들의 에코아이템 사용 및 에코아이템 소비에 적극
- 다회용기 업체에 대한 정부의 지원 사업
- 낮은 인지도와 낮은 이용률로 인한 매출액 감소
- 배달 애플리케이션 업체에 다회용기 납품 시작
- 스테인레스 다회용기 사용, 수거 및 세척 후 재사용으로 인한 일회용품 사용 절감 효과와 청결함 유지
- 일부 지역, 일부 음식점에만 납품

① 환경 오염에 대비하여 소비자가 다양한 음식점에서 이용할 수 있도록 다회용기를 납품한다.
② 배달용기 사용량를 감소와 다회용기 이용률 증가를 목적으로 배달 애플리케이션에서 다회용기 이용 시 사용 가능한 쿠폰을 증정한다.
③ 정부 지원 사업에 지원하여 더 많은 지역, 더 많은 음식점에 이용할 수 있도록 사업을 확장시킨다.
④ MZ세대들에게 환경 보호와 청결함을 어필하여 음식 배달 시 다회용기 이용을 권장한다.
⑤ 배달용기를 사용하는 업체와 계약 시 가격 인하 프로모션을 제공한다.

19 다음 [상황]의 H사가 분석한 SWOT 분석 내용으로 옳지 않은 것은?

> [상황]
>
> 최근 타인과의 접촉을 최소화할 수 있는 야외 스포츠가 인기 있는 추세이다. 그중 골프가 가장 인기 있는 스포츠로, 해외여행 대신 골프장을 찾는 사람도 증가하고 있다. 최근 골프에 입문하는 사람 중 20~30대의 비중이 가장 높았으며, 20~30대의 골프웨어 매출액은 전년 대비 50% 이상 증가했다. 신규 진출한 골프웨어 업체인 H사는 평상복으로 입어도 손색없는 디자인으로 최근 매출액이 증가하고 있지만 기존 업체 대비 인지도가 낮아 구매 이력이 없는 소비자의 비율보다 구매 이력이 있는 소비자의 구매비율이 더 높다. H사 제품을 이용해 본 소비자들은 신축성과 흡수성이 뛰어난 원단이어서 만족도가 높다고 하였지만, 백화점에 입점이 되지 않고 오프라인 매장이 부족한 부분이 불만족스럽다고 전했다. H사는 업체 수 과다로 인한 치열한 경쟁에서 경쟁력을 높이기 위해 SWOT 분석을 시작하였다.

① 강점: 평상복으로 입어도 손색없는 디자인과 높은 기능성의 원단
② 기회: 증가하는 골프의 인기와 골프웨어 매출액 증가추세
③ 약점: 백화점 미입점과 부족한 오프라인 매장
④ 위협: 기존 업체 대비 낮은 인지도
⑤ WO전략: 브랜드 인지도 증가와 구매 이력이 없는 소비자의 구매 비율 증가를 위해 백화점 입점과 오프라인 매장을 증가시킨다.

20 다음 [상황]의 B대학교가 분석한 SWOT 분석 내용으로 옳지 않은 것은?

> [상황]
>
> 최근 한류 열풍으로 A국가에서 한국어에 대한 인기가 높아지고 있다. 또한 A국가는 인구가 한국의 약 2배이고 학령인구도 많아 한국의 여러 대학교에서 A국가 출신 학생들을 유학생으로 유치하기 위해 힘쓰고 있다. 반면, 한국 내 A국가 출신 외국인의 불법체류 비율이 증가하는 추세로 일부 대학교는 기존 기준보다 더 높은 기준을 유학생을 선발 중이다. A국가 10~30대의 한류 열풍으로 한국으로 유학을 희망하는 인구가 매년 증가하고 있다. 이에 A국가에 위치한 C대학과 자매결연을 맺고 있는 한국의 B대학교는 매년 올해부터 유학생을 모집하기 시작했으며, A국가 학생만을 위한 장학금 제도를 신설하여 유학생 유치에 힘을 쓰고 있다. A국가의 유학생이 많은 다른 대학교들에 비해, B대학교는 A국가 유학생이 없어 A국가 언어를 사용할 수 있는 직원이 없다.

① 강점: A국가 학생만을 위한 장학금 제도 신설

② 기회: 한국어 인기 증가

③ 약점: A국가 언어를 사용할 수 있는 직원의 부재

④ 위협: A국가의 많은 학령인구

⑤ SO전략: 새로 신설된 A국가 학생만을 위한 장학금 제도를 적극 홍보하여 한국어에 대한 인기가 높은 A국가 유학생을 유치한다.

21 다음은 자동차 구매 방법에 관한 자료이다. 이에 대한 설명으로 옳지 않은 것은?

[자동차 구매 방법 비교]

구분	할부	리스	렌트
자동차 등록 명의	소유주 명의의 일반 번호판	리스사 명의 또는 이용자 명의의 일반 번호판	렌트사 명의의 번호판 (허, 하, 호)
대상 차종	전 차종		승합 및 승합(15인승 이하) ※ 경차 밴은 가능
계약 기간	12~60개월		금융사별로 상이
선수금	소멸 ×	소멸	소멸
보증금	해당 없음	10~40% 비율 선택	
신용도	할부 및 리스 비용만큼 대출 한도 감소, 대출로 인식되어 신용도 하락 요인		대출 한도, 신용도 하락 없음
초기비용	취등록세, 공채, 보험료	보험료	× (렌트료에 포함)
유지비용	자동차세, 건강보험 인상	× (리스료에 포함)	× (렌트료에 포함)
차량 관리	직접 관리	정비서비스 선택 가능	
약정 운행 거리	해당 없음	약정에 따라 선택 운행(10,000km 이상)	
차량 10부제 여부	○	○	×

① 신용도 하락이 없는 자동차 구매 방법으로 10인승 승합차를 구매할 수 있다.

② 선수금이 소멸되지 않는 자동차 구매 방법으로 구매한 차량은 차량 10부제에 해당된다.

③ 초기비용이 보험료뿐인 자동차 구매 방법은 계약 기간이 금융사별로 상이하다.

④ 유지비용이 없는 자동차 구매 방법은 약정 운행 거리가 있다.

⑤ 보증금을 선택하는 자동차 구매 방법은 차량 관리를 직접 하지 않아도 된다.

22 다음 [표]와 [상황]을 토대로 할 때 조 사원이 사용할 대체인증으로 가장 적절한 것은?

[표] 대체인증 기술방식별 특성

구분	이용조건	기입정보	인증주체	인증정보 생성주체	위험성	이슈
ARS인증	없음	인증번호	이동통신사	이동통신사	악성코드, 통신장비 조작	취약한 보안으로 단독 사용이 적음
휴대폰인증	스마트폰	결제 비밀번호	이동통신사	단말기	원격제어	A사 핸드폰 사용 시 문자 직접 전송
OTP인증	보안영역지원 프로세스	결제 비밀번호	이동통신사, 금융기관	단말기	중간자 공격	최신 스마트폰 필요
IC 태깅	NFC가 가능한 스마트폰	IC 카드 터치	금융기관	IC 카드	IC 칩 복제	최신 스마트폰 필요
생체인증	인증모듈	생체 정보	금융기관	단말기	위조 및 변조	최신 스마트폰 필요

※ 인증 시간은 '생체 정보＜결제 비밀번호＜인증번호＜IC 카드 터치 순'으로 시간이 많이 소요됨

[상황]

조 사원은 인터넷 사이트 회원가입 중 사용자 인증이 필요하다고 하였다. IC 카드를 가지고 있지 않은 조 사원은 가능한 대체인증 기술을 이용하여 사용자 인증을 하려고 한다. 조 사원은 며칠 전 스마트폰을 분실하여 10년 전에 사용하던 스마트폰을 사용 중이며, 사용 가능한 대체인증 기술 중 가장 빠른 것을 이용할 예정이다.

① ARS인증　　② 휴대폰인증　　③ OTP인증　　④ IC태깅　　⑤ 생체인증

23 다음은 퇴직 연금에 관한 자료이다. 이에 대한 설명으로 옳은 것은?

[표] 퇴직 연금 비교

구분	퇴직금 제도	퇴직 연금 제도	
	기존 퇴직금 제도	확정급여형(DB) 제도	확정기여형(DC) 제도
관리 주체	회사		근로자
부담금 납입	—	회사	
퇴직급여	확정 (3개월 평균 임금) × 30 × (근속 일수/365)		변동 회사가 납입하는 금액 ± 운용이익/손실
수령방법	일시금	일시금 또는 연금 (IRP를 통하여 55세 이후)	
제도전환	—	DC형으로 전환 가능	DB형으로 전환 가능
중도인출	법정 사유가 있는 경우에 중간정산 가능	불가	법정 사유가 있는 경우에 중도인출 가능
추가 납입	불가	IRP 통해서 가능 (연간 700만 원 한도 납입액 13.2% 세액공제)	가능 (연간 700만 원 한도 납입액 13.2% 세액공제)

※ DC형 중도인출 사유: 무주택자의 주택 구입, 주택임차보증금, 본인 및 배우자, 부양가족의 6개월 이상의 요양, 최근 5년 이내 개인회생 또는 개인파산 결정, 그 밖의 천재지변

① 3개월 평균 임금이 20만 원인 A의 근속 일수는 2,555일이고 DC형을 가입한 A가 지급받는 퇴직급여는 4,200만 원이다.

② DB형 퇴직 연금은 손실에 따라 지급받는 퇴직급여가 다르다.

③ 퇴직 연금 제도는 연간 700만 원 이상 추가 납입이 불가능하다.

④ 2년 전 개인회생을 결정한 B는 DB형 퇴직 연금을 중도인출할 수 있다.

⑤ 부담금을 회사가 납입하고 관리 주체는 근로자인 퇴직 연금은 DB형으로 전환 가능하다.

24 갑이 사망하면서 시가 7천만 원 상당의 집과, 시가 약 1억 4천만 원 상당의 토지 중 집은 가족인 처 A, 장남 B, 차남 C에게 물려주고, 토지는 '을'이라는 사회봉사단체에 유증하였다. 다음 글에 따를 때 이 경우 남은 가족들이 '을'이라는 단체를 상대로 유류분 반환청구를 한다면 돌려받을 수 있는 금액은 각각 얼마인가?

유류분 제도는 개인재산처분의 자유, 거래의 안전과 가족생활의 안정, 가족재산의 공평한 분배라고 하는 서로 대립되는 요구를 타협, 조정하기 위해 1977년에 신설된 제도로 민법 제4편 제3장에서 규정하고 있다. 상속이 개시되면 일정한 범위의 상속인은 피상속인재산의 일정한 비율을 확보할 수 있는 지위, 즉 유류분권을 가지며 또한 그는 당해 권리를 침해하는 유증, 증여의 효력을 상실시킬 수 있는 구체적, 파생적 권리로서 반환청구권을 갖는다.

민법 중 유류분제도와 관련된 주요 조항을 살펴보면 다음과 같다.

제1009조(법정상속분) ① 동순위의 상속인이 수인인 때에는 그 상속분은 균분으로 한다.

② 피상속인의 배우자의 상속분은 직계비속과 공동으로 상속하는 때에는 직계비속의 상속분의 5할을 가산하고, 직계존속과 공동으로 상속하는 때에는 직계존속의 상속분의 5할을 가산한다.

제1112조(유류분의 권리자와 유류분) 상속인의 유류분은 다음 각 호에 의한다.

1. 피상속인의 직계비속은 그 법정상속분의 2분의 1
2. 피상속인의 배우자는 그 법정상속분의 2분의 1

(중략)

제1115조(유류분의 보전) ① 유류분권리자가 피상속인의 제1114조에 규정된 증여 및 유증으로 인하여 그 유류분에 부족이 생긴 때에는 부족한 한도에서 그 재산의 반환을 청구할 수 있다.

	A	B	C
①	1,500만 원	1,000만 원	1,000만 원
②	2,000만 원	3,000만 원	3,000만 원
③	3,000만 원	2,000만 원	2,000만 원
④	4,500만 원	3,000만 원	3,000만 원
⑤	9,000만 원	6,000만 원	6,000만 원

25 세 명의 친구 권수용, 나대한, 차윤서의 직업은 각각 농부, 시인, 디자이너이고, 거주지는 각각 강릉, 울산, 전주이다. 세 명의 친구에 대해 다음의 [정보]가 주어진 경우, 이 세 사람의 이름, 직업, 거주지를 옳게 짝지은 것은?

> [정보]
> • 권수용은 어제 울산에 사는 농부 친구의 일손을 돕고 왔다.
> • 나대한은 전주에 사는 친구보다 키가 크고 농부인 친구보다 키가 작다.
> • 차윤서는 다음 주에 강릉에 사는 친구와 함께 시인 친구의 결혼식에 참석할 예정이다.

	이름	직업	거주지
①	권수용	시인	전주
②	권수용	디자이너	강릉
③	나대한	농부	울산
④	나대한	디자이너	전주
⑤	차윤서	시인	전주

26 다음에 제시된 [규정]을 근거로 판단할 때 옳은 것은?

> **[규정]**
>
> 제1조
>
> ① 완성된 목적물 또는 완성 전의 성취된 부분에 하자가 있을 때에는 도급인은 수급인에 대하여 상당한 기간을 정하여 그 하자의 보수를 청구할 수 있다. 그러나 하자가 중요하지 아니한 경우에 그 보수에 과다한 비용을 요할 때에는 그러하지 아니한다.
>
> ② 도급인은 하자의 보수에 갈음하여 또는 보수와 함께 손해배상을 청구할 수 있다.
>
> 제2조
>
> 도급인이 완성된 목적물의 하자로 인하여 계약의 목적을 달성할 수 없는 때에는 계약을 해제할 수 있다. 그러나 건물 또는 기타 토지의 공작물에 대하여는 그러하지 아니한다.
>
> 제3조
>
> 제1조 제1항은 목적물의 하자가 도급인이 제공한 재료의 성질 또는 도급인의 지시에 기인한 때에는 적용하지 아니한다. 그러나 수급인이 그 재료 또는 지시의 부적당함을 알고 도급인에게 고지하지 아니한 때에는 그러하지 아니하다.
>
> ※ 도급인: 상대편이 어떤 일을 완성하면 그 일의 결과에 대하여 약정한 보수를 지급하기로 한 사람을 말하며, 주로 공사 도급, 물건제작 도급이 있음
>
> ※ 수급인: 도급 계약에서 보수를 받고 어떤 일을 완성할 것으로 약속함으로써 도급을 맡는 사람
>
> ※ 갈음하여: 대신하여

① 수급인 A가 제작한 상품에 중요한 하자가 발생하였고 그로 인해 도급인 B가 심한 불만을 가졌다면, 계약의 목적을 달성할 수 있는 상태라 하더라도 B는 도급계약을 해제할 수 있다.

② 수급인 C가 제작한 상품에 중요하지 않은 하자가 발생하였고, 그 이유는 도급인 D가 제공한 재료의 불량을 원인으로 하였다. 이러한 사실을 C가 몰랐다면 C는 책임이 없다.

③ 수급인 E가 제작한 상품에 중요하지 않은 하자가 발생하였고, 그것이 보수 가능하기만 하다면 아무리 많은 비용이 소요되더라도 도급인 F는 보수를 청구할 수 있다.

④ 수급인 G가 제작한 상품에 심각할 정도로 중요한 하자가 발생하였고, 그 보수에 과다한 비용이 소요된다면 도급인 H는 보수를 청구할 수 없다.

⑤ 수급인 I가 완성한 것이 건물일 경우 그것에 계약의 목적을 달성할 수 없을 정도로 중대한 하자가 있다면 도급인 J는 즉시 계약을 해제하거나 손해배상만을 청구할 수 있을 뿐 보수를 청구할 수는 없다.

27 다음은 A시 공영주차장의 주차요금 및 요금 할인에 관한 자료이다. [상황]의 김 사원이 지불해야 하는 요금은 얼마인가?

- 주차요금: 매 5분당 150원(단, 5분 미만 주차하더라도 150원 부과)
- 요금 할인

할인율	대상자
80%	• 장애인 • 국가유공상이자 • 고엽자후유증 환자 • 의상자 • 독립유공자
50%	• 경차 및 저공해자동차 • 다둥이 행복카드 소지자(자녀 3명 이상, 막내 나이 만 13세 이하인 경우에만 적용) • 5·18 민주유공부상자 증서 소지자 • 한부모가족
30%	다둥이 행복카드 소지자(자녀 2명 이상, 막내 나이 만 13세 이하인 경우에만 적용)
20%	• 병역명문가 • 참전유공자

※ 할인 대상자에 해당하는 증서 지참 필수
※ 2개 이상 할인 대상자에 해당하는 경우 할인율이 큰 것만 적용

[상황]

　병역명문가인 김 사원은 자녀가 3명이고 막내 자녀의 나이는 만 14세이다. 김 사원은 다둥이 행복카드와 병역명문가 증서를 지참하고 주차장에 오전 9시 35분에 입차하여 오후 1시 22분에 출차하였다.

① 3,450원
② 4,830원
③ 5,170원
④ 5,520원
⑤ 6,900원

28 다음은 A가 예매한 기차표와 기차표 환불에 관한 정보이다. 다음 [상황]의 A가 환불받는 금액은 총 얼마인가? (단, 열차 지연 등의 기타 사항은 고려하지 않는다)

[A가 예매한 기차표]

구분	출발역	도착역	출발시각	소요시간	1매당 금액	매수
1	수서	울산	6월 9일 오전 11시	2시간 10분	46,000원	10매
2	울산	수서	6월 10일 오후 3시	2시간 10분	45,200원	10매

※ 단체 예약은 10매 이상 예매한 경우를 의미함

[기차표 환불 안내]

1. 승차권 요금은 승차권에 기재된 출발역에서 출발하기 전까지는 인터넷과 모바일로 직접 환불하실 수 있습니다.
2. 승차권에 표기된 열차 출발시각 이후에는 역 창구에서만 환불이 가능합니다.
3. 승차권에 표기된 도착역 도착시각 이후에는 환불하실 수 없습니다.
4. 구입한 승차권을 환불하는 경우 환불 시점에 따라 다음과 같이 위약금이 발생합니다.

구분	2일 전까지	1일 전까지	당일~1시간 전까지	1시간 경과 후~출발시각 전	출발 후 20분까지	출발 후 21분부터 60분까지	출발 후 61분부터 도착시각까지
일반	무료	무료	400원	10%	15%	40%	70%
단체	1인당 400원	10%	10%	10%	15%	40%	70%

[상황]

A는 동료 9명과 함께 울산에서 6월 9일부터 6월 10일까지 열리는 세미나에 가기 위해 기차표를 예매하였다. 코로나19로 인하여 세미나가 취소되어 A는 기차표를 취소하려 했으나 업무 때문에 기차표를 취소하지 못하였다. 이후 기차표를 취소하지 못한 것을 기억해 낸 A는 기차역에 6월 9일 오전 11시 30분에 도착하여 모든 기차표를 취소하였다.

① 637,600원   ② 660,200원   ③ 682,800원
④ 705,400원   ⑤ 728,000원

29 다음 글에 근거할 때 옳은 것을 [보기]에서 모두 고르면? (단, 각각의 입찰자들은 자신들이 상품에 대해서 평가한 가치 금액까지 지불하고 구매할 의사가 있으며, Z 경매방식에서는 상품 평가 가치와 입찰 가격이 동일하다)

경매란 경쟁체결방식에 의해 구두로 매매하는 것으로서 입찰가의 공개 여부나 진행 방식에 따라 다음과 같이 다양한 형태로 나누어진다.

- X 경매방식: 최초 호가에서 시작하여 판매자가 현재 입찰가를 경매 참여자들에게 알려 주고 경매 참여자들은 미리 정해진 호가 단위*를 현재 입찰가에 더하여 더 높은 가격을 제시하고 최종적으로 가장 높은 가격을 제시한 경매 참여자에게 상품이 입찰되는 방식
  * 호가 단위: 사거나 팔 때 부르는 가격 간의 간격을 말함(예를 들어, 호가 단위가 10만 원인 경우 호가는 10만 원, 20만 원, 30만 원… 단위로 오르거나 내려감). 호가 단위는 경매가 진행되는 동안 변하지 않음
- Y 경매방식: 판매자가 최초 호가를 제시하고 제시된 호가에 경매 참여자들이 아무도 응하지 않을 경우 판매자가 미리 정해진 호가 단위만큼 호가를 내리며 최종적으로 제시된 호가를 가장 먼저 받아들인 경매 참여자에게 상품이 낙찰되는 방식
- Z 경매방식: 경매 참여자들이 써낸 입찰 가격이 비공개로 봉인된 채 동시에 제출되고 가장 높은 입찰 가격을 써낸 경매 참여자에게 상품이 낙찰되는 방식

경매 방식에 따라 동시 낙찰자가 나올 수 있는데 이 경우 최종 호가는 변하지 않고 판매자의 의사에 따라 최종 낙찰자가 결정된다. 세 가지 경매 방식 중 하나의 방식을 통해서 A상품, B상품을 매매하며 경매에 참여한 사람은 갑, 을, 병, 정이다. 이들이 평가한 상품 가치와 최초 호가는 다음과 같다.

[표 1] 갑, 을, 병, 정이 평가한 상품의 가치

구분	A상품	B상품
갑	100만 원	200만 원
을	95만 원	210만 원
병	90만 원	220만 원
정	85만 원	230만 원

[표 2] 최초 호가

구분	A상품	B상품
X 경매방식	50만 원	100만 원
Y 경매방식	150만 원	300만 원

| 보기 |

ㄱ. A상품을 호가 단위가 7만 원인 X 경매방식으로 진행할 경우 최종 낙찰금액은 99만 원이다.

ㄴ. B상품을 호가 단위가 25만 원인 Y 경매방식으로 진행할 경우와 Z 경매방식으로 진행할 경우의 최종 낙찰금액은 동일하다.

ㄷ. A상품을 호가 단위가 9만 원인 X 경매방식으로 진행할 경우 최종 낙찰자는 을이 될 수도 있다.

ㄹ. X 경매방식과 Y 경매방식의 호가 단위가 동일하게 30만 원이라면 B상품의 경매는 Y 경매방식으로 진행할 때 최종 낙찰 금액이 더 크다.

① ㄱ, ㄴ   ② ㄱ, ㄷ   ③ ㄱ, ㄹ   ④ ㄴ, ㄷ   ⑤ ㄴ, ㄹ

30 다음은 M사의 [인턴 선정 방법] 및 [지원자 현황] 자료이다. 이 자료를 토대로 할 때, M사 인턴으로 선정되는 지원자를 모두 고르면?

[인턴 선정 방법]

- 자격증점수는 1개당 5점이며, 최대 20점을 부여한다.
- 외국어점수는 TOEIC 환산점수이며, '(TOEIC 환산점수/850)×20'으로 계산한다. 이때, 850점 이상은 20점 만점 처리한다.
- 자격증점수, 외국어점수, 4.5점 기준 학점의 총합이 높은 두 명을 선정한다.
- 학점은 4.5점 기준 3.0점 이하 지원자는 선정하지 않으며, 학점이 4.0점 기준인 경우에는 학점에 4.5/4.0을 곱하여 4.5점 기준으로 환산한다.
- 학교 1곳당 두 명 이상의 지원자를 인턴으로 선정하지 않으며, 총합이 더 높은 지원자를 선정하고, 나머지 한 명은 그다음으로 총합이 높은 지원자를 선정한다.

[지원자 현황]

구분	자격증	외국어점수	학점	비고	대학교
A	3개	850점	3.5점	4.5점 기준	나대학교
B	5개	748점	3.0점	4.5점 기준	가대학교
C	2개	799점	3.6점	4.5점 기준	가대학교
D	2개	901점	2.8점	4.0점 기준	다대학교
E	3개	884점	3.2점	4.0점 기준	나대학교

① A, B
② A, C
③ B, E
④ C, D
⑤ D, E

31 다음 [T사 근무조 배치 방법]에 근거할 때, [상황]의 김 사원에게 4월 1일부터 5월 7일까지 주어지는 휴무는 총 며칠인가? (단, 휴가는 휴무로 간주한다)

[T사 근무조 배치 방법]

1. A조, B조, C조, D조 총 4개 조가 3교대 근무한다.
2. 근무 교대 규칙은 각 이틀씩 오전, 오후, 야간, 휴무 순이다. 휴무 후에는 다시 오전 근무부터 순환한다.
3. 휴가로 인한 근무조 변경은 변경 전 근무가 오후 또는 야간일 때 가능하며, 모두가 휴무 중인 근무조 중 1명과 바꿀 수 있다.
4. 근무조를 변경한 경우 변경된 근무조의 일정에 맞게 근무한다.
5. 4월의 근무조는 다음과 같으며, 4월 1일은 금요일이다.

A조(오전)	B조(오후)	C조(야간)	D조(휴무)
조 대리, 김 사원	권 대리, 박 사원	박 대리, 고 사원	이 대리, 민 사원

[상황]

• 김 사원은 4월 12일 화요일에 급한 일정으로 인하여 휴가를 사용하였고, 고 사원과 근무조를 변경하였다.
• 박 사원은 4월 27일 수요일에 병가로 인하여 휴가를 사용하였고, 김 사원과 근무조를 변경하였다.

① 7일
② 8일
③ 9일
④ 10일
⑤ 11일

32 A와 B는 특화 작물을 재배하는 생명산업 회사이다. 작물을 재배할지 재배하지 않을지는 습도, 온도, 작물가격, 전체시장의 수요라는 네 가지 기준에 영향을 받는다. 네 가지 중 어떤 기준에 따라 작물 재배여부를 결정하는지는 회사에 따라 다르며, 각 회사는 자사가 고려하는 기준들에 모두 부합해야만 재배한다고 할 때, [조건]과 [기록]을 참고하여 A와 B의 올해 여름 작물 재배여부를 예측하면?

[조건]

　여름 작물은 습도가 높을수록, 온도가 낮을수록 잘 자라며, 회사에게는 작물의 가격이 높을수록, 시장수요가 많을수록 유리하다.

[기록]

(가) 장마가 두 달 동안 지속되었고 예년보다 높은 온도에 여름 작물의 수요도 줄어들었지만 공급 역시 급감했다. 공급량이 줄어들면서 가격이 2배나 올랐고, A는 큰 수익을 얻을 수 있었지만, B는 재배를 하지 않았다.

(나) 모방송사에서 유난히 습하고 더운 여름을 나기 위한 방법으로 제철작물을 이용한 요리를 특집으로 다루어서 여름 작물을 구하려는 주부들이 많아졌다. 회사들 역시 특집방송을 보고 너도나도 여름 작물 재배를 시작하여 시장에서의 작물 가격은 하락하였다. A는 그 시기에 전직원이 해외연수를 갔고, B는 작물 재배를 하고 있었다.

(다) 가뭄이 심했던 그 해는 비가 내리지 않은 덕분에 습도도 낮고 선선했던 해였다. 마치 여름없이 바로 가을로 넘어온 것 같은 날씨로 인하여 여름 작물을 찾는 손님도 줄었지만 공급량이 줄어들면서 가격이 올랐다. A와 B는 재배를 하지 않았다.

※ 단, A와 B는 재배 여부만 결정할 뿐 상황에 따라 재배 수량을 다르게 결정하지는 않음

[올해의 상황]

　올해 여름에는 장마로 인하여 습도가 높아졌으나 소나기가 잦아 온도는 낮을 것으로 예상된다. 전반적인 물가상승으로 인하여 여름 작물의 가격도 상승할 것이며 경기불황으로 인하여 작물 수요는 하락할 것으로 보인다.

---

① A는 작물을 재배할 것이고, B는 작물을 재배하지 않을 것이다.
② A는 작물을 재배하지 않을 것이고, B는 작물을 재배할 것이다.
③ A와 B 모두 작물을 재배할 것이다.
④ A와 B 모두 작물을 재배하지 않을 것이다.
⑤ A는 작물을 재배할 것이고, B는 작물 재배여부를 알 수 없다.

33 다음 글에 따를 때 [표]의 ㉠, ㉡에 들어갈 문자열을 옳게 짝지은 것을 고르면?

> 문자열 인코딩이란 컴퓨터가 인간의 언어를 처리할 수 있도록 문자를 일정한 규칙에 따라 이진수로 변환하는 방법이다. 현재 가장 보편적으로 쓰이고 있는 인코딩 방식은 국제 표준화 기구에서 동일한 규칙으로 거의 모든 언어를 표현할 수 있도록 만든 유니코드 변환 형식(Unicode Transformation Format: UTF)이다. 유니코드(Unicode)는 전 세계의 문자에 고유 숫자를 부여한 문자 집합으로, 1993년 국제 표준으로 제정되었다. 유니코드 변환 형식은 크게 UTF-8, UTF-16, UTF-32의 세 가지로 나눌 수 있는데, 이 중에서 비교적 많이 사용되는 방식은 UTF-8과 UTF-16이다.
>
> ○ UTF-8: 8bit(1byte)로 인코딩한다는 의미로, 한 글자가 1~4byte 중 하나의 용량으로 인코딩된다. 현재 가장 많이 쓰이는 인코딩 방식이다.
>   - 알파벳: 1byte를 사용하여 표현
>   - 한글: 3byte를 사용하여 표현
>   - 기호 및 공백: 1byte를 사용하여 표현
>
> ○ UTF-16: 16bit(2byte)로 인코딩한다는 의미로, 기본 다국어 평면(Basic Multilingual Plane: BMP)에 속하는 대부분의 문자는 2byte로 인코딩되고, 그 외 일부 추가 문자는 4byte로 인코딩된다. 주로 자바(Java) 프로그래밍에서 사용되는 방식이다.
>   - 알파벳: 2byte를 사용하여 표현
>   - 한글: 2byte를 사용하여 표현
>   - 기호 및 공백: 2byte를 사용하여 표현

[표]

구분	문자열	용량
UTF-8	TS SOUND입니다.	18byte
	㉠	UTF-16으로 인코딩할 때보다 8byte 작음
UTF-16	ASMR SOUND였다.	26byte
	㉡	30byte

	㉠	㉡
①	TS_second이다.	ASMR second입니까?
②	TS_second이다.	TS_computer였습니다.
③	T computer였습니다.	asmr_computer이다!
④	T computer였습니다.	ASMR second입니다.
⑤	asmr_computer이다!	TS second입니다.

[34~35] 甲사는 사내 복지를 위해 회사 소유의 별장을 여름과 겨울철에 임직원 휴가지로 무상 대여해 주고 있으며, 중복예약을 방지하기 위해 사전예약번호 제도를 운영하고 있다. 다음 [사전예약번호 부여 방법]과 [별장 정보]를 보고 물음에 답하시오.

[사전예약번호 부여 방법]

예약자 소속부서			예약자 직위	용도
• 인사: A • 총무: B • 영업: C • 기술: D • 고객: E • 기획: F			• 대리 이하: V • 대리 초과: W	• 개인일정: P • 직원친목도모: Q

입실일 - 퇴실일		이용인원	신청별장
□□□□□□ (연월일)	– □□□□ (월일)	01~20 (해당 인원수 기재)	• A • B • C

※ 신청은 각 연도에 1회에 한하여 이용가능함
※ 입실시간 오후 3시, 퇴실시간 오전 11시를 기준으로 예약을 받으며, 예약은 휴가철에만 가능함(여름휴가철 7~9월, 겨울휴가철 12~2월)
※ 입실일은 연월일로 표시하고, 퇴실일은 월일만 표시함. 단, 연도는 뒤 두 자리만 나타냄 ⓔ 2018년 5월 11일 → 180511
※ '입실일 - 퇴실일'과 '이용인원' 사이는 띄어쓰기를 함

[별장 정보]

구분	A	B	C
최대인원	10명	15명	20명
비고	여름철 이용불가	—	겨울철 이용불가

※ 각 별장은 최대인원을 초과하여 신청이 불가능함

34 다음 중 위 자료에 대한 설명으로 옳은 것은?

① 여름철에 신청한 사람은 겨울철에 신청이 불가하다.
② 사전예약번호로 예약자의 근속연수를 알 수 있다.
③ 신입직원 OT를 진행하는 경우 사전예약번호의 용도는 P이다.
④ 여름철과 겨울철에 이용 가능한 별장은 각각 2개씩이다.
⑤ CVP250801-0805 22C는 유효한 사전예약번호이다.

35 회사 소유 별장에 다음과 같은 불가피한 일정들이 발생하였다. 이에 해당 날짜에 대한 신청을 취소하여야 하는데, 다음 중 취소되는 예약신청을 고르면?

[회사 일정]

• B별장 소독 작업: 2025년 7월 2일~7월 4일
• B별장 냉방시설 교체: 2025년 7월 15일~7월 18일
• C별장 소독 작업: 2025년 8월 3일~8월 5일
• 해외 거래처 숙소 제공: 2025년 8월 21일~8월 30일(B별장), 2025년 9월 5일~9월 10일(B, C별장)

① AVP250703-0708 08C   ② BWP250730-0804 13C   ③ DWQ250810-0817 05B
④ EVQ250820-0824 18C   ⑤ FVQ250911-0913 11B

36 다음은 친환경농산물을 구분하는 방법과 2019~2024년 친환경농산물 생산량 추이에 관한 자료이다. 자료를 바탕으로 [질문]의 답을 옳게 짝지은 것을 고르면? (단, 농산물 1톤 생산에 사용되는 권장량은 농약이 9kg, 화학비료가 12kg이다)

전체 농산물은 일반농산물과 친환경농산물로 구분한다. 이 중 친환경농산물은 또다시 농약 및 화학비료 사용량에 따라 유기농산물, 무농약농산물, 저농약농산물로 구분한다.

유기농산물은 농약과 화학비료를 사용하지 않고 재배한 농산물이며, 무농약농산물은 농약은 사용하지 않고 화학비료는 권장량의 $\frac{1}{3}$을 사용하여 재배한 농산물이다. 저농약농산물은 농약 및 화학비료를 권장량의 각 $\frac{1}{2}$씩을 사용하여 재배한 농산물을 말한다.

[표] 친환경농산물 생산량 추이

(단위: 천 톤, %)

구분	연도	2019	2020	2021	2022	2023	2024
친환경 농산물	계	27	35	87	200	365	450
	유기농산물	7	6	11	21	33	37
	무농약농산물	12	16	32	77	120	156
	저농약농산물	8	13	44	102	212	257
전체 농산물 대비 비중		0.1	0.2	0.4	1.1	2.1	2.5

※ 전체 농산물 대비 비중 = $\dfrac{\text{친환경농산물 생산량}}{\text{전체 농산물 생산량}} \times 100$

[질문]

ㄱ. 2019년 친환경농산물 생산에 사용한 농약과 화학비료의 양(톤)을 합하면?

ㄴ. 2020년 대비 2024년 일반농산물 생산량의 증감폭(천 톤)을 구하면?

	ㄱ	ㄴ
①	132	85
②	144	115
③	132	135
④	144	135
⑤	132	115

37 특허출원 수수료는 다음과 같은 [계산식]에 따라 결정되며, [표]는 [계산식]에 의하여 산출된 세 가지 사례를 나타내고 있다. 다음 [계산식]과 [표]를 근거로 구한 면당추가료와 청구항당 심사청구료를 옳게 짝지은 것은?

[계산식]

- 특허출원 수수료＝출원료＋심사청구료
- 출원료＝기본료＋(면당추가료×전체면수)
- 심사청구료＝청구항당 심사청구료×청구항수

※ 특허출원 수수료는 개인은 60%가 감면되고, 중소기업은 40%가 감면되지만, 대기업은 감면되지 않음

[표]

구분	사례 1	사례 2	사례 3
	개인	중소기업	대기업
전체면수(장)	30	40	10
청구항수(개)	4	2	5
감면 후 수수료(원)	74,000	84,000	185,000

	면당추가료	청구항당 심사청구료
①	500원	20,000원
②	1,000원	20,000원
③	1,000원	25,000원
④	1,500원	30,000원
⑤	1,500원	35,000원

38 다음은 비철금속 1톤당 국제 가격에 관한 자료이다. 니켈 1톤당 가격 대비 동 1톤당 가격의 비율을 나타낸 그래프로 적절한 것은?

[표] 비철금속 1톤당 국제가격

(단위: 달러)

구분	2017년	2018년	2019년	2020년	2021년
동	7,112	5,936	6,138	7,613	9,776
알루미늄	2,256	1,863	1,781	1,974	2,806
니켈	12,700	10,600	13,950	16,550	20,800

①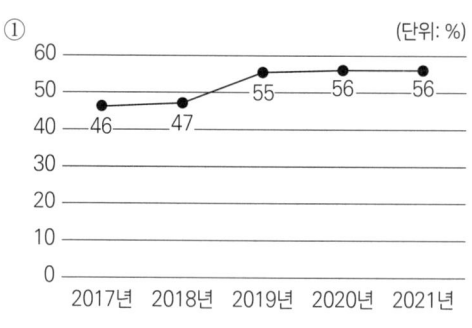

②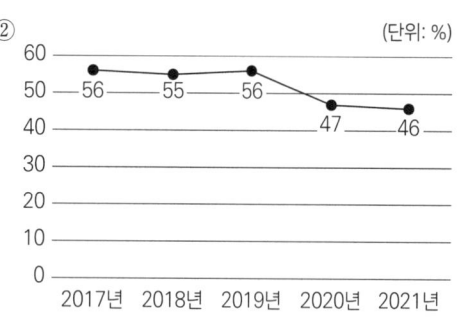

③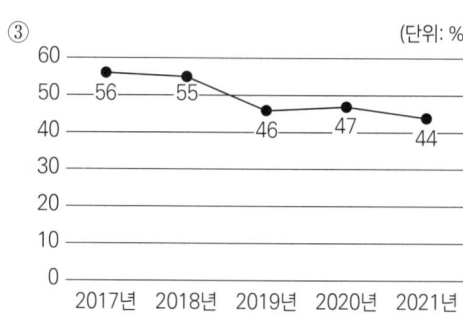

④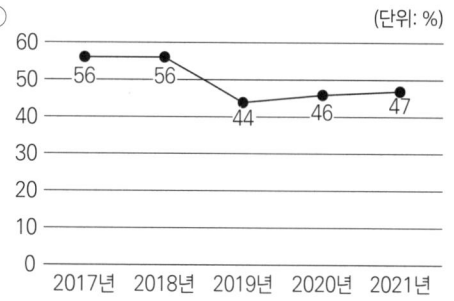

⑤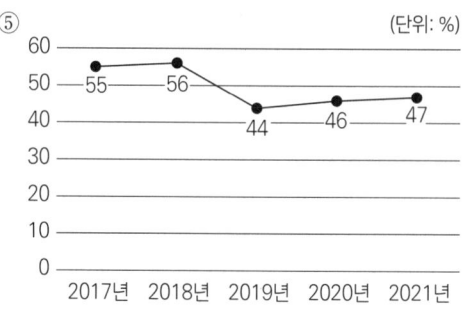

39 다음은 육아휴직 신청자에 관한 자료이다. 이에 대한 설명으로 옳지 않은 것은?

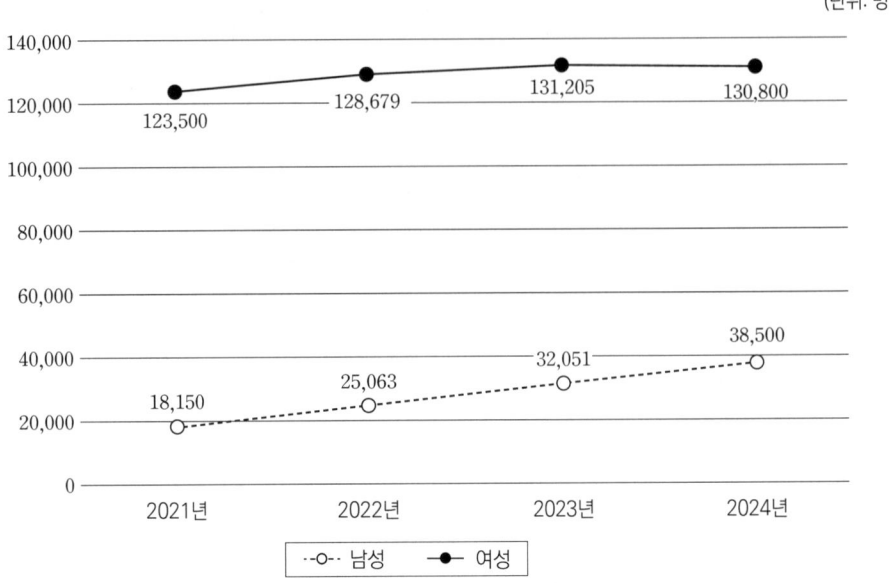

[그림] 성별 육아휴직 신청자

(단위: 명)

> 2024년 남성 육아휴직자 중 기업 규모에 따른 비중은 300명 이상은 69%(−5%p), 50명 이상 300명 미만 15%(3%p), 5명 이상 50명 미만 12%(2%p), 5명 미만 4%(0%p)이다. 2024년 여성 육아휴직자 중 기업 규모에 따른 비중은 300명 이상 62%(−5%p), 50명 이상 300명 미만 14%(1%p), 5명 이상 50명 미만 19%(3%p), 5명 미만 5%(1%p)이다.
>
> ※ 괄호 안 수치는 2021년 대비 2024년의 비율 증가량임

① 2024년 300명 이상 기업의 남성 육아휴직자는 22,000명 이상이다.
② 2021년 여성과 남성의 5명 이상 50명 미만 기업의 육아휴직자 비중의 차이는 6%p이다.
③ 2021~2024년 4년 동안의 남성 육아휴직자는 평균 25,000명 이상이다.
④ 2024년 여성 육아휴직자 비중이 2021년 대비 감소한 기업 규모는 1개이다.
⑤ 여성 육아휴직자가 가장 많은 해에 전체 육아휴직자 중 여성 육아휴직자가 차지하는 비중은 75% 이하이다.

[40~41] 다음은 2024년 주요 7개 도시 대출금 및 제조업 대출금에 관한 자료이다. 이어지는 물음에 답하시오.

[표 1] 2024년 주요 7개 도시 대출금

(단위: 십억 원)

구분	1분기	2분기	3분기	4분기
서울	742,124	758,869	782,833	798,752
부산	136,078	138,931	141,930	187,700
대구	91,857	94,260	96,492	98,750
인천	103,347	105,617	108,008	109,129
광주	43,223	44,040	45,455	45,931
대전	40,050	40,734	41,864	41,555
울산	30,917	31,144	31,538	31,856

[표 2] 2024년 주요 7개 도시 제조업 대출금

(단위: 십억 원)

구분	1분기	2분기	3분기	4분기
서울	98,758	98,645	99,566	98,917
부산	25,572	25,868	26,348	26,278
대구	22,338	22,409	22,643	23,700
인천	23,416	23,983	24,250	24,442
광주	6,698	6,796	6,986	7,034
대전	5,870	5,914	6,026	6,062
울산	7,992	7,909	8,004	7,998

※ 제조업 대출금은 제조업체에서 대출한 대출금을 뜻함

40 위 자료에 대한 설명으로 옳은 것은?

① 2024년 2분기 서울의 제조업 대출금 대비 부산의 제조업 대출금 비율은 1분기 대비 감소했다.
② 2024년 1분기 대전의 대출금이 직전 분기 대비 10% 감소했을 때, 2023년 4분기 대전의 대출금은 45,000십억 원 이상이다.
③ 2024년 3분기 주요 7개 도시 평균 제조업 대출금은 29,000십억 원 이상이다.
④ 2024년 4분기 인천 제조업 대출금은 1분기 대비 4분기에 인천의 대출금 증가량의 3배 이상이다.
⑤ 광주와 울산 중 2024년 4분기 대출금 중 제조업 대출금이 차지하는 비중은 광주가 더 높다.

41 위 자료를 토대로 할 때 다음 [보기]의 ㉠에 들어갈 숫자는?

| 보기 |

2024년 4분기 대구의 대출금 중 제조업 대출금이 차지하는 비중과 동분기 부산의 대출금 중 제조업 대출금이 차지하는 비중의 차이는 (㉠)%p이다.

① 6　　　② 7　　　③ 8　　　④ 9　　　⑤ 10

[42~43] 다음은 5개 도시의 1인당 개인소득과 추계인구에 관한 자료이다. 이어지는 물음에 답하시오.

[표 1] 5개 도시의 1인당 개인소득

(단위: 천 원)

구분	2021년	2022년	2023년	2024년
A지역	22,200	23,300	23,900	24,000
B지역	18,100	18,800	19,700	20,300
C지역	18,350	18,500	19,100	20,100
D지역	19,300	19,600	20,000	21,000
E지역	21,900	21,600	22,000	23,000

※ 1인당 개인소득＝개인 총 처분 가능 소득/추계인구

[표 2] 5개 도시의 추계인구

(단위: 천 명)

구분	2021년	2022년	2023년	2024년
A지역	9,700	9,660	9,600	9,500
B지역	3,400	3,300	3,340	3,300
C지역	2,500	2,400	2,410	2,400
D지역	1,510	1,500	1,500	1,500
E지역	1,150	1,140	1,130	1,100

42 위 자료에 대한 설명으로 옳지 않은 것은?

① 조사기간 동안 A지역의 평균 추계인구는 9,600천 명 이상이다.

② 2024년 E지역의 1인당 개인소득은 2021년 대비 10% 이하 증가했다.

③ 2023년 C지역의 개인 총 처분 가능 소득은 전년 대비 감소했다.

④ 2023년 A지역을 제외한 4개 도시의 추계인구 합은 A지역의 추계인구보다 적다.

⑤ 2022년 E지역보다 1인당 개인소득이 적은 지역은 모두 E지역보다 추계인구가 많다.

43 다음 [그림]은 위 자료를 토대로 2024년 5개 도시의 개인 총 처분 가능 소득을 나타낸 그래프이다. [그림]의 ㉠~㉤에 들어갈 숫자로 옳지 않은 것은?

[그림] 2024년 5개 도시의 개인 총 처분 가능 소득

(단위: 백억 원)

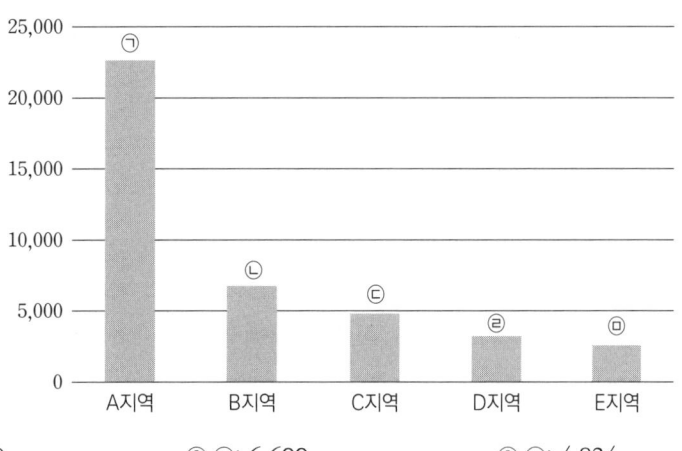

① ㉠: 22,800   ② ㉡: 6,699   ③ ㉢: 4,824

④ ㉣: 3,510   ⑤ ㉤: 2,530

[44~45] 다음은 2024년 구직급여 신청 및 지급 현황에 관한 자료이다. 이어지는 물음에 답하시오.

[표] 2024년 연령별 구직급여 신청자

(단위: 명)

구분	1분기	2분기	3분기	4분기
전체	470,200	280,390	269,100	269,060
20대 이하	77,838	49,857	48,682	48,454
30대	76,754	52,128	47,782	47,042
40대	89,976	56,426	51,011	51,670
50대	108,860	66,206	59,955	63,244
60세 이상	116,772	55,773	61,670	58,650

[그림] 2024년 구직급여 지급액 및 구직급여 지급률

(단위: 억 원, %)

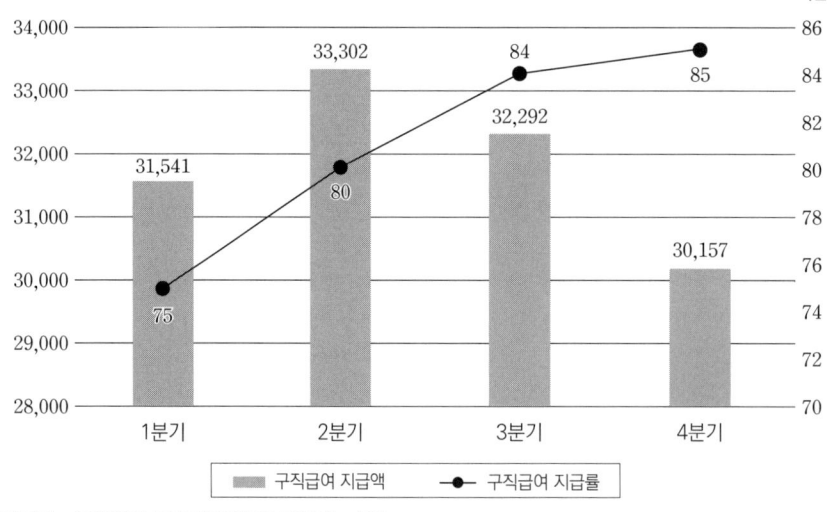

※ 구직급여 지급률＝(구직급여 지급자/구직급여 신청자) × 100

44 위 자료에 대한 설명으로 옳은 것은?

① 4분기 40대 구직급여 신청자의 비중은 직전 분기 대비 증가했다.

② 구직급여 신청자가 가장 많은 분기와 구직급여 지급액이 가장 많은 분기는 동일하다.

③ 3분기 구직급여 신청자 1명당 지급액은 15백만 원 이상이다.

④ 2024년 분기별 평균 구직급여 지급액은 30,000억 원 이하이다.

⑤ 2024년 매분기에 구직급여 신청자가 가장 많은 연령은 동일하다.

45 2024년 구직급여 지급자가 가장 많은 분기와 가장 적은 분기의 구직급여 지급자의 차이는?

① 126,606명　　　② 127,039명　　　③ 127,472명

④ 127,905명　　　⑤ 128,338명

직무상식평가

01 다음 글에 해당하는 네트워크 프로토콜은?

> 연결 지향형으로 신뢰성 있는 데이터 전송을 보장하며 흐름 제어를 수행한다.

① HTTP
② UDP
③ FTP
④ TCP
⑤ IP

02 다음 중 증강현실(AR)을 실현하기 위해 가장 핵심적으로 필요한 기술은?

① 블록체인 암호화 기술
② 카메라·IMU 등 센서 융합을 통한 모션 트래킹과 3D 정합(SLAM/Visual-Inertial Odometry)
③ 클라우드 데이터 백업
④ HTTP 기반 웹 브라우징
⑤ 머신러닝 기반 텍스트 분석

03 다음 중 빅데이터의 특성으로 적절하지 않은 것은?

① 대용량(Volume)

② 다양성(Variety)

③ 고속성(Velocity)

④ 정밀도(Precision)

⑤ 진실성(Veracity)

04 다음 글의 ㉠, ㉡에 들어갈 용어를 순서대로 나열한 것은?

- (㉠): 온라인에서 제품에 대한 정보를 파악한 후 오프라인으로 제품 구매
- (㉡): 오프라인 매장에서 제품을 체험한 뒤 실제 구매는 스마트폰으로 하는 소비

① 쇼루밍, 모루밍   ② 쇼루밍, 역쇼루밍   ③ 역쇼루밍, 모루밍

④ 쇼루밍, 프로슈머   ⑤ 모루밍, 프로슈머

05 다음 글이 설명하는 법칙은 무엇인가?

> 마이크로칩 기술의 발전속도에 관한 것으로 마이크로칩에 저장할 수 있는 데이터의 양이 24개월마다 2배씩 증가한다는 법칙이다.

① 무어의 법칙　　　　　② 메트칼프의 법칙　　　　③ 가치사슬의 법칙
④ 롱테일 법칙　　　　　⑤ 황의 법칙

06 다음 [보기] 중 머신러닝 분류 모델의 성능 평가 지표를 모두 고르면?

| 보기 |

ㄱ. 정확도(Accuracy)　　　　　　　　ㄴ. 오류(Error)
ㄷ. 오차행렬(ConfusionMatrix)　　　　ㄹ. 정밀도(Precision)
ㅁ. 재현율(Recall)　　　　　　　　　ㅂ. 민감성(sensitivity)
ㅅ. F1 Score　　　　　　　　　　　　ㅇ. ROC AUC

① ㄷ, ㄹ, ㅁ, ㅂ, ㅅ　　　　② ㄱ, ㄷ, ㄹ, ㅁ, ㅅ, ㅇ　　③ ㄴ, ㄷ, ㄹ, ㅁ, ㅂ, ㅅ
④ ㄷ, ㄹ, ㅁ, ㅂ, ㅅ, ㅇ　　⑤ ㄱ, ㄴ, ㄷ, ㄹ, ㅁ, ㅂ, ㅅ

07 유튜브로 대표되는 플랫폼 비즈니스의 특징으로 옳지 않은 것은?

① 조직 통제를 위해 다수의 직원을 필요로 한다.

② 이용자의 수수료가 주요 수익모델이다.

③ 참여자가 많을수록 가치가 증가한다.

④ 플랫폼의 규모는 회사보다는 콘텐츠의 규모로 결정된다.

⑤ 판매자가 많을수록 거래 품목도 다분화된다.

08 칼도어(N. Kaldor)의 선진국 경제성장의 정형화된 사실(stylized facts) 이론에 대한 설명으로 옳지 않은 것은?

① 나라별 생산성 증가율은 비교적 일정하다.

② 자본/총생산 비율이 일정하다는 특징이 있다.

③ 1인당 자본이 지속적으로 증가한다.

④ 총생산과 1인당 실질생산이 계속해서 증가한다.

⑤ 총소득에서 자본소득과 노동소득이 차지하는 비율이 일정하게 유지된다.

09 미세먼지가 심해지면서 갑과 을은 마스크를 판매하고자 한다. 다음 [표]는 마스크 가격정책에 따른 갑과 을의 보수를 나타내고 있다. 가격 정책은 낮은 가격인 저가, 높은 가격인 고가 이렇게 두 가지가 있다. 이에 관한 설명으로 옳지 않은 것은? (단, 선택은 동시에 이뤄지는 일회성 게임의 성격을 가지며, 괄호 속 왼쪽 보수는 갑, 오른쪽 보수는 을을 나타낸다)

[표]

구분		을	
		저가 정책	고가 정책
갑	저가 정책	(5, 5)	(9, 4)
	고가 정책	(3, 8)	(7, 6)

① 갑은 을의 선택에 관계없이 저가 정책을 선택할 것이다.
② 갑이 고가 정책을 선택할 것으로 을이 예상한다면, 을은 고가 정책을 선택하는 것이 합리적이다.
③ 갑과 을의 선택 결과는 파레토효율적이라고 볼 수 없다.
④ 내쉬균형은 존재한다.
⑤ 을의 우월전략은 저가 정책이다.

10 프리드먼(Friedman)의 소득이론에 대한 설명으로 옳지 않은 것은?

① 소비함수와 관련해 항상소득 개념을 주장했다.
② 현재 소득이 일시적으로 증가하면 평균소비성향은 일시적으로 하락한다.
③ 총소득에서 항상소득의 비율이 높을수록 저축성향이 커진다.
④ 일시적인 소득세율의 인하는 소비증가를 불러오지 못한다.
⑤ 화폐 수요에 대한 이자율의 영향을 고려했지만 총소득에 대한 이자율의 영향보다 중요성이 크지 않다고 보았다.

11 수요견인 인플레이션의 원인으로 옳지 않은 것은?

① 오일쇼크로 인해 유가가 급격히 상승해 기업의 생산비용이 증가했다.

② 경기 부흥을 위해 많은 통화량을 발행했다.

③ 예상하지 못한 민간의 소비가 증가했다.

④ 정부가 확대 재정정책을 시행했다.

⑤ 전국적으로 과소비가 유행하는 수요충격이 발생했다.

12 포트폴리오−밸런스 모형(Portfolio Balance Model)에 대한 설명으로 옳지 않은 것은?

① 포트폴리오−밸런스 모형은 구매력평가 가정을 부정한다.

② 포트폴리오−밸런스 모형은 채권의 불완전 대체성을 가정한다.

③ 통화수요는 국내 이자율과 해외 이자율에 대하여 역의 관계를 갖는다.

④ 국내 이자율이 상승할 경우 환율은 하락한다.

⑤ 포트폴리오−밸런스 모형에 따르면 환율은 총 부와 금융자산에 대한 수요와 공급에 의해 결정된다.

13 한국과 미국은 자동차와 옥수수를 생산한다. 다음 [표]는 양국이 시간당 생산할 수 있는 자동차와 옥수수의 양을 나타낸다. 이에 대한 설명으로 옳은 것을 [보기]에서 모두 고르면?

[표]

구분	한국	미국
자동차	12	8
옥수수	10	6

※ 예를 들어 한국은 1시간에 자동차 12단위를 생산할 수 있으며, 미국은 8단위를 생산할 수 있음

| 보기 |

ㄱ. 비교우위에 따르면 한국은 옥수수, 미국은 자동차 생산에 각각 특화한다.

ㄴ. 비교우위에 따르면 한국은 자동차, 미국은 옥수수 생산에 각각 특화한다.

ㄷ. 한국은 자동차 생산에 절대우위가 있다.

ㄹ. 미국은 옥수수 생산에 비교우위가 있다.

① ㄱ, ㄷ　　　　　　② ㄱ, ㄹ　　　　　　③ ㄴ, ㄷ

④ ㄱ, ㄷ, ㄹ　　　　⑤ ㄴ, ㄷ, ㄹ

14 케인스의 유동성선호설에 대한 서술로 옳은 것은?

① 환율은 각국 화폐의 구매력(물가수준)에 비례한다는 이론이다.

② 사람들이 유동성을 선호하는 이유로 거래적 동기, 예비적 동기, 투기적 동기가 있으며 이 중 케인스는 예비적 동기를 강조했다.

③ 현금과 주식 중 유동성이 높은 자산은 주식이다.

④ 화폐보유의 기회비용을 시장이자율이라고 했을 때, 시장이자율이 높아질수록 화폐보유는 증가한다.

⑤ 유동성선호설에서 통화공급량은 수직선으로 나타난다.

15 총공급곡선은 각 물가수준에 대응해 기업 전체가 생산하는 재화 또는 서비스의 총공급을 나타낸 곡선이다. 총공급곡선에 대한 설명으로 옳지 않은 것은?

① 기술발달로 인한 생산성 향상과 세금의 증가는 총공급곡선을 같은 방향으로 이동시킨다.

② 장기총공급곡선은 자연실업률 상태에서 수직선 형태이다.

③ 기업에 대한 정부 보조금이 감소하면 단기 총공급곡선이 좌측으로 이동한다.

④ 임금상승은 단기 총공급곡선을 좌측으로 이동시킨다.

⑤ 단기 총공급곡선과 장기 총공급곡선의 차이는 단지 시간상의 단기와 장기를 의미하는 것이 아니다.

16 탄력성에 관한 설명으로 옳은 것은?

① 기펜재의 소득효과는 정상재의 소득효과와 증감 방향이 같다.

② 농산물은 대체로 수요의 가격탄력성이 매우 비탄력적이다.

③ 질적으로 유사한 재화를 판매하는 경쟁 회사를 인수해도 좋을 지 여부를 판단하는 데 소득탄력성을 사용하면 효과적이다.

④ 교차탄력성이란 어느 상품의 가격이 변화했을 때, 다른 상품의 가격 변화를 나타내는 지표이다.

⑤ 어떤 두 상품이 동일한 성격의 상품인지를 판명하기 위해서는 가격탄력성을 사용한다.

17 물가에 대한 설명으로 옳지 않은 것은?

① 피셔방정식은 실질이자율과 인플레이션율을 합해 명목이자율을 구할 수 있다고 본다.

② 디플레이션이 발생하면 실질임금은 상승한다.

③ 예상된 인플레이션이 발생하더라도 메뉴비용은 발생한다.

④ 경기가 침체하면서 물가가 상승하는 경우를 스태그플레이션이라고 한다.

⑤ 필립스곡선은 물가와 이자율의 관계를 나타낸다.

18 애로우의 불가능성 정리의 조건에 해당하지 않는 것은?

① 비독재성   ② 파레토 최적   ③ 보편성

④ 독립성   ⑤ 최소극대화

19 지대에 대한 설명으로 옳지 않은 것은?

① 경제적 지대는 공급이 비탄력적일 때 발생한다.

② 준지대는 고정된 생산요소가 없는 장기에 발생한다.

③ 생산요소의 희소성이 높을수록 경제적 지대가 발생한다.

④ 경제적 지대의 예시로는 유명한 스포츠 선수와 연예인의 높은 소득이 있다.

⑤ 경제적 지대는 단기와 장기에서 모두 발생할 수 있다.

20 유량(flow)변수에 해당하지 않는 것은?

① 이자비용   ② 통화량   ③ 수출량

④ 국내총생산   ⑤ 투자

21 한 나라의 통화와 다른 나라의 통화 간 교환비율을 의미하는 환율은 결제시점, 거래상대방, 거래
성격 등에 따라 다양하게 구분할 수 있다. 다음 중 환율에 대한 설명으로 옳지 않은 것은?

① 환율은 결제시점에 따라 외환거래 당사자 간 매매계약 후 통상 2영업일 이내에 외환의 결제가
이루어지는 현물환율(spot exchange rate)과 외환의 매매계약 체결일로부터 2영업일을 초과
한 장래의 특정일에 결제가 이루어지는 선물환율(forward exchange rate)로 구분할 수 있다.

② 국내금리가 해외금리보다 높을 경우 일반적으로 선물환율은 현물환율보다 높은데 이를 선물환
프리미엄이라고 하고, 반대로 국내금리가 해외금리보다 낮아 선물환율이 현물환율보다 낮은
경우를 선물환 디스카운트라고 한다.

③ 환율은 거래상대방에 따라 은행 간 거래에 적용하는 은행 간 환율과 은행과 고객 간의 거래에
적용되는 대고객 환율로 나누어진다.

④ 교차환율(cross rate)은 외화시장에서 직접 거래되지 않는 통화의 환율로서 원/달러 환율을 기
준으로 간접적으로 계산된 환율을 의미하며, 재정환율(arbitraged rate)은 이러한 교차환율을
산출하는 데 사용되는 국제금융시장에서의 해당 통화와 미달러화 간의 환율을 말한다.

⑤ 환율은 거래성격에 따라 매도환율(offered rate)과 매입환율(bid rate)로 나누어지는데, 매도환
율과 매입환율의 차이를 매매율차(bid-ask spread)라고 하며 이는 거래통화의 유동성 상황,
거래상대방의 신용도, 거래비용 등에 따라 달라진다.

22 기업인수목적회사(SPAC: Special Purpose Acquisition Company)에 대한 설명으로 옳은 것은?

① 공모 후 3년 이내에 기업인수를 하지 못하는 경우 해산되어야 한다.

② 우리나라는 지분인수나 자산인수, 합병 등 M&A 방식에 제한이 없다.

③ 합병 전까지 공모자금의 90% 이상을 안전자산에 예치하여 모든 투자자의 원금보장이 이루어
진다.

④ 개인투자자들과 스폰서의 공모 가격은 동일하다.

⑤ 우리나라는 공모 시 주식 이외에 워런트도 발행할 수 있다.

23 다음 글의 ㉠, ㉡에 들어갈 용어를 옳게 짝지은 것은?

> 국민연금과 퇴직연금만으로는 은퇴 후 필요한 노후생활비를 모두 마련하기가 쉽지 않기 때문에 개인연금에 가입해서 부족한 은퇴 생활비를 마련해야 한다. 개인연금은 크게 두 종류로 나누어 볼 수 있다.
>
> 첫째는, 연말정산 때 세액공제를 받을 수 있는 (㉠   )(이)다. 저축기간이 5년 이상이고 만 55세가 넘었다면 연금 수령이 가능하다. 다만, 10년 이상 수령해야 하며, 매년 연금으로 받는 돈이 연간 연금 수령 한도를 넘어서면 안 된다는 점을 주의해야 한다.
>
> 둘째는, 비과세 목적으로 가입하는 (㉡   )이다. 10년 이상 유지했다면 전액 비과세 혜택을 받을 수 있다. 45세만 넘으면 연금을 수령할 수 있는데 납입기간이 끝나지 않았어도 연금을 받을 수 있다.

	㉠	㉡
①	세금우대저축	비과세종합저축
②	연금저축	연금보험
③	노란우산공제	주택연금
④	연금보험	연금저축
⑤	직역연금	기초연금

24 예금자보호 상품에 해당하지 않는 것은?

① 외화예금   ② 저축예금   ③ 은행발행 채권

④ 표지어음   ⑤ 정기예금

25 자산유동화증권(ABS: Asset-Backed Securities)의 내부 신용보강 방법으로 옳지 않은 것은?

① 초과담보   ② 현금흐름 차액적립   ③ 지급보증

④ 환매요구권   ⑤ 선후순위채권구조

혼JOB
농협은행 6급
필기시험 대비
실전모의고사

정답 및 해설

혼JOB 홈페이지를 통해 교재 내
[정답 및 해설]을 PDF 파일로도
무료 제공해 드립니다.
로그인 후 이용하실 수 있습니다

다운로드 바로가기

혼JOB 홈페이지(honjob.co.kr)
→ 자료실 → 학습자료실

PART 1 직무능력평가 모의고사

핵심 기출동형 50제

01	02	03	04	05	06	07	08	09	10
④	①	①	⑤	④	①	③	⑤	⑤	③
11	12	13	14	15	16	17	18	19	20
⑤	④	①	③	③	④	②	①	④	②
21	22	23	24	25	26	27	28	29	30
④	②	②	①	④	②	③	④	②	⑤
31	32	33	34	35	36	37	38	39	40
⑤	③	②	⑤	④	①	①	②	③	④
41	42	43	44	45	46	47	48	49	50
④	②	③	③	④	③	①	①	②	④

01 의사소통능력   정답 ④

㉠ (✕) 5문단에서 "정부가 CPTPP의 가입을 외면할 수 없는 이유는 세계무역기구(WTO) 중심의 다자주의가 약화하면서 FTA의 중요성이 부각되고, 2018년 말 발효된 CPTPP로 아시아·태평양 지역 경제 블록화가 가속화되었기 때문이다."라고 하였다. 즉, '양자주의'가 아닌 '다자주의'로 수정되어야 한다.

㉡ (✕) 4문단에서 "현재는 병충해 등을 이유로 신선 과일들의 수입을 금지하고 있지만, CPTPP 가입 이후에는 엄밀한 과학적 근거자료 없이는 이를 금지하는 것이 불가능해지기 때문이다."라고 하였다. 즉, 수입하더라도 병충해의 전염이 우려되는 품목은 사과, 배 등의 신선 과일이다.

㉢ (✕) 2문단에서 "이에 따라 우리나라도 해당 협정에 가입하기 위해서는 일본보다 더 광범위한 시장 개방은 불가피하다는 것이 통상 전문가들의 의견이다."라고 하였는데, 이는 CPTPP 가입을 위해 감수해야 하는 불리한 상황에 해당된다. 따라서 '3. CPTPP 가입에 따른 기대 효과'보다는 '2. CPTPP 가입에 따른 우려 요인'으로 보는 것이 더 적절하다.

㉣ (○) 5문단에서 "CPTPP 가입을 통해 새로운 통상 질서에 주도적으로 참여하는 것은 물론, 경제 성장이라는 높은 수준의 FTA 체결효과를 볼 수 있을 것으로 전망하면서"라고 하였다. 즉, CPTPP 가입으로 무역을 통한 국내 경제의 성장을 기대할 수 있다.

02 의사소통능력   정답 ①

• 갑: (○) 3문단에서 "이 중 가장 피해가 예상되는 곳은 낙농업계로"라고 하였으므로, 낙농업자에 대한 지원금을 늘리는 것은 적절한 대책이다.

• 을: (✕) 3문단에서 "실제로 FTA로 인해 유제품 수입량은 2010년 대비 2018년 93.7%나 증가하였고"라고 하였다. 따라서 유제품의 유익성을 담은 공익광고보다는, '국산' 유제품을 홍보하는 공익광고가 더 적절한 대책이다.

• 병: (○) 4문단에서 "국내 수출에서 가장 민감한 품목인 쌀 시장 개방 압력과 함께, 고추, 마늘, 양파 등이 CPTPP 가입을 추진할 경우 핵심 협상 대상 품목이 될 공산이 있다고 전문가들은 우려하고 있다."라고 하였으므로, 국산 쌀의 피해가 클 것으로 볼 수 있다. 따라서 해당 대책은 국산 쌀 판매의 활성화를 유도할 수 있어 적절한 방안이다.

• 정: (○) 4문단에서 "현재는 병충해 등을 이유로 신선 과일들의 수입을 금지하고 있지만, CPTPP 가입 이후에는 엄밀한 과학적 근거 자료 없이는 이를 금지하는 것이 불가능해지기 때문이다."라고 하였다. 따라서 외국산 과일의 병충해에 대한 과학적인 근거 자료를 마련한다면, 과일의 수입을 막을 수 있을 것이므로 적절한 대책이다.

03 의사소통능력 　　　정답 ①

ㄱ. (○) 3문단에서 "또 임의로 가입하는 방식이라 농업인 안전보험에 대해 모르는 사람이 부지기수이고"라고 하였다. 즉, 농업인안전보험은 모든 농업인이 자동적·의무적으로 가입하는 복지제도가 아니라 선택적으로 가입할 수 있는 복지제도임을 추론할 수 있다.

ㄴ. (✕) 4문단에서 "실제로 농업인의 경우 심각한 안전재해에 노출되어 있어, 업무상 질병 및 손상이 발생할 경우 그 휴업일수가 30일 이상인 경우가 절반을 넘고 영구 장애로 이어진 경우도 적지 않기 때문이다."라고 하였다. 즉, 휴업일수가 30일 이상인 경우가 절반 이상이라는 점은 알 수 있지만, 영구 장애로 이어진 경우에 대해서는 적지 않다는 것만 알 수 있을 뿐 절반 이상인지 여부는 추론할 수 없다.

ㄷ. (✕) 2문단에서 "일반농가의 경우 본인부담 보험료의 50%를, 영세농가의 경우 70%를 정부에서 지원하고 있다."라고 하고 있다. 즉, 일반농가 50%, 영세농가 70%로 지원율은 고정되어 있으므로, 농가 규모가 더 작다고 해서(더 영세하다고 해서) 지원율이 더 높아지는 것은 아니다.

ㄹ. (✕) 2문단에서 "농작업 중 안전사고로 인해 신체나 재산에 손해가 발생했을 시, 보험금이 지급되는 방식으로 운영되고 있다."라고 하였다. 즉, 신체에 손해가 없다고 하더라도 재산에 손해가 발생했다면 보험금을 지급받을 수 있다.

04 의사소통능력 　　　정답 ⑤

• 갑: (✕) 2문단에 따를 때 정부에서는 이미 일반농가에 대해서 50%, 영세농가에 대해서 70%의 비율로 본인부담 보험료를 지원해 주고 있다. 또한 5문단에서 자기부담금을 올리더라도 더 높은 수준의 보장이 가능해야 한다고 하였다. 따라서 본인부담 보험료를 하향하는 방안은 적절하지 않다.

• 을: (○) 5문단에서 자기부담금을 올리더라도 더 높은 수준의 보장이 가능하도록 하고, 보험의 유형을 좀 더 다양화하여 농업인의 선택권을 확장해야 한다고 하였으므로 적절한 방안이다.

• 병: (○) 3문단에서 1년마다 재가입을 해야 하기 때문에 재가입 절차에 따른 불편함을 호소하는 농업인이 많다고 하였으므로 적절한 방안이다.

• 정: (○) 3문단에서 농업인안전보험은 산재보험의 사각지대에 놓여 있는 농업인을 위한 지원책임에도 불구하고 지급액이 너무 낮고, 임의로 가입하는 방식이라 농업인안전보험에 대해 모르는 사람이 부지기수라고 하였으므로 적절한 방안이다.

05 의사소통능력 　　　정답 ④

① (✕) 농어업경영체 등록 가구당 30만 원이 지급되고 공동경영주가 있는 경우에는 여기에 30만 원을 더한 60만 원이 지급된다. 하지만 이것은 월 지급액이 아닌 연 지급액이다.

② (✕) 농어업소득이 아니라 농어업 외 소득이 3,700만 원 이상인 경우에 지급 대상에서 제외된다.

③ (✕) 지급 절차는 '읍·면·동에 신청 → 현장 검증 → 지급 여부 결정 → 각 시·군 지급' 순으로, 현장 검증은 읍·면·동에 신청한 뒤에 진행된다.

④ (○) 창원의 지급 대상자 수는 3만 2,847명으로, 창녕의 지급 대상자 수인 1만 6,081명과 하동의 지급 대상자 수인 1만 5,817명을 합한 3만 1,898명보다 많다.

⑤ (✕) 재원은 도가 40%, 각 시·군이 60%를 분담할 계획이라고 하였다. 즉, 비용을 부담해야 하는 주체에 농림축산식품부는 포함되지 않는다.

06 의사소통능력 　　　정답 ①

• A: (✕) 경상북도, 전라남도, 전라북도 모두 농어업인수당으로 가구당 연 60만 원을 지급하지만, 각 지역의 지급 대상 가구 수를 알 수 없으므로, 연간 지급액의 총합이 동일하다고는 할 수 없다.

• B: (✕) 전라남도의 농어업인수당 시행 시기는 2019년으로 다른 지역에 비해 앞선다. 하지만 농어업인수당을 지역화폐로 지급하기 시작한 첫 지역이 경상남도인지는 알 수 없다.

• C: (○) 공동경영주란 '경영주 외 농어업인 가운데 경영주의 배우자에 한해 등록'한 이들이다. 따라서 공동경영주인 남성의 아내, 즉 배우자는 농어업경영체의 경영주일 것이다.

• D: (○) 경상남도의 농어업인수당 지원 대상이 되기 위해서는 도내에 1년 이상 거주해야 하기 때문에 2022년에 경상남도로 이주한 농업인은 첫 지급 시기인 2022년에는 지급 대상에 포함될 수 없다.

07 의사소통능력 　　　정답 ③

① (✕) 국제 곡물 가격이 상승하면서 유제품 가격지수가

전년에 비해 1.5% 상승한 120.8을 기록했다고 나와 있다. 따라서 곡물 가격과 유제품 가격이 서로 반비례하는 관계에 있다는 추론은 적절하지 않다.

② (X) 제시문에서 지목하고 있는 식량 위기의 원인은 코로나19와 이상 기후이다. 따라서 코로나19가 종식된다고 하더라도 이상 기후가 계속된다면 식량 위기의 해소를 기대하기 어렵다.

③ (O) 국제 곡물 가격이 상승하는 식량 위기에 대응해 우리 정부가 사료업체에 곡물 구입에 따른 대출 금리를 인하해 주는 대책을 내놓은 것으로 보아, 국제 곡물 가격이 상승할 경우 국내 사료 생산업체가 타격을 입게 된다는 점을 추론할 수 있다.

④ (X) 세계적으로 나타난 이상 기후로 인해 밀, 옥수수, 콩 등의 가격이 상승했다고 나와 있다.

⑤ (X) 우리나라는 식량 위기 전부터 이미 밀을 무관세로 수입해 왔기 때문에 밀에 대해서는 긴급할당관세를 쓸 수 없다고 나와 있다.

08 의사소통능력 　　정답 ⑤

A는 수입을 통해 충분한 양의 식량을 비축해 두는 것을 단기적인 대책으로 언급하고 있고, B는 이에 동의하면서 이 같은 단기적 대책, 즉 충분한 양의 수입을 위해서는 어떻게 해야 하는지에 관해 언급하고 있다. 제시문 마지막 문단을 보면, 전문가들이 저장 물량을 확보하기 위해 싱가포르와 같이 수입선을 다변화할 것을 강조했다고 나와 있다. 따라서 빈칸에는 '수입선의 다변화'와 관련된 내용인 "곡물 수입선을 소수 국가에 한정하지 말고 여러 국가로 확대할"이 들어가는 것이 적절하다.

09 의사소통능력 　　정답 ⑤

① (X) 제3조에 의하면, 뱅크아이디 이용대상은 개인으로 한정된다. 따라서 법인은 뱅크아이디를 발급받을 수 없다.

② (X) 제4조 제2호에 의하면, 다른 은행에서 뱅크아이디 서비스를 이용 중인 고객이 당 은행에 이용은행 추가 등을 위해 휴대폰 본인확인을 포함한 필요 고객확인 절차를 완료한 경우 농협은행 뱅크아이디 서비스 이용계약이 성립한다. 따라서 다른 은행에서 뱅크아이디 서비스를 이용하고 있는 고객도 일정한 절차를 거치면 농협은행 뱅크아이디 서비스를 이용할 수 있다.

③ (X) 제6조 제2항 제1호에 의하면, 패턴 등의 지식기반 비밀번호는 5회 연속 잘못 입력한 경우 서비스 이용이 제한 또는 정지된다. 3회 연속 잘못 입력한 경우 이용이 제한 또는 정지되는 것은 생체기반 비밀번호이다.

④ (X) 제5조 제1항에 의하면, 뱅크아이디를 제3자가 사용한 사실이 드러난 경우 은행은 뱅크아이디의 사용을 정지할 수 있다. 즉, 자동으로 해지되는 것은 아니다.

⑤ (O) 제5조 제2항에 의하면, 이미 뱅크아이디를 발급받은 가입자가 뱅크아이디를 다시 발급받는 경우 기존 뱅크아이디는 자동 해지된다.

10 의사소통능력 　　정답 ③

㉠ (O) 제5조 제3항에 의하면, 뱅크아이디의 유효기간은 발급일로부터 3년이므로 2021년 12월 1일에 발급받은 뱅크아이디는 2023년 12월 2일에도 사용할 수 있다.

㉡ (X) 제4조 제1호에 의하면, 은행앱에서 뱅크아이디 서비스 이용 약관 등에 동의하고, 은행앱 또는 공동인증앱에서 뱅크아이디 비밀번호를 설정하는 등 정보지갑 생성절차를 완료한 경우 서비스 이용계약이 성립한다. 즉, 정보지갑은 비밀번호를 설정하는 곳이 아니라 비밀번호를 설정한 후에 생성되는 것이다.

㉢ (O) 제6조 제2항 제2호에서 지문, FACE ID 등의 생체기반 비밀번호에 대해 규정하고 있는 것에 의할 때 적절한 답변이다.

㉣ (X) 제7조 제1항에 의하면 가입자가 은행앱 또는 은행 고객센터를 통해 본인확인 절차를 완료한 후 뱅크아이디 이용해지를 요청하고 은행이 해지처리를 함으로써 뱅크아이디 이용계약이 해지된다. 즉, 은행에 직접 방문하지 않더라도 은행앱을 통해 이용해지를 할 수 있다.

11 문제해결능력 　　정답 ⑤

① (X) 증여하는 자경농민(증여자)과 증여받는 영농자녀(수증자) 모두 직접 영농에 종사하고 있어야 한다.

② (X) 감면 대상 '농지 등'은 '농지(논·밭·과수원), 초지, 산림지, 축사용지'이다. 즉, 농가주택용지는 포함되지 않는다.

③ (X) 영농자녀가 농지 등을 동시에 2필지 이상 증여받은 경우에는 증여세를 감면받으려는 농지 등의 순위를 정하여 감면 신청을 하여야 하지만, 순위를 정하지 않았다고 해서 증여세를 감면받을 수 없는 것은 아니다. 순위를 정하지 않은 경우에는 증여 당시 농지 등의 가액이 높은 순으로 감면을 신청한 것으로 본다.

④ (X) 증여세는 증여받은 날이 속하는 달의 말일부터 3개월 이내에 증여받은 자가 자진하여 신고납부하는 세금이므로 증여세를 감면받기 위해서는 동 신고 납부 기간 내에 관련 서류를 갖추어 증여받은 자의 주소지 관할 세무서에 제출하여야 한다. 즉, 감면 신청을 하는 사람은 '증여한 자'가 아니라 '증여받은 자'이다.

⑤ (O) 농지에 대해 증여세를 감면받은 영농자녀가 물려받은 날부터 5년 이내에 이를 양도하면, 감면받은 세금과 이에 대한 이자 상당 가산세를 포함하여 증여세를 추징당한다. 즉, 감면받은 세금에 이자 상당의 가산세가 추가되므로 적절한 반응이다.

12 문제해결능력   정답 ④

증여세 감면 신청 시, 제출해야 하는 서류 목록은 다음과 같다.

① 증여농지 등의 세액감면신청서(「조세특례제한법 시행규칙」 별지 제52호 서식)
② 자경농민 및 영농자녀의 농업소득세 납세증명서 또는 영농사실을 확인할 수 있는 서류
③ 해당 농지 등 취득 시의 매매계약서 사본
④ 해당 농지 등에 대한 증여계약서 사본
⑤ 증여받은 농지 등의 명세서
⑥ 해당 농지 등을 영농조합법인에 현물출자한 경우에는 영농조합법인에 출자한 증서
⑦ 자경농민 등의 가족관계 기록사항에 관한 증명서 등

[보기]의 ㄴ은 위 서류 목록의 ②에 해당되지만, 그 외 ㄱ, ㄷ, ㄹ은 ①~⑦ 중 어디에도 해당되지 않는다.

13 문제해결능력   정답 ①

① (X) 장려상과 가작은 각 부문별로 시상하지만, 대상, 우수상, 입선은 부문과 상관없이 시상한다.

② (O) 대상, 우수상, 입선 수상작 중 사진이 한 작품도 없다고 하더라도 사진 부문에서 장려상 1작품, 가작 2작품이 나올 것이므로, 최종 수상작 중 사진은 적어도 3작품 이상일 것이다.

③ (O) 참가 대상은 '국산 채소, 과일을 사랑하는 누구나'로 주관적인 성격을 띠고 있다. 따라서 참가 대상에서 제한되는 사람은 거의 없을 것으로 볼 수 있다.

④ (O) 한 사람이 5작품 이내로 중복 접수를 하는 것은 가능하지만, 중복 수상을 하는 것은 불가능하다. 따라서 한 사람이 여러 작품을 출품하더라도 두 작품 이상 수상할 수는 없다.

⑤ (O) 1차 심사와 2차 심사의 기준은 동일하게 '작품 의도 30%, 표현력 30%, 창의성 20%, 완성도 20%'로, 창의성보다는 작품 의도에 더 많은 가중치를 두고 있다.

14 문제해결능력   정답 ③

• A: (O) 작품 주제 중 "생활 속에서 대상 품목을 체험함으로써 소비를 유도할 수 있는 내용"에 해당하며, 스마트폰으로 찍은 사진이므로 작품 규격도 충족한다.
• B: (X) 작품 주제 중 "대상 품목의 생산, 유통, 소비 과정에 관한 내용"에 해당하지만, 카드뉴스의 이미지는 10장 이내여야 한다.
• C: (X) 작품 주제 중 "대상 품목의 효능 및 장점, 우수성을 구체적으로 알릴 수 있는 내용"에 해당하지만, 수입산 농산물을 활용하였기 때문에 탈락하게 된다.
• D: (O) 작품 주제 중 "대상 품목의 생산, 유통, 소비 과정에 관한 내용"에 해당하며, 영상 길이도 1분 상당으로 작품 규격을 충족한다.

15 문제해결능력   정답 ③

① (X) 수어상담 서비스는 '2. 비대면 채널 지원'의 '화상 수어상담 서비스'에 나와 있는 내용으로, NH스마트뱅킹을 통해 이용할 수 있는 서비스이다. 따라서 영업점 방문 시 이용할 수 있다는 내용은 옳지 않다.

② (X) '1. 영업점 지원'의 '점자 카드'에 따르면, 농협은행에서 발급되는 모든 현금 IC 카드에는 점자가 표기된다. 따라서 점자가 표기된 현금 IC 카드를 발급받기 위해 시각장애 고객이 별도의 신청을 할 필요는 없다.

③ (O) '1. 영업점 지원'의 '저시력·시각장애 고객용 자동화 기기(ATM)'를 보면, 고객이 ATM에 접근할 경우 이어폰 위치 및 이어폰 착용 등에 대한 음성 안내가 제공된다는 점과 ATM 내에 화면 확대 기능이 구비되어 있다는 점을 알 수 있다. 따라서 저시력 고객은 ATM에 연결된 이어폰으로 나오는 음성이나 화면 확대 기능을 통해 ATM을 이용할 수 있다.

④ (X) '1. 영업점 지원'의 '보이스아이(Voiceye) 프로그램'에 따르면, 보이스아이 바코드는 시각장애인용 코드스캔 장비뿐만 아니라 스마트폰 보이스아이 앱을 통해서도 읽을 수 있다. 따라서 코드스캔 장비가 있어야만 한다는 내용은 옳지 않다.

⑤ (X) '1. 영업점 지원'의 '점자 약관 교부'에 따르면, 시각장애 고객의 요청이 있을 경우 점자 약관 자료가 약 1~2주 후에 고객의 주소로 배송된다. 따라서 영업점에서 즉시 교부받을 수 있다는 내용은 옳지 않다.

16 문제해결능력 　　정답 ④

㉠ (X) 텔레뱅킹 거래 시 입력 제한 시간을 5초에서 20초로 완화하는 서비스는 별도의 신청 절차 없이 저시력·시각장애 고객용 서비스 코드를 입력한 것만으로도 이용이 가능하다.

㉡ (X) 121은 농협 내 이체 코드이다. 당행 계좌에서 타행 계좌로 이체할 때 입력해야 하는 코드는 122이다.

㉢ (O) 마우스 없이 키보드만으로 인터넷뱅킹 페이지를 이용하는 경우, 'ENTER'는 실행을 할 때, 방향키는 화면의 상하로 이동할 때 쓰인다.

㉣ (X) '스크린리더'가 설치되어 있는 스마트폰에서 소리만으로 모바일뱅킹을 이용할 수 있는 것이 아니라, '스크린리더'가 설치되어 있는 컴퓨터에서 소리만으로 인터넷뱅킹을 이용할 수 있는 것이다.

17 문제해결능력 　　정답 ②

- A: (O) 2문단의 "병원 이용이 적은 가입자는 보험료 할인 혜택을 받을 수 있지만, 비급여 이용량이 많으면 보험료가 최대 300%까지 할증되는 것이다."를 통해 적절한 발언임을 알 수 있다.

- B: (X) 2문단에서 "비급여 이용량이 많으면 보험료가 최대 300%까지 할증되게 하는 것이다."라고 하고 있다. 즉, 비급여 보험금 지급 내역이 많으면, 기존 보험료의 최대 4배에 해당하는 금액을 납부해야 할 수도 있다.

- C: (O) 1문단의 "이는 소비자들이 4세대 실손의료보험을 기존 상품보다 불리하다고 여기기 때문이라고 추측했다."라는 내용과 3문단의 "기존 1~3세대 가입자의 전환도 미미한 수준으로 전해졌다."라는 내용을 통해, 4세대 실손의료보험 상품에 대한 소비자들의 호응도가 기존 상품에 비해 낮음을 알 수 있다.

- D: (O) 4문단에서 "실제로 일부 보험사에서는 최근 2년간 진료 경험이 있거나 각종 보험금 합산액이 일정액을 넘는다는 이유만으로 가입을 거절하는 등 최근 몇 달 새 실손의료보험의 가입 문턱이 급격히 높아졌다."라고 하였으므로, 가입 의사가 있더라도 가입하지 못하는 사람이 있음을 알 수 있다.

18 수리능력 　　정답 ①

ㄱ. (X) 4세대 실손의료보험을 가입한 40세 남성이 1년간 비급여 보험금을 300만 원 이상 지급받았다면, 다음 해 보험료는 300% 할증된 $10,877 \times (1 + 300\%) = 43,508$원이다. 따라서 이는 1세대 실손의료보험을 최초 가입한 40세 남성이 납부하여야 할 보험료인 42,467원보다 많은 금액이다.

ㄴ. (X) 40세 남성 기준 3세대와 4세대의 실손의료보험 할인율은 10%로 동일하지만, 납부하는 보험료가 3세대가 더 높기 때문에, 할인액 역시 3세대가 더 많다.

ㄷ. (O) 2~4세대의 직전 세대 대비 실손보험료 감소율을 구하면 다음과 같다.

- 2세대: $\dfrac{42,467 - 23,753}{42,467} \times 100 =$ 약 44%

- 3세대: $\dfrac{23,753 - 12,184}{23,753} \times 100 =$ 약 49%

- 4세대: $\dfrac{12,184 - 10,877}{12,184} \times 100 =$ 약 11%

따라서 직전 세대 대비 실손보험료 감소율이 가장 큰 상품은 감소율이 약 49%인 3세대 상품이다.

ㄹ. (O) 40세 남성 기준 1세대 실손의료보험 가입자가 1년간 납부하여야 할 보험료는 $42,467 \times 12 = 509,604$원으로 4세대 가입자가 납부하여야 할 보험료인 $10,877 \times 12 = 130,524$원보다 379,080원 더 많다.

19 의사소통능력 　　정답 ④

ㄱ. (O) 1문단에서 유기식품은 "착색제, 방부제 등의 식품첨가물을 전혀 사용하지 않고 만든 식품으로 자연식품이라고도 불린다."라고 하였다. 따라서 유기식품은 타 식품에 비해 상대적으로 부패 속도가 빠를 것임을 예상할 수 있다.

ㄴ. (O) 2문단의 "기존 규정에서는 유기 농축산물 원재료를 95% 이상 사용하여야만 유기식품 인증이 가능했지만, 2020년 개정된 법에서는 유기 농축산물 원재료를 70% 이상만 사용하여도 인증을 받을 수 있도록 하였다."에 따를 때 적절한 반응임을 알 수 있다.

ㄷ. (O) 2문단에서처럼 일정 기준에 따라 '유기', '무농약', '친환경'을 인증하는 식품 표시를 통해 소비자는 다양한 종류의 안전한 식품을 구매할 수 있는 분별력을 가질 수 있다.

ㄹ. (X) '유기', '무농약', '친환경'을 인증하는 다양한 식품 표시는 생산자에게 친환경·유기·무농약의 새로운 수요를 창출할 수 있는 장을 열어 주므로 생산자의 입지가 불리해졌다고 보기는 어렵다.

20 문제해결능력   정답 ②

B는 유기 농축산물, C는 무농약 농축산물이며, D는 유기 농이나 무농약에 해당하지 않는 농축산물이다.

ㄱ. (X) A의 유기 농축산물(B) 함량은 75%로, 유기식품 인증은 받을 수 있지만(70% 이상), 유기농 인증 로고는 부착할 수 없다(95% 미만).

ㄴ. (O) 친환경은 유기농과 무농약으로 구성되므로, 유기 농인 A는 친환경에 해당하지만 유기농도 무농약도 아닌 D는 친환경에 해당하지 않는다.

ㄷ. (X) C는 무농약 농축산물일 뿐이지 무농약식품은 아니다. 무농약식품은 무농약 농축산물을 원재료로 사용하여 가공한 식품을 말한다.

21 문제해결능력   정답 ④

ㄱ. (X) 기본형 공익직불 대상 농업인이 준수해야 할 사항에 영농폐기물을 적정 처리해야 한다는 항목은 있지만, 영농폐기물 발생 자체를 금지한다는 내용은 나와 있지 않다.

ㄴ. (O) 기본형 공익직불을 신청한 사람도 선택형 공익직 불을 추가하여 신청할 수 있다고 했으므로, 선택형 공 익직불을 지급받는 농업인 중에는 기본형 공익직불을 지급받는 사람이 있을 수 있다.

ㄷ. (X) 기존 직불제는 쌀에 편중되어 전체 농가의 소득을 안정시키는 데 어려움이 있었고, 여기에 더해 여러 가 지 국민의 요구가 증대되면서 기존 직불제를 공익직 불제로 개편했다고 하였다. 따라서 기존 직불제는 쌀 농가가 아니라 쌀 이외 농가의 소득을 안정시키는 데 한계가 있었을 것이고, 이것이 직불제 개편의 원인이 되었다고 보는 것이 적절하다.

ㄹ. (X) 기본형 직불금 지급 대상 농업인은 기존 3개에서 개편 후 17개로 확대된 준수 사항을 실천해야 한다고 나와 있다.

22 수리능력   정답 ②

A의 연도별 위반 사항과 그에 따른 감액률, 지급액을 정리해 보면 다음과 같다.

구분	2021년	2022년	2023년
공공수역 농약 · 가축분뇨 배출 금지	10%	—	—
생태교란생물의 반입 · 사육 · 재배 금지	10%	—	—
마을공동체 공동 활동 실시	10%	20%	40%
지하수 이용 기준 준수	—	10%	—
영농기록 작성 및 보관	—	10%	20%
하천수 이용 기준 준수	—	—	10%
총감액률	30%	40%	70%
지급액	120×0.7 =84만 원	120×0.6 =72만 원	120×0.3 =36만 원

따라서 A가 2021~2023년 동안 수령한 기본형 공익직 불금은 총 84＋72＋36＝192만 원이다.

23 수리능력   정답 ②

① (O) 매출원가는 매출액에서 매출총이익을 뺀 값이다. 그리고 매출총이익에서 판매비·관리비를 뺀 값이 영업손익이다. 먼저 매출총이익을 구하면 판매비·관리비와 영업손익의 합이므로, 85＋110＝195억 원이 된다. 따라서 매출원가는 매출액에서 매출총이익을 뺀 300－195＝105억 원이 되므로, A사의 매출원가는 매출액의 $\frac{105}{300} \times 100 = 35\%$이다.

② (X) A사의 전기 영업손익은 매출총이익에서 판매비·관리비를 뺀 값이다. 먼저 매출총이익을 구하면 매출액에서 매출원가를 뺀 280－120＝160억 원이고, 판매비·관리비는 이에 해당되는 4가지 항목의 합인 33＋22＋9＋16＝80억 원이다. 따라서 A사의 전기 영업손익은 160－80＝80억 원이므로 영업외수익인 77억 원보다 많다.

③ (O) 당기순이익은 영업손익에서 영업외수익을 더하고 영업외비용을 뺀 값이다. 따라서 A사의 당기의 당기순이익은 110＋95－45＝160억 원이고, 전기의 당기순이익은 80＋77－29＝128억 원이다. 따라서 A사의 당기의 당기순이익은 전기의 $\frac{160}{128} = 1.25$배이다.

④ (O) 인건비는 급여와 복리후생비를 합한 값이며, 인건비는 판매비·관리비에서 차량유지비·지급수수료를

뺀 값이기도 하다. 따라서 A사의 당기 인건비는 85－(10＋15)＝60억 원이고, B사의 당기 인건비는 28＋14＝42억 원이므로, B사의 당기 인건비는 A사의 $\frac{42}{60} \times 100 = 70\%$이다.

⑤ (○) 매출액은 매출원가와 매출총이익을 합한 값이며, 매출총이익은 판매비·관리비에 영업손익을 더한 값이다. 이에 B사의 당기 매출총이익은 판매비·관리비인 28＋14＋7＋6＝55억 원과 영업손익 45억 원의 합인 100억 원이고, 매출액은 53＋100＝153억 원이다. 따라서 B사의 전기 대비 당기의 매출액증가율은 $\frac{153-150}{153} \times 100 = $약 1.96%이다.

24 수리능력
정답 ①

ㄱ. (X) 갑의 투자 주식별 수익·손실을 계산하면 다음과 같다.

구분	매수가	매도가	수익 또는 손실
A사	128,000×8＝ 1,024,000원	(152,000×4)＋ (171,000×4)＝ 1,292,000원	268,000 원 수익
B사	106,000×6＝ 636,000원	117,000×6＝ 702,000원	66,000 원 수익
C사	(256,000×2)＋ (279,000×10) ＝3,302,000원	211,000×12＝ 2,532,000원	770,000 원 손실
D사	(14,800×5)＋ (13,200×5)＝ 140,000원	9,800×10＝ 98,000원	42,000 원 손실
합계	5,102,000원	4,624,000원	478,000 원 손실

따라서 갑은 8월 20일부터 8월 28일까지의 거래로 478,000원의 손실을 입었다.

ㄴ. (○) 8월 20일 대비 8월 28일의 종가 등락률을 구하면 다음과 같다.

- A사: $\frac{171,000-128,000}{128,000} \times 100 = $약 33.6%

- B사: $\frac{128,000-98,000}{98,000} \times 100 = $약 30.6%

- C사: $\frac{198,000-256,000}{256,000} \times 100 = $약 −22.7%

- D사: $\frac{9,800-14,500}{14,500} \times 100 = $약 −32.4%

따라서 절댓값이 가장 높은 곳은 A사이다.

ㄷ. (○) 회사별 갑의 마지막 매수 시점 대비 첫 매도 시점의 등락률을 구하면 다음과 같다.

- A사: $\frac{152,000-128,000}{128,000} \times 100 = $약 18.8%

- B사: $\frac{117,000-106,000}{106,000} \times 100 = $약 10.4%

- C사: $\frac{211,000-279,000}{279,000} \times 100 = $약 −24.4%

- D사: $\frac{9,800-13,200}{13,200} \times 100 = $약 −25.8%

따라서 절댓값이 가장 낮은 곳은 B사이다.

25 수리능력
정답 ④

[보고 내용]의 각 항목에 따라 가능한 경우를 정리하면 다음과 같다.

ㄱ. 2021년 4월 판매량이 전월인 2021년 3월 대비 감소한 농산물은 B와 C이다. 따라서 B와 C 중 하나는 마늘, 다른 하나는 사과에 해당한다.

ㄴ. 채소에 해당하는 농산물은 마늘과 양파이다. 2021년 2월부터 5월까지의 총 판매액을 계산하면 다음과 같다.

(단위: 원)

구분	2021년 2월	2021년 3월	2021년 4월	2021년 5월
A	2,020×140 ＝282,800	2,420×130 ＝314,600	3,120×120 ＝374,400	3,840×130 ＝499,200
B	420×650 ＝273,000	630×600 ＝378,000	560×720 ＝403,200	940×770 ＝723,800
C	30×400 ＝12,000	65×440 ＝28,600	60×480 ＝28,800	88×520 ＝45,760
D	4×480 ＝1,920	7×510 ＝3,570	12×490 ＝5,880	16×450 ＝7,200

각 기간에 판매액이 가장 많았던 농산물을 살펴보면, 2월은 A이고, 3월부터 5월은 B이다. 따라서 A와 B 중 하나는 마늘이고 다른 하나는 양파에 해당한다.

ㄷ. 2021년 2월 판매량 대비 2021년 5월 판매량의 증가율을 구하면 다음과 같다.

- A: $\frac{3,840-2,020}{2,020} \times 100 = $약 90%

- B: $\frac{940-420}{420} \times 100 = $약 124%

- C: $\dfrac{88-30}{30} \times 100 =$ 약 193%

- D: $\dfrac{16-4}{4} \times 100 = 300\%$

증가율이 100% 이상인 농산물 B, C, D는 마늘, 배, 사과에 해당한다.

위 내용을 정리해 보면 다음과 같다.

ㄱ. B, C: 마늘, 사과

ㄴ. A, B: 마늘, 양파

ㄷ. B, C, D: 마늘, 배, 사과

ㄱ과 ㄴ에서 중복되는 B가 마늘에 해당되고, A는 양파, C는 사과가 되며, 마지막 D는 배가 된다.

26 문제해결능력 정답 ②

ㄱ. (○) 빵류의 실온보관용 빵 중 과일이 들어간 빵에 한해 제조일 당일에만 판매하며, 다른 제품은 제조일 이후에도 판매를 한다.

ㄴ. (✕) 각 케이크의 2일 경과 후 가격을 정리하면 다음과 같다.

- 딸기 생크림 케이크: 30,000 × 70% = 21,000원

- 초코 생크림 케이크: 20,000원

- 고구마 케이크: 25,000원

- 모카 케이크: 22,000원

- 블루베리 케이크: 28,000 × 70% = 19,600원

- 아이스크림 케이크: 24,000원

따라서 2일 경과 후 가장 저렴한 케이크는 블루베리 케이크이다.

ㄷ. (✕) 각 빵의 가장 저렴한 판매가격을 정리하면 다음과 같다.

- 블루베리 롤빵: 8,000 × 50% = 4,000원

- 앙금 버터빵: 4,000 × 60% = 2,400원

- 딸기 크루아상: 6,000 × 50% = 3,000원

- 소시지 피자빵: 5,000 × 60% = 3,000원

- 바게트 샌드위치: 7,000 × 40% = 2,800원

- 치즈 타르트(3개): 8,000 × 40% = 3,200원

따라서 최종 판매가격이 가장 저렴해질 수 있는 상품은 앙금 버터빵이다.

ㄹ. (○) 버터쿠키의 판매기간은 제조일로부터 13일 이내로 총 14일이고, 마카롱의 판매기간은 제조일로부터 4일 이내로 총 5일이다. 따라서 버터쿠키의 판매기간은 마카롱의 판매기간보다 $\dfrac{14}{5} = 2.8$배 더 길다.

27 문제해결능력 정답 ③

각 구매 상품의 판매가격을 정리해 보면 다음과 같다.

- 당일 제조한 고구마 케이크 1개: 정가 25,000원이다.

- 당일 제조한 딸기 크루아상 1개: 오후 6시 퇴근 후 구매했으므로 50% 할인된 3,000원이지만, S사 직원이 빵류를 구매할 경우 제조 당일에 한해 판매가격에 10% 할인을 추가 적용하므로 2,700원이다.

- 당일 제조한 치즈 타르트 6개: 정가 8,000 × 2 = 16,000원에서 10% 할인을 추가 적용하므로 14,400원이다.

- 제조일로부터 2일 경과한 초코 마카롱 2개: 정가 3,000 × 2 = 6,000원에서 20% 할인이 적용된 4,800원이다.

- 제조일로부터 2일 경과한 모카 버터쿠키 2개: 정가 4,000 × 2 = 8,000원이다.

따라서 갑이 지불해야 할 금액은 총 54,900원이다.

28 수리능력 정답 ④

신청자 A~E의 평가 점수를 산정하면 다음과 같다.

신청자	항목 1	항목 2	항목 3	합계
A	5점	26점	8점	39점
B	7점	20점	4점	31점
C	7점	10점	4점	21점
D	7점	13점	8점	28점
E	5점	10점	6점	21점
F	10점	10점	2점	22점
G	2점	17점	4점	23점
H	7점	23점	10점	40점

평가 점수가 30점 이상인 가구는 A, B, H 3가구이므로, 빈칸에는 2가구를 추가할 수 있는 조건이 들어가야 한다.

① (✕) 취약계층인 C, F, G를 평가 점수와 상관없이 모두 선정할 경우, 총 6가구가 선정된다.

② (✕) 취약계층인 C, F, G에 5점을 가산하더라도 세 가구 모두 평가 점수가 30점 미만이므로, 여전히 3가구가 선정된다.

③ (✕) 평가 점수가 30점 미만인 C, D, E, F, G 중 자녀가 3명 이상인 다자녀가구는 없으므로, 여전히 3가구가 선정된다.

④ (○) 평가 점수가 30점 미만인 C, D, E, F, G 중 2020년 부부 합산 연소득이 2019년보다 감소한 가구는 C, E이므로, 총 5가구가 선정된다.

⑤ (×) 평가 점수가 30점 이상인 A, B, H 중 2020년 부부 합산 연소득이 2019년보다 증가한 가구는 없으므로, 여전히 3가구가 선정된다.

29 문제해결능력 　정답 ②

① (○) 제5조에서 상속 비율은 같은 상속 순위에 있는 사람들이라면 모두가 균등하나, 배우자만 1.5배로 가산한다고 하였다. 따라서 피상속인의 배우자가 상속하는 유산은 다른 상속인 그 누구보다 많다는 것을 알 수 있다.

② (×) 제4조에 따르면 원칙상 우선순위 상속인이 있을 경우 그 아래 순위의 사람은 상속인이 될 수 없다. 하지만 제6조에 따라 피상속인의 유언 중 피상속인의 직계존속에게 상속한다는 내용이 있을 경우 피상속인의 직계존속도 상속인이 될 수 있다.

③ (○) 아들에게는 상속하지 않겠다는 의사에도 불구하고, 제7조의 유류분 제도에 따라 피상속인의 직계비속은 법정상속분의 2분의 1의 권리를 주장할 수 있다.

④ (○) 제10조에 의해 원칙적으로 계자는 상속인이 될 수 없지만, 입양하여 가족관계로 등록하였다면 제11조에 의해 상속인이 될 수 있다.

⑤ (○) 제13조에 의해 혼외자라 하더라도 피상속인의 친자녀로 인정되었다면 상속 1순위인 직계비속에 해당한다. 그리고 이 직계비속은 제3조에 의해 피상속인의 배우자와 공동상속인이 된다.

30 문제해결능력 　정답 ⑤

먼저 [상황]을 그림으로 정리하면 다음과 같다.

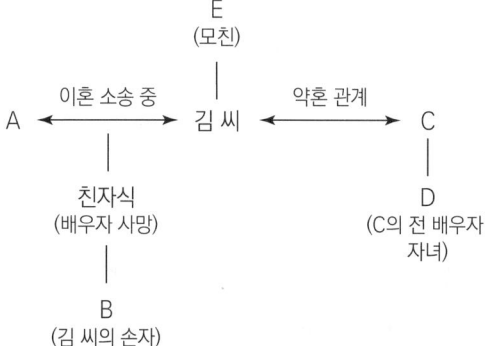

먼저 김 씨는 A와의 이혼 소송 중 사망하였으므로, A는 여전히 김 씨의 배우자에 해당한다. 또한 김 씨와 A의 사이

의 친아들은 사망하였으므로 상속인에서 제외되고, 그들의 자녀, 즉 김 씨의 손자인 B는 피상속인의 직계비속 위치에 해당하여 상속인이 된다. 다음으로 C와 D는 김 씨와 법적 관계가 없으므로 상속인이 될 수 없다. 마지막으로 E는 피상속인의 직계존속이므로 우선순위인 피상속인의 직계비속이 있어 상속인이 될 수 없지만, 김 씨의 유언에 따라 상속인에 포함된다. 이에 따라 E는 제7조에 따른 유류분 금액을 제외한 상속분을 받을 수 있다.

A와 B의 법정상속분 및 유류분을 계산하면 다음과 같다.

- A: 10억 원의 $\frac{1.5}{1.5+1}$인 6억 원이 법정상속분이나 김 씨의 유언에 따라 그 유류분인 $\frac{1}{2}$만 받을 수 있어 A가 상속하는 금액은 총 3억 원이다.

- B: 10억 원의 $\frac{1}{1.5+1}$인 4억 원이 법정상속분이나 김 씨의 유언에 따라 그 유류분인 $\frac{1}{2}$만 받을 수 있어 B가 상속하는 금액은 총 2억 원이다.

- E: 10억 원에서 A와 B의 유류분을 제외한 5억 원을 상속하게 된다.

31 문제해결능력 　정답 ⑤

- A: (×) 농업진흥지역에서 교환하거나 「농어촌정비법」, 「한국농어촌공사 및 농지관리기금법」에 따라 교환하는 농지여야만 취득세를 면제받을 수 있다.

- B: (○) 농지의 중앙지점보다는 농지의 가장자리를 기준으로 경작거리 내 지역을 판단해야 취득세 납부자에게 더 유리하다고 볼 수 있다. 이를 그림으로 살펴보면 다음과 같다.

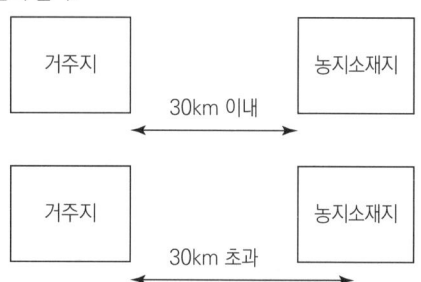

위쪽은 농지의 가장자리를 기준으로 하는 경우로, 이때 거주지는 경작거리 내 지역에 포함되어 농지에 대해 취득세를 감면받을 수 있다. 하지만 아래쪽은 농지의 중앙지점을 기준으로 한 경우로, 이때 거주지는 경작거리 내 지역에 포함되지 않아 농지에 대해 취득세

를 감면받을 수 없다. 따라서 세금 납부자 입장에서는 전자가 더 유리하다.

- C: (X) 대체 취득으로 인해 새로 취득하는 농지가액이 기존 농지가액보다 큰 경우에는 그 초과하는 금액에 대한 취득세를 추가로 납부하여야 하지만, 반대로 새로 취득하는 농지가액이 기존 농지가액보다 낮은 경우에 대해서는 별도의 규정이 없다.
- D: (X) 「농어촌정비법」에 따라 토지 등이 수용되어 이를 대체할 다른 농지를 취득할 경우, 수용이 결정된 날이 아닌 보상금을 마지막으로 받은 날로부터 2년 이내에 취득한 농지에 한해 농지의 취득세를 면제받을 수 있다.

32 문제해결능력 정답 ③

농지 취득세 전액을 면제받기 위해서는 다음의 요건을 모두 만족하여야 한다.

1. 보상금을 마지막으로 받은 날부터 2년 이내에 취득하여야 한다.
   - 농지 A: (X) 농지 취득일이 보상금을 마지막으로 받은 날 이전이다.
   - 농지 E: (X) 농지 취득일이 보상금을 마지막으로 받은 날로부터 2년을 경과하였다.
2. 새로 취득하는 농지가액이 수용된 농지가액보다 크지 않아야 한다.
   - 농지 B: (X) 새로 취득하는 농지가액이 수용된 농지가액보다 크기 때문에 이에 해당하는 취득세를 납부하여야 한다. 따라서 농지 취득세 전액을 면제받는 경우에 해당되지 않는다.
3. 토지 등이 수용된 자가 경작거리 내 지역에 거주해야 한다.
   - 농지 D: (X) 농지소재지와 거주지의 직선거리가 40km이므로 30km를 초과한다.

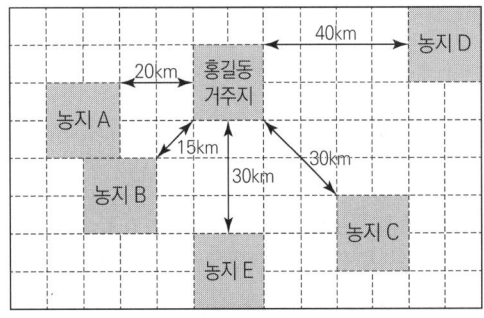

따라서 위 세 가지 요건을 모두 만족하는 농지는 C이다.

33 의사소통능력 정답 ②

① (○) 시설자금의 대출 기간은 최대 15년이고, 운전자금의 대출기간은 최대 5년이므로 전자는 후자의 3배에 해당한다.

② (X) 대출 한도는 은행의 내부 심사 과정에 따라 책정하므로, 대출을 신청하는 고객이 선택할 수 있는 사항이 아니다.

③ (○) 인지세는 고객과 은행이 각각 50%씩 부담하며, 인지세 최고액은 35만 원이다. 따라서 고객이 부담하는 인지세 최대액은 그의 절반인 17만 5천 원이다.

④ (○) 무인주문시스템을 이용하여 상품·서비스를 판매하는 소상공인은 대출 대상에 해당한다.

⑤ (○) 중도상환 해약금 요율은 부동산담보인 경우 1.4%, 부동산 외 담보인 경우 0.9%이다. 따라서 부동산이 아닌 것을 담보로 대출하는 것이 중도상환을 할 경우 해약금이 더 낮게 책정되어 유리하다.

34 문제해결능력 정답 ⑤

- 갑: (X) 4천만 원을 대출받을 경우 인지세액은 비과세이므로 갑은 납부할 금액이 없다.
- 을: (X) 3억 원을 대출받을 경우 납부하여야 하는 인지세는 15만 원의 절반인 7만 5천 원이다.
- 병: (○) 7억 원을 대출받을 경우 납부하여야 하는 인지세는 15만 원의 절반인 7만 5천 원이다.
- 정: (○) 12억 원을 대출받을 경우 납부하여야 하는 인지세는 35만 원의 절반인 17만 5천 원이다.

35 수리능력 정답 ④

중도상환 해약금은 제시된 산식 '중도상환 금액 × 중도상환 해약금 요율 × $\dfrac{\text{대출 잔여 일수}}{\text{대출 기간}}$'로 구할 수 있다. 이때 중도상환 해약금 요율의 경우 부동산담보에는 1.4%, 부동산 외 담보에는 0.9%를 적용한다. 또한 대출 기간이나 대출 잔여 일수가 3년을 초과하는 경우 3년으로 하며, 1년을 365일로 보고 1일 단위로 계산한다.

A와 B의 중도상환 해약금을 계산하면 다음과 같다.

- A: 5,000만 원 × 1.4% × $\dfrac{3 \times 365}{3 \times 365}$ = 700,000원

- B: 4,000만 원 × 0.9% × $\dfrac{365}{2 \times 365}$ = 180,000원

36 자원관리능력 　　　　정답 ①

① (X) 제2조 제1항과 제2항에 의할 때, 사망자여비는 국외 여행에 한해 지급됨을 알 수 있다.

② (O) 제5조에 따르면, 임원이 아닌 직원이 임원의 업무를 수행할 경우 임원과 동등한 여비를 받을 수 있으며, 하급자 역시 상급자와 동일한 업무를 수행하는 경우 상급자와 동일한 여비를 지급받을 수 있다.

③ (O) 제6조 제2항에 따르면, 여행 중 여비의 정액이 개정되었을 때에는 여행기간에 대하여 많은 금액으로 지급하게 된다.

④ (O) 제1조 제2항에 따르면, 은행업무상 필요에 의하여 직원이 아닌 자를 여행하게 할 경우에는 은행장의 승인을 얻어 그 대우에 상당한 직위의 여비를 지급할 수 있다. 즉, T은행 직원은 P은행장의 승인을 얻어 여비를 지급받을 수 있다.

⑤ (O) 제3조에서 여비는 일반적인 경로 및 방법에 의하여 계산하나, 업무형편상 또는 천재지변 등의 사유로 일반적인 경로 및 방법에 의한 여행을 하기 곤란한 경우에는 실제로 여행한 경로 및 방법에 의하여 계산할 수 있다고 하였다. 따라서 자연재해에 따른 도로 사정으로 인해 일반적인 경로의 여행이 불가능한 상황에서는 이를 고려하여 여비를 지급받을 수 있다.

37 자원관리능력 　　　　정답 ①

임원 A와 사원 B의 여비를 각각 계산하면 다음과 같다.

• 임원 A: 당일 귀임이므로 제13조에 따라 여비는 [별표 2]에 의해 지급된다. 출장 시간은 오후 1시부터 오후 5시까지 총 4시간이고, 근무지 외로 출장을 갔지만 편도 10km 이내이므로 근무지 내로 간주한다. 따라서 임원 A가 지급받을 수 있는 최대 여비는 일비 정액의 1/2인 10,000원이다.

• 사원 B: 제5조에 따라 부점장과 교통비·식대·숙박료가 동일하게 지급될 수 있으므로, 사원 B의 교통비, 일비, 식대 그리고 숙박료의 지급액을 정리하면 다음과 같다.

항목	교통비(왕복)	일비	식대	숙박료
지급액	120,000×2=240,000원	18,000×3=54,000원	25,000×3=75,000원	85,000×2=170,000원

따라서 사원 B가 지급받을 수 있는 최대 여비는 총 539,000원이다.

38 자원관리능력 　　　　정답 ②

갑이 지급받을 수 있는 여비를 항목별로 계산하면 다음과 같다.

항공운임	왕복 220,000원－항공마일리지 50,000원=170,000원
자동차운임	80,000원
일비	• 7월 5일~7월 20일: 20,000×16=320,000원 • 7월 21일~7월 25일: 20,000×5×90%=90,000원
식대	30,000×21=630,000원
숙박료	• 7월 5일~7월 20일: 140,000×16=2,240,000원 • 7월 21일~7월 24일: 140,000×4×90%=504,000원

따라서 갑이 지급받을 수 있는 여비는 총 4,034,000원이다.

39 문제해결능력 　　　　정답 ③

① (O) VIP 제도의 종합마일리지 산정 기간은 전전년도 12월 1일부터 전년도 11월 30일까지로 총 12개월이다.

② (O) ROYAL＋ 등급은 당행에서 정한 내부 기준에 의해 별도로 선정된다고 명시되어 있다.

③ (X) CLASSIC 등급의 개인카드 고객도 '생일축하 사은품 제공'이라는 특별서비스를 제공받는다.

④ (O) 개인카드 VIP 고객에게 제공되는 우대서비스 표를 보면, ROYAL＋ 등급의 고객과 ROYAL 등급의 고객이 전 서비스에서 동일한 혜택을 제공받고 있음을 확인할 수 있다.

⑤ (O) VIP로 선정된 개인카드 고객에게는 모든 카드서비스가 제공된다. 일부 서비스(할부수수료 할인, 단기카드대출 수수료 할인)에 대해서는 제공 비율을 달리할 뿐이다.

40 문제해결능력 　　　　정답 ④

갑과 을의 종합마일리지와 선정 등급을 구하면 다음과 같다.

• 갑: (500×1)+(300×2)+(1,200×1)+(1,500×2)=5,300점 → ROYAL

• 을: (2,500×1)+(3,600×2)+(5,000×2)=19,700점 → CLASSIC

따라서 갑에게 적용되는 VIP 우대서비스는 ㄱ, ㄴ, ㄷ, ㄹ,

ㅁ이고, 을에게 적용되는 VIP 우대서비스는 ㄷ, ㅁ이므로, 갑과 을에게 동일하게 적용될 VIP 우대서비스는 ㄷ, ㅁ이다.

41 문제해결능력 정답 ④

먼저, A의 카드이용점수를 계산하면 다음과 같다.

- 국내 일시불 이용 건: 700만 원 → 700×1＝700점
- 유이자 할부 이용 건: 900만 원 → 900×2＝1,800점
- 장기 카드대출 이용 건: 400만 원 → 400×2＝800점

다음으로, A의 우대점수를 계산하면 다음과 같다.

- 치아보험, 운전자보험 마케팅 동의 신청 → 20×2＝40점
- 휴대폰요금, 관리비, 우유배달비 자동이체 신청 → 10×3＝30점
- N은행과 30년 동안 거래 중 → 3×100＝300점

따라서 A의 카드이용점수는 3,300점, 우대점수는 370점으로, 종합마일리지는 3,670점이고, CLASSIC 등급에 해당한다. 이에 A에게 적용될 할부수수료 할인율은 10%이므로 A의 할부수수료율은 15×90%＝13.5%가 된다.

42 의사소통능력 정답 ②

① (○) 리볼빙이란 자금 사정에 따라 결제비율을 선택하여 결제일에 납부할 수 있는 서비스로, 납부하지 못한 금액은 연체 없이 다음 달로 이월된다. 따라서 이달 내에 전액 납부할 여유가 없으나 추후에 납부할 수 있을 것으로 예상되는 상황일 때 이용하면 좋은 제도로 볼 수 있다.

② (✕) 리볼빙 서비스의 적용 시점은 원칙적으로 리볼빙 약정 이후 매출분부터이지만, 약정 전 매출분에 대해서는 선결제가 없을 경우, 결제일 2~3일 전까지 신청하면 변경이 가능하다.

③ (○) 리볼빙 서비스는 영업점 방문(대면) 또는 전화·인터넷·모바일(비대면)을 통해 신청할 수 있다.

④ (○) 청구금액 산식에 따르면, 리볼빙 결제비율은 할부원금·장단기카드대출금·기타수수료인 할부수수료와 연회비에는 적용되지 않는다. 따라서 카드의 연회비금액은 리볼빙 서비스 대상금액이 아님을 유추할 수 있다.

⑤ (○) 결제비율은 최소결제비율 이상으로 하여야하며, 최소결제비율은 개인신용평점에 따라 차등 적용된다. 따라서 결제비율의 최저 비율은 개인신용평점의 영향을 받는다는 것을 알 수 있다.

43 수리능력 정답 ③

[상황]에서 갑의 카드 이용 내역 중 7월 리볼빙 수수료 계산 대상을 정리하면 다음과 같다.

1. '1. 주요 내용'의 '적용 시기'에 따라 리볼빙 약정 이후 매출분부터 적용한다. → 5월 22일 이용 내역은 제외된다.
2. '3. 청구금액'에서 '당월 신규 이용금액은 전월 11일부터 당월 10일까지 일시불로 이용한 금액'이라 하였으므로 7월 10일 이후 이용 내역은 포함되지 않는다. → 7월 11일 이용 내역은 제외된다.
3. '3. 청구금액'에서 할부는 '리볼빙 이용대금 잔액'에 포함되지 않는다. 즉, 일시불이 이용금액 계산 대상이 된다. → 5월 28일, 6월 29일, 7월 4일 이용 내역은 제외된다.
4. '4. 리볼빙 수수료'에 따라 당월 신규 이용금액은 면제된다. 즉, 6월 10일~7월 11일 이용 내역은 면제된다. → 6월 15일, 7월 7일 이용 내역은 제외된다.
5. 남은 6월 7일과 6월 9일 이용금액 600,000원(＝400,000＋200,000) 중 결제비율 30%에 해당하는 180,000원은 6월에 청구되었을 것이므로, 7월 리볼빙 수수료 계산 대상이 되는 '전월 미결제액'은 420,000원(＝600,000－180,000)이다.

이용일	이용 금액		전월 미결제액 포함 여부	비고
5월 22일	일시불	500,000원	✕	신청일 이전 이용
5월 28일	할부	600,000원	✕	할부
6월 7일	일시불	400,000원	○	6월 30% 청구
6월 9일	일시불	200,000원	○	6월 30% 청구
6월 15일	일시불	300,000원	✕	당월 신규 이용금액
6월 29일	할부	100,000원	✕	할부
7월 4일	할부	200,000원	✕	할부
7월 7일	일시불	200,000원	✕	당월 신규 이용금액
7월 11일	일시불	300,000원	✕	7월 10일 이후 이용

따라서 7월에 청구될 리볼빙 수수료는 $420,000 \times 0.1 \times \frac{30}{365}$ 원이 된다.

44 자원관리능력 정답 ③

먼저, 갑의 거래처 B와 C의 방문 순서별 소요 시간을 계산하면 다음과 같다.

1. B, C 순으로 이동할 경우
   - 오전 09:00~오전 09:58: A → B 이동
   - 오전 09:58~오전 10:48: B에서 계약
   - 오전 10:48~오전 11:23: B → C 이동
   - 오전 11:23~오후 12:00: C 점심시간으로 대기
   - 오후 12:00~오후 01:00: C에서 계약
   - 오후 01:00~오후 02:00: C에서 점심식사
   - 오후 02:00~오후 02:33: C → F 이동

2. C, B 순으로 이동할 경우
   - 오전 09:00~오전 09:52: A → C 이동
   - 오전 09:52~오전 10:52: C에서 계약
   - 오전 10:52~오전 11:27: C → B 이동
   - 오전 11:27~오후 12:17: B 점심시간 30분 전 도착으로 계약 진행
   - 오후 12:17~오후 01:17: B에서 점심식사
   - 오후 01:17~오후 02:02: B → F 이동

갑이 F에 도착할 수 있는 가장 빠른 시각은 오후 2시 2분이다.

다음으로, 을의 소요 시간을 계산하면 다음과 같다.
- 오전 08:10~오전 09:15: D → E 이동
- 오전 09:15~오전 09:50: E에서 출장 업무
- 오전 10:05~오전 10:55: E → D 이동
- 오전 10:55~오후 12:55: D에서 회의
- 오후 12:55~오후 01:45: 점심식사
- 오후 01:50~오후 02:15: D → F 이동

을이 F에 도착할 수 있는 가장 빠른 시각은 오후 2시 15분이다.

따라서 갑과 을이 미팅을 할 수 있는 가장 빠른 시각은 2시 15분이다.

45 자원관리능력 정답 ④

항목별 점수표에 따라 중고 처분 고려 물품의 점수를 정리하면 다음과 같다.

구분	정수기	커피 머신	에어컨	휴게실 탁자	빔프로 젝터
사용 기간	5점	2점	2점	5점	2점
보증 기간	5점	3점	2점	5점	2점
노후도	2점	5점	4점	1점	5점
새제품 출고가 / 처분 이익	900,000 / 210,000 ≒4.3 → 3점	600,000 / 120,000 =5 → 1점	1,600,000 / 360,000 ≒4.4 → 2점	700,000 / 175,000 =4 → 5점	1,500,000 / 360,000 ≒4.2 → 4점
직원 의견	2점	4점	5점	4점	4점
합계	17점	15점	15점	20점	17점

따라서 A회사가 처분할 물품으로 가장 적절한 것은 휴게실 탁자이다.

46 자원관리능력 정답 ③

앞 문항에서 계산한 점수표에서 사용 기간, 보증 기간, 노후도, $\frac{\text{새 제품 출고가}}{\text{처분 이익}}$ 점수를 수정하여 정리하면 다음과 같다.

구분	정수기	커피 머신	에어컨	휴게실 탁자	빔프로 젝터
사용 기간	2점	2점	2점	0점	2점
보증 기간	2점	3점	2점	2점	2점
노후도	4점	4점	1점	1점	2점
새제품 출고가 / 처분 이익	900,000 / 210,000 ≒4.3 → 2점	600,000 / 120,000 =5 → 1점	1,600,000 / 720,000 ≒2.2 → 5점	700,000 / 175,000 =4 → 4점	1,500,000 / 360,000 ≒4.2 → 3점
직원 의견	2점	4점	5점	4점	4점
합계	12점	14점	15점	11점	13점

따라서 A회사가 처분할 물품으로 가장 적절한 것은 에어컨이다.

47 정보능력 정답 ①

① (X) 앞에서 1·2번째 자리를 통해 환자의 출생연도를 알 수 있지만, 출생월일까지는 알 수 없다.

② (O) 앞에서 5·6번째 자리가 'F1'이라면 인지장애가 있는 것이고, 그 외의 코드라면 인지장애가 아닌 것이다.

③ (O) 뒤에서 2·3번째 자리가 '12'라면 고등학교에 재학 중인 것이고, 그 외의 코드라면 고등학교에 재학 중이 아닌 것이다.

④ (O) 앞에서 3·4번째 자리가 '01'이면서 뒤에서 1번째 자리가 '1'이라면 바우처 지원대상인 남성인 것이고, 그 외의 코드라면 그렇지 않은 것이다.

⑤ (○) 앞에서 7번째~뒤에서 4번째 자리에 '5'라는 코드
가 있다면 환자가 K언어치료센터에서 정서치료를 받
고 있는 것이고, '5'라는 코드가 없다면 정서치료를 받
지 않고 있는 것이다.

48 정보능력 　　　　　　　　정답 ⑤

① (○) 1701: A는 2017년생 남성이다.

② (○) 01: A는 어린이집에 재원 중이다.

③ (○) 0: A는 바우처 지원대상자가 아니다.

④ (○) R0: A는 단순 발달지연으로 정신적 질환으로 분
류되지 않는다.

⑤ (×) 012: A는 언어, 인지, 놀이치료의 총 세 가지 치료
방법을 병행하고 있다.

49 정보능력 　　　　　　　　정답 ③

① (○) 01130: 갑은 2020년(0) 11월 30일(1130)에 확
진되었다. 따라서 2021년 기준 작년에 확진되었음을
알 수 있다.

② (○) BB12: 갑은 여성(B)으로 2018년생(B18)이다. 따
라서 갑은 2021년 기준 미성년자이다.

③ (×) UK: UK는 국내발생 중 감염경로를 알 수 없는 경
우에 해당한다.

④ (○) V: 갑은 기존 코로나 바이러스(V)에 의해 감염되
었다.

⑤ (○) B: 갑은 백신접종을 진행 중(B)이므로, 이미 접종
을 최소 한 차례 맞았고 추후에 백신을 더 맞아야 함을
알 수 있다. 따라서 갑이 맞은 백신은 2회 이상 맞아야
하는 제품일 것이다.

50 정보능력 　　　　　　　　정답 ④

[대화]에 따라 각 항목의 코드를 정리하면 다음과 같다.

- 성별: 남아 → A
- 출생연도: 2020년 → B20
- 확진일시: 2020년 12월 2일 → 01202
- 확진경로: 부모로부터 감염이므로 동일지역 내로 볼 수
있음 → IA
- 감염바이러스: 델타형 → D
- 백신접종 여부: 안 함 → C

따라서 을의 확진자코드로 적절한 것은 'AB2001202IADC'
이다.

PART 2 실전모의고사

제1회 실전모의고사

✏️ 직무능력평가

01	02	03	04	05	06	07	08	09	10
⑤	②	③	②	③	③	④	⑤	③	③
11	12	13	14	15	16	17	18	19	20
⑤	④	③	③	①	①	③	④	⑤	⑤
21	22	23	24	25	26	27	28	29	30
②	③	②	③	②	④	③	④	④	③
31	32	33	34	35	36	37	38	39	40
②	②	②	①	③	⑤	①	④	④	②
41	42	43	44	45					
③	③	③	④	④					

01 의사소통능력 정답 ⑤

제시문에서 주기는 확장기 – 후퇴기 – 수축기 – 회복기의 순환이라고 하였다. 따라서 1998년도에 확장기가 시작되어 2002년도까지를 회복기로 볼 수 있으므로 주기는 4년이다. 1999년도 정점의 경기지수가 180이고 2001년도 저점의 경기지수가 40이므로 진폭은 140(＝180－40)이다.

02 의사소통능력 정답 ②

① (○) 지원자격은 '만 20세 이상~만 70세 미만인 자'이므로 옳은 설명이다.

② (×) 전년도 사업대상자 중 카드미발급자 및 전액 미사용자만 지원 대상에서 제외되는 것이므로 옳지 않은 설명이다.

③ (○) '농업경영과 관련한 직장가입자 및 사업자등록자는 지원 가능'이라고 명시되어 있으므로 옳은 설명이다.

④ (○) 1인 연간 지원액 13만 원 중 자부담은 도비와 시비 지원 비율(30%＋50%＝80%)을 제외한 20%이므로 26,000원에 해당한다. 따라서 자부담액은 25,000원을 초과한다.

⑤ (○) '기간 내 미사용 시 자동 소멸'이라고 명시되어 있으므로 옳은 설명이다.

03 의사소통능력 정답 ③

제시문은 서구의 중심부 국가를 기준으로 노동 사회의 일반적인 특징을 전제한 뒤, 그것이 주 40시간 노동을 기준 노동으로 삼는 주 5일 근무제 하에서 노동자의 일상에 어떠한 의미를 갖는가를 서술하고 있다. 여기에서 유념해야 할 점은, 노동 사회의 표준 노동 시간의 기준들, 하루 8시간, 주 40시간, 연 40주가 가변적인 것이라는 사실이다. 이 점을 고려할 때, 제시문의 중심 논지는 노동사회에서 표준 노동 시간의 변화는 궁극적으로 노동자의 일상 생활양식에 변화를 초래한다는 것이다. 따라서 정답은 이와 같은 내용을 진술하고 있는 ③이 된다. ④와 ⑤의 내용은 제시문에서 확인할 수 없으며, ①과 ②의 내용은 제시문의 중심 내용이 아니라 논지를 뒷받침하는 내용이다.

04 의사소통능력 정답 ②

ㄱ. (○) B급 없이 A, C급만 존재하는 경우 최초 평균기대가격은 600만 원이 되지만 A급 판매자는 자동차를 팔지 않고 시장을 떠날 것이므로 시장에는 400만 원의 C급만 남아 있게 된다. 따라서 시장에서는 C급 자동차만 600만 원에 거래될 것이다.

ㄴ. (×) A, B, C급이 차지하는 비중이 동일하므로 결국 평균 기대가격은 600만 원이 된다. 그렇지만 A급 중고

차 판매자는 팔지 않고 시장을 떠날 것이므로, 결국 B, C급이 시장에 남아 600만 원에 거래될 것이다.

ㄷ. (O) 위 ㄱ의 해설과 같은 논리로 접근하면 700만 원에 B급만 거래된다.

ㄹ. (X) A급 중고차만 100% 있다면 A급 역시 거래된다.

05 의사소통능력   정답 ③

ㄱ. (O) PER은 특정 기업의 주식에 투자할지 여부를 결정하는데 고려할 수 있는 지표로, 제시문의 전반적인 내용(특히 마지막 문단)을 통하여 볼 때 주가가 기업의 가치를 적정하게 반영하고 있는지를 판단할 수 있게 한다.

ㄴ. (O) PER은 주가를 주당순이익으로 나눈 값이므로 적정 PER이 변하면 적정주가도 변한다.

ㄷ. (X) PER은 주가를 EPS로 나눈 값이므로 $PER = \dfrac{주가}{\dfrac{순이익}{주식 수}} = \dfrac{주가 \times 주식 수}{순이익}$ 로 계산할 수 있다. 따라서 어떤 기업의 순이익이 증가하면 PER은 낮아지고, 주가가 상승하거나 주식 수가 증가하면 PER은 높아진다.

ㄹ. (O) 마지막 문단에서 PER이 낮은 종목의 경우에는 상대적으로 저평가된 것으로 판단할 수 있기 때문에 합리적으로 투자를 결정한다면 그러한 종목을 우선적으로 매입할 것이라고 추론할 수 있다.

06 의사소통능력   정답 ③

ㄱ. (O) 콜금리 인상 시 시중금리(대출금리)가 상승하므로 레버리지를 이용한 부동산 투기가 억제될 수 있다. 인상 주장의 근거가 된다.

ㄴ. (O) 실물경제가 과열기조이므로 경기과열에 따른 물가 상승을 방지할 필요가 있다. 인상 주장의 근거가 된다.

ㄷ. (X) 대출자의 이자 부담 증가로 인한 소비 둔화를 우려하고 있으므로 인하 주장의 근거가 된다.

ㄹ. (X) 현재에도 경기회복이 가능하므로 금리를 인하하지 않아도 된다는 주장의 근거가 될 수 있을 뿐이고, 인상 주장의 근거로는 적합하지 않다.

ㅁ. (O) 물가 상승에 대해 콜금리를 높임으로써 시중 자금을 흡수할 필요가 있다. 인상 주장의 근거가 된다.

07 의사소통능력   정답 ④

ㄱ. (O) 1문단에서 구매자 중심의 시장에서는 소비자가 추구하는 가치를 적극적으로 고려해야 한다고 언급하고 있다. 즉, 기업은 소비자가 원하는 것이 무엇인지를 적극적으로 파악하여 판매 전략에 반영하여야 할 것이다.

ㄴ. (X) 1문단의 "구매자 중심의 시장에서 가격의 역할은 점차 축소되고 있다."에서 알 수 있듯이 가격의 역할은 점차 축소되고 있으므로 가격보다는 비가격적 요소에 보다 많은 신경을 써야 할 것이다

ㄷ, ㄹ. (O) 2문단의 "기업들이 환경 문제나 사회 복지 등과 관련된 요인을 잘 살피지 않고 지나쳐 버렸다는 것이다. ~ 소비자의 생활수준과 문화를 향상시키는 방향으로 기업 활동을 전개해야 할 것이다."를 통해서 확인할 수 있듯이 환경 문제나 생활수준과 문화를 향상시키는 데 노력을 기울여야 하므로, 휴식공간을 설치하거나 공해 추방운동을 지원하는 것은 적절한 전략이 된다.

08 의사소통능력   정답 ⑤

② (X) 사모펀드에서 수익을 보장할 수 있는 방법은 무조건 매물을 싸게 구입하는 데 있는 것이 아니라, 싸게 구입한 매물의 가치를 올려 최대의 수익차를 발생시키는 것이라는 점에서 올바른 진술이 아니다.

⑤ (O) 제시문에서 국내 사모펀드의 문제점으로 지적하고 있는 것은, 외국계 자본들이 이미 휩쓸고 간 결과 투자할 매력이 있는 쓸 만한 매물이 남아 있지 않다는 것과 국내 투자자들의 기대 수익이 지나치게 높다는 것이다. 따라서 내재 가치를 지닌 새로운 매물을 발견하여 국내 투자자들의 자본을 끌어들일 수 있는 방안을 마련하는 것이 가장 시급한 문제이다.

09 의사소통능력   정답 ③

건설협회 관계자는 '분양 원가 공개 의무화 반대'라는 결론을 유도하기 위하여 '기술 혁신을 통한 원가 절감 유인 저하, 주택의 품질 하향 유인 증가'라는 근거를 들었다. 이를 뒷받침하는 논거는 동일한 결론을 유도할 수 있음은 물론 근거와도 직접적으로 연관되어 있어야 함을 유의해야 한다.

①, ②, ④ (X) 건설협회 관계자의 주장과 동일하게 '분양 원가 공개 의무화 반대'라는 결론을 유도할 수 있으나

근거와는 직접적인 연관성이 없다.

③ (○) 분양 원가 공개 의무화에 반대하는 결론을 유도할 수 있으며, 소비자가 주택의 질보다는 가격에 관심을 가지게 되어 기업에도 영향을 줄 것이라는 근거를 제시하였으므로 적절한 논거이다.

⑤ (X) 분양 원가 공개 의무화에 찬성하는 결론을 유도하므로 적절하지 않은 논거이다.

10 문제해결능력 정답 ③

① (○) 시장의 위협을 회피하고 약점을 최소화하는 전략인 WT전략이다.

② (○) 시장의 기회를 활용하기 위해 강점을 사용하는 전략인 SO전략이다.

③ (X) PB상품 출시로 가격 경쟁력 하락에 대응하기 위해 신선하고 고급스러운 식재료를 사용한 프리미엄 상품을 출시하여 차별화한다는 전략은 차별화 전략이므로 SWOT 분석 전략으로 옳지 않다.

④ (○) 약점을 극복함으로써 시장의 기회를 활용하는 전략인 WO전략이다.

⑤ (○) 시장의 기회를 활용하기 위해 강점을 사용하는 전략인 SO전략이다.

11 문제해결능력 정답 ⑤

① (○) 시장의 위협을 회피하기 위해 강점을 사용하는 전략인 ST전략이다.

② (○) 시장의 위협을 회피하기 위해 강점을 사용하는 전략인 ST전략이다.

③ (○) 약점을 극복함으로써 시장의 기회를 활용하는 전략인 WO전략이다.

④ (○) 시장의 위협을 회피하기 위해 강점을 사용하는 전략인 ST전략이다.

⑤ (X) 초기 모델을 좋아하는 소비자를 위해 복각모델을 출시한다는 전략은 특정 시장이나 고객에게 한정된 전략인 집중화 전략이므로 SWOT 분석 전략으로 옳지 않다.

12 자원관리능력 정답 ④

장 사원은 가장 먼저 1팀에서 여분 비품을 받은 뒤 이 팀장에게 클리어 파일을 전달해야 한다. 그다음 업체에 연락하여 품절된 비품 재고 확인을 해야 한다. 마지막으로 지난주에 주문한 비품이 도착한 뒤 비품을 정리해야 한다.

13 문제해결능력 정답 ③

ㄱ. (X) 사용연한이 정해져 있는 무형자산만 감가상각 대상이다.

ㄴ. (○) 남은 사용기간은 해가 갈수록 줄어들기 때문에 연수합계법으로 계산한 감가상각비는 자산의 수명이 다할수록 감소한다.

ㄷ. (○) 감가상각비(정액법) = (5억 원 - 5천만 원)/10년 = 4천5백만 원

ㄹ. (X) 연간생산량과 감가상각비는 서로 반비례한다.

14 자원관리능력 정답 ③

예산은 420만 원이고, 태블릿PC를 8대 구매하고자 하므로 1대당 가격은 420/8 = 52.5만 원 이하여야 한다. A~E제품 중 B제품을 제외한 A, C, D, E제품 중 선택한다. 네 제품 모두 화면 크기가 10인치 이상이고, 내장메모리는 64GB 이상이다. 네 제품 중 램이 4GB 이상인 제품은 C제품, E제품이고, 두 제품은 CPU 속도가 2.3GHz 이상이다. 두 가지 이상의 제품이 선정된 경우는 내장메모리가 더 큰 제품을 구매한다고 하였으므로 C제품, E제품 중 내장메모리가 더 큰 C제품을 구매한다.

15 문제해결능력 정답 ①

기준 금액 산정 시 온라인 점포 구매 건도 포함된다고 하였으므로, T의 7~9월의 기준 금액은 78,000 + 5,000 + 2,500 + 18,500 + 50,000 + 42,000 + 45,000 + 18,500 + 92,000 + 58,000 = 409,500원이다. T의 멤버십 제도 변경 전 등급은 일반등급이고, 변경 후 등급은 VIP등급이다. 포인트 적립은 오프라인 점포 구매 건만 포함한다고 하였으므로 T의 10월 동안 구매 금액은 95,000 + 48,000 + 60,000 = 203,000원이다. T의 변경 전 적립 포인트는 203,000 × 0.005 = 1,015포인트, 변경 후 적립 포인트는 203,000 × 0.01 = 2,030포인트이므로 차이는 2,030 - 1,015 = 1,015포인트이다.

16 자원관리능력 정답 ①

10개의 회의실에 설치하고, 600만 원 이하로 구매한다고 하였으므로 개당 제품가격은 600/10 = 60만 원 이하여야 하며, A제품, B제품, C제품, E제품이다. 네 제품 모두 램프수명은 25,000시간 이상이고, 네 제품 중 소음이

26dB 이하인 제품은 A제품, B제품, C제품이다. 세 제품 모두 500안시루멘 이상이고, 세 제품 중 내장 배터리와 자동 키스톤보정 기능이 있는 제품은 A제품, B제품이다. 2가지 이상의 제품이 선정될 경우 중량이 적은 제품을 구매한다고 하였으므로 A제품과 B제품 중 중량이 적은 A제품을 구매한다.

17 문제해결능력　　정답 ③

① (X) 농업인이 영농에 사용하기 위하여 부담한 부가가치세만 환급받을 수 있다.

② (X) "2011. 7. 1.부터 농업인이 부가가치세 사후 환급을 받기 위해서는 국립농산물품질관리원을 통하여 농업경영정보를 등록하여야 한다."라는 내용을 통해 영농을 시작한 일자와 별개로 부가가치세에 대한 환급을 받기 위해서는 2011년 7월 1일부터 농업경영정보를 등록하여야 함을 알 수 있다.

③ (O) "농업인이 영농자재를 구입할 때 부가가치세 부담이 없도록 하는 제도에는 (사전)영세율제도와 (사후)환급제도가 있다."라는 내용에서 볼 때, 영세율제도를 이용하면 처음부터 부가가치세를 납부하지 않아도 됨을 알 수 있다.

④ (X) 영농자재 부가가치세 사후환급제도는 농업용 이외의 다른 용도로 사용되는 것을 방지하여 농업인에게 실질적인 혜택을 주기 위한 제도이다.

⑤ (X) 지역농·축협은 부가가치세 환급에 관한 서류를 제출하는 곳이다. 영농자재의 부가가치세 환급을 위해 지역농·축협에서 영농자재를 구입해야 한다는 내용은 나와 있지 않다.

18 문제해결능력　　정답 ④

① (X) 농업인이 영농에 사용하기 위해 구입하는 영농자재에 한하여 적용하는 특례이므로 농업인이 아닌 A는 적용받을 수 없다.

② (X) 이미 사전에 영세율을 적용받아 부가가치세를 부담하지 않기에 사후 환급제도를 이용할 필요가 없다.

③ (X) 영농에 사용한다 하더라도, '부가가치세 환급이 적용되는 농업용 기자재'에 해당하지 않으면 환급받을 수 없다.

④ (O) 구입일이 속하는 분기 말의 다음 달 10일까지 제출해야 하므로, 4월 15일 구매한 농업용 기자재에 대하여 7월 10일까지 서류를 제출하여야 한다.

⑤ (X) 농업인이 부담한 부가가치세를 환급받기 위해서는 구매처가 아닌 지역농·축협 등 환급대행기관에 제출해야 한다.

19 문제해결능력　　정답 ⑤

A는 9월 2일 금요일 오후 3시에 매도주문을 하였으므로 오후 5시 이전 매도에 해당되며, T+2 영업일 기준가로 매도되며, T+5 영업일에 입금된다고 하였다. 9월 2일 금요일이 제1영업일, 9월 5일 월요일이 제2영업일, 9월 6일 화요일이 제3영업일, 9월 7일 수요일이 제4영업일, 9월 8일 목요일이 제5영업일, 9월 9일 금요일이 제6영업일이다. 따라서 A에게 입금되는 날짜는 제6영업일인 9월 9일이다.

20 문제해결능력　　정답 ⑤

B는 9월 8일 목요일 오후 6시에 환매를 청구했으므로 오후 5시 이후 환매 청구에 해당하며 T+4 영업일에 기준가로 환매, T+8 영업일에 환매대금이 지급된다고 하였다. 9월 8일 목요일이 제1영업일, 9월 9일 금요일이 제2영업일, 9월 12일 월요일이 제3영업일, 9월 13일 화요일이 제4영업일, 9월 14일 수요일이 제5영업일, 9월 15일 목요일이 제6영업일, 9월 16일 금요일이 제7영업일, 9월 19일 월요일이 제8영업일, 9월 20일 화요일이 제9영업일이다. 따라서 환매대금이 지급되는 날짜는 제9영업일인 9월 20일이다.

21 문제해결능력　　정답 ②

[상황]의 사람들이 이용할 대출상품을 정리하면 다음과 같다.

- 갑: 연소득 2,000만 원인 근로자이고 신용등급이 5등급이므로 햇살론을 이용할 수 없고, 신용등급이 5등급이므로 바꿔드림론도 이용할 수 없다.
- 을: 연소득이 3,000만 원이므로 미소금융을 이용할 수 없고, 연 30%로 4,000만 원의 채무가 있으므로 바꿔드림론도 이용할 수 없다.
- 병: 채무가 없으므로 바꿔드림론을 이용할 수 없다.
- 정: 재산 대비 채무비율이 58%이므로 미소금융을 이용할 수 없고, 연 11%로 2,000만 원의 채무가 있으므로 바꿔드림론도 이용할 수 없다. 바꿔드림론의 대상이 되기 위해서는 연 20% 이상이면서, 3,000만 원 이하의 채무가 있어야 한다는 조건을 모두 충족해야 함을 유의하도록 하자.

이름 \ 대출상품	햇살론	새희망홀씨	미소금융	바꿔드림론
갑	X	○	○	X
을	○	○	X	X
병	○	○	○	X
정	○	○	X	X
계	3명	4명	2명	0명

따라서 햇살론은 3명, 새희망홀씨는 4명, 미소금융은 2명이 이용할 것이므로 가장 많은 사람이 이용하게 되는 대출상품은 새희망홀씨이다.

22 자원관리능력   정답 ③

갑은 B, C 순으로 출장을 다녀와야 하기 때문에 A → B → C 노선을 이용하여야 한다. 12시 30분에 출발한다고 했으므로 갑이 탈 수 있는 가장 빠른 버스는 A에서 12시 50분 버스이다. B에 도착하면 1시 35분, B에서의 업무 소요시간은 30분으로 업무를 마치면 2시 5분이다. 다음 갑이 B에서 탈 수 있는 가장 빠른 버스는 2시 20분이고 C에 도착하면 3시 5분이다. 여기서 업무 소요시간은 20분으로 마치면 3시 25분이다. 업무를 모두 마쳤으므로 갑은 C → B → A 노선을 탈 필요가 없기에 직행인 C → A 버스를 이용해 더 빠른 복귀를 할 수 있다. C에서 갑이 탈 수 있는 가장 빠른 시간은 3시 35분으로 A로 복귀시간은 4시이다.

을은 C에만 가면 되므로 A → B → C 노선과 A → C 노선 중 더 빠른 노선을 이용하면 된다. 1시 출발인 을은 A → B → C 노선을 이용하면 1시 출발 2시 25분 도착이나, A→C 노선을 이용하면 1시 20분 출발 2시 5분 도착이므로 후자를 이용하는 것이 더 빠르다. 을의 소요시간은 1시간 10분으로 업무를 마치면 3시 15분이 된다. 을역시 C → A 버스를 이용해 더 빠른 복귀를 할 수 있다. 을이 탈 수 있는 가장 빠른 버스는 3시 20분으로 A로 복귀시간은 3시 55분이다.

따라서 두 사람 모두가 복귀할 수 있는 가장 빠른 시각은 4시이다.

23 자원관리능력   정답 ②

이 대리는 출근 후 버스표 매진을 대비하여 버스 시간표 검색과 예매 후 거래처와 미팅을 할 계획이다. 거래처와의 미팅을 마치고 외근 시 필요한 자료를 작성하고 동기와의 점심 식사 후 터미널로 이동하여 버스에 탑승한다.

24 자원관리능력   정답 ③

이 대리는 오전 8시에 출근하여 9시부터 11시까지 거래처와의 미팅을 진행한다. 11시부터 11시 50분까지 외근 시 필요한 자료를 작성하고 11시 50분부터 12시 30분까지 점심 식사를 한다. 이 대리는 12시 30분에 사무실에서 출발하여 12시 35분에 버스터미널에 도착한다. 이 대리는 가장 빠르게 탑승할 수 있는 버스를 예매한다고 하였으므로 출발시각은 12:56이지만 12:56 출발 버스의 잔여석은 0좌석이므로 다음에 출발하는 13:16 출발 버스표를 예매한다.

25 문제해결능력   정답 ②

ㄱ. (X) '다'국에서 대출 시 이자가 발생하게 되는데 그 이자율이 어느 정도인지 주어진 정보로는 알 수 없다.

ㄴ. (○) A가 생산설비 구입을 위해 대출을 한 '나'국의 대출 금리가 0.5%에서 9%로 대폭 인상될 수 있는 상황이므로 상환을 가속화하는 것이 바람직하다.

ㄷ. (X) '가'국의 대출금리는 8%이다. ㄷ처럼 하는 것보다는 소유하고 있는 '다'국의 국채를 매각하여 마련한 금액으로 대출을 상환하는 것이 최선의 방법이다.

26 문제해결능력   정답 ④

① (○) BCG 매트릭스는 사분면에 현재 사업이 처한 상황을 직관적으로 표시함으로써 의사결정에 도움을 준다.

② (○) 캐시카우는 투자에 비해 수익이 월등하나 시장성장률은 낮으므로 잉여자금을 시장성장률이 높은 사업으로 투자를 하게 된다.

③ (○) BCG 매트릭스는 정량화와 단순화의 결점이 있어 대답이 하나밖에 존재하지 않는다는 맹점이 있다.

④ (X) BCG 매트릭스상 평균 비용의 상승 여부는 확인할 수 없다.

⑤ (○) 시장성장률과 시장점유율이 높은 별 영역에서 시장성장률이 낮아지는 경우 캐시카우 영역으로 옮겨 가게 된다.

27 문제해결능력   정답 ③

① (○) 경제 분야에서는 2021년의 온라인농산물거래소 시범사업을 진행하고, 2022년에는 참여를 확산시켜, 2023년 이후에는 온라인경매 활성화를 계획하고 있어 점차 농산물거래 및 경매가 온라인으로 진행될 것임을 예상할 수 있다.

② (○) 중앙회 차원에서는 2021년부터 원격근무 시범부서를 운영하고, 2022년에는 원격근무 필수인원을 확대하여, 2023년 이후에는 원격근무 체제가 개선되고 안정화될 수 있도록 하려고 한다. 이러한 계획에 따르면 원격근무 인원의 증가로 인해 농협중앙회의 본부 출입인원이 2021년 이전보다 더 감소하리라 예상할 수 있다.

③ (X) 2021년에는 무인매장을 시범운영할 예정이며, 2022년에는 무인매장 규모를 확대하고, 2023년에는 무인매장 점포수를 확대할 것이다. 이로 인해 매장 운영인원이 최소한으로 감소하리라 예상할 수는 있지만 매장의 통폐합이 이뤄지는 것은 아니다. 즉, 매장 운영인원의 감소는 지역매장의 통폐합이 아니라 무인 매장 점포수 확대로 인한 것으로 예상할 수 있다.

④ (○) 농협중앙회에서는 2021년에 NH농업인포털의 구축 및 서비스를 개시할 계획이며, 2022년에는 포털을 고도화하여 2023년 이후에는 사용자를 확산시키는 방향으로 사업을 진행할 예정이다. 따라서 포털의 고도화를 위하여, 그리고 확산되는 사용자들의 수요를 반영하여 업데이트가 지속적으로 이루어질 것임을 예상할 수 있다.

⑤ (○) 추진계획 그림을 보면 2021년에는 디지털혁신의 '성공 사례 도출'을 목표로 사업이 계획되어 있고, 2022년에는 '참여 확산', 2023년 이후에는 '내재화/체질전환'이 이뤄지도록 계획하고 있다.

28 문제해결능력 정답 ④

'같은 뜻 – 다른 표현'을 찾는 유형의 문제이다. ㅁ은 A은행 핵심가치 중 주인정신에 해당한다. 최고지향은 ㄹ과 연결할 수 있다.

29 문제해결능력 정답 ④

①은 경영진 만족도에 대한 내용이고 ②는 사내문화 만족도에 대한 내용이다. ③과 ⑤는 업무와 삶의 균형에 대한 만족도에 해당하는 내용이다. 기사에는 ④의 내용인 급여 및 보상에 관한 내용은 없다.

30 문제해결능력 정답 ③

① (X) A는 2018년에 퇴직한 셈이므로 퇴직 후 3년이 경과되어 지원할 수 없다.

② (X) 2022년 1월 한국 변호사 자격증을 취득한 후 3개월 후인 4월부터 활동한 경우 1년 이상 경력이 되지 않으므로 지원할 수 없다.

③ (○) C는 2012년 10월 관련분야 석사학위를 취득한 직후 2017년까지 경력을 가지고 있으므로 학위 자격을 충족하여 지원할 수 있다.

④ (X) D는 경력을 충족하지 못하였고, 학위 요건에서 석사학위 취득 후 4년이 경과하지 않았으므로 지원할 수 없다.

⑤ (X) E는 2020년 국제통상법 석사학위를 취득하여 현재까지 동일 연구소에서 근무 중이므로 관련분야 석사학위 소지 후 4년 이상 경력이 되지 않아 지원할 수 없다.

31 문제해결능력 정답 ②

ㄱ. (X) 당초 정부는 200억 원~500억 원의 중간 과세표준 구간을 신설하여 법인세율을 20%로 내릴 예정이었으므로, 예정대로 개정이 이루어졌다면 과세표준이 300억 원으로 산출된 법인은 감세 혜택을 받게 된다.

ㄴ. (○) 개정 하에서는 2억 원~200억 원 사이의 구간에서 2%의 세율 인하가 적용된다.

ㄷ. (X) 과세표준 200억 원 초과 법인에 대하여는 개정 전후 세율이 22%로 동일하므로 세율 개정으로 인한 인하 혜택을 받을 수 없다.

32 문제해결능력 정답 ②

주어진 [정보]를 기호화하면 다음과 같다.
1) A → D
2) B → ~C
3) A → E
4) ~B → ~D

이들과 그 대우를 조합해 보며 연결할 수 있는지를 판단한다.

① (X) 2)의 B → ~C 이후 연결되는 것이 없다.

② (○) 2)의 대우 C → ~B, 4)의 ~B → ~D, 1)의 대우 ~D → ~A를 연결하면 C → ~A가 된다.

③ (X) 주어진 조건과 그 대우 중 어느 것으로도 E로 시작하는 명제를 이끌어 낼 수 없다.

④ (X) 1)의 A → D에, 4)의 대우 D → B를 연결하면 A → B가 되므로 참이 아니다.

⑤ (X) ~C로 시작하는 명제를 이끌어 낼 수 없다.

33 문제해결능력　　　정답 ②

SWOT 분석에서 S는 내부의 강점을, W는 내부의 약점을, O는 외부의 기회를, T는 외부의 위협을 의미한다.

ㄱ. (O) SO 전략은 강점을 살려 기회를 활용하는 전략이라 할 수 있으므로 ㄱ은 적절한 대안이다.

ㄴ. (X) ST 전략은 강점을 살려 위협을 극복하는 전략이므로 ㄴ은 적절하지 않다. 왜냐하면 제시된 전략은 외부의 위협을 내부를 개혁하는 기회로 삼고자 하는 내용이기 때문이다.

ㄷ. (X) WO 전략은 약점을 극복하여 기회를 살리는 전략이다. 그러나 내부의 약점(신약 개발 능력 부족)을 인정하고 외부 위협(신약 특허 제품의 지배력 강화)에 적응하고자 구조조정을 하는 것은 약점의 극복도 아니고 기회의 활용도 아니다.

ㄹ. (O) WT 전략은 약점을 보완하면서 위협을 회피하는 전략이다. 배급망 장악력의 약점을 예술 영화 전용 배급망으로 보완하여 블록버스터의 위협에서 생존의 길을 모색하는 것은 WT 전략이다.

34 문제해결능력　　　정답 ①

갑의 첫 번째 언급과 을의 첫 번째 결론은 다음과 같다.

- 갑의 전제 1: 어떤 신입직원은 봉사활동에 지원한 자다.
- 갑의 전제 2: (　　㉠　　)
- 을의 결론 1: 하계연수에 참여하지 않은 어떤 자는 신입직원인 자다.

'갑의 전제 1'의 대우는 "봉사활동에 지원하지 않은 어떤 자는 신입직원이 아닌 자다."이다. '을의 결론 1'이 타당하기 위해서는 "봉사활동에 지원한 자는 하계연수에 참여하지 않은 자다."가 ㉠에 들어가야 한다. 그래야 '갑의 전제 1'과 '갑의 전제 2'를 조합한 결과가 '을의 결론 1'의 대우가 된다. 갑의 두 번째 언급으로 수정된 전제는 다음과 같다.

- 수정된 갑의 전제 2: 봉사활동에 지원한 모든 자는 하계연수에 참여한 자다.

'갑의 전제 1'과 '수정된 갑의 전제 2'를 조합하면, "어떤 신입 직원은 하계연수에 참여한 자다."이다. 이는 ㉡에 들어갈 말이 된다.

35 문제해결능력　　　정답 ③

① (O) 자신의 명의로 상행위를 하고 있으므로 첫 번째 조문에 의하여 A는 당연상인이다.

② (O) B회사가 상행위를 하고 있지 않지만 회사이므로 두 번째 조문 제2항에 의하여 상인으로 본다.

③ (X) 법정대리인 甲이 C를 위하여 영업을 하므로 네 번째 조문 제1항에 의하여 등기를 하여야 한다.

④ (O) D가 상행위를 하지 않더라도 점포를 갖추고 상인적 방법으로 영업을 하고 있으므로 두 번째 조문 제1항에 의하여 의제상인으로 본다.

⑤ (O) 1,000만 원 이하 자본금으로 영업을 하는 일반인이므로 소상인에 해당한다. 따라서 마지막 조문에 의하여 등기를 필요로 하지 않는다.

36 수리능력　　　정답 ⑤

ㄱ. (O) 원자재가격 상승과 내수부진을 꼽은 기업 비율을 더 하면 101.7%이므로. 1.7%의 기업은 두 요인 모두를 애로요인으로 꼽았다고 볼 수 있다.

ㄴ. (O) 모든 중소기업이 2개 항목을 애로요인으로 꼽았더라도 71.6%가 남는다. 따라서 3개 이상 항목을 애로요인으로 꼽은 중소기업이 반드시 존재한다.

ㄷ. (X) 내수부진과 인력난의 비율을 더한 수치가 과당경쟁과 수주조건 악화의 비율을 더한 수치보다 크지만 복수응답 자의 가능성이 있으므로 반드시 높다고는 할 수 없다.

ㄹ. (O) 원자재 가격 상승을 꼽은 기업 숫자가 54.8%이므로 맞는 지문이다.

37 수리능력　　　정답 ①

45	33
24	135

▶

45−11 =34	33−11 =22
24−11 =13	135−11 =124

38 수리능력　　　정답 ④

21 [+1] → 22 [−2] → 20 [−3] → 17 [+4] → 21 [+5] → 26 [+6] → 32 [−7] → 25 [−8] → (17)

39 수리능력　　　정답 ④

ㄱ. (O) C의 직원 1인당 매출액은 2.25억 원이다. 이보다 직원 1인당 매출액이 높은 곳은 D뿐이다.

ㄴ. (O) A의 목표 달성률은 70% 미만이다. B의 목표 달성률은 A의 목표 달성률보다는 높고 C의 목표 달성률

은 90%이다. D의 목표 달성률은 분자는 같고 분모는 더 작으므로, A의 목표 달성률보다는 높다. E의 목표 달성률은 75%이다.

ㄷ. (X) 5개 지점 매출액의 평균은 71/5＝14.2억 원이다. 매출액이 14.2억 원보다 큰 회사는 B, C뿐이다. 3곳이 아니므로 옳지 않은 보기이다.

40 수리능력 정답 ②

ㄱ. (X) 환경 측면은 농촌이 도시보다 더 좋은 여건을 가졌다고 할 수 있다. 그러나 주거와 의료는 그 반대이다. 주거는 30년 이하 주택의 비중이므로 농촌지역에 노후주택이 더 많다는 의미이며, 의료는 인구 1만명당 의사수이므로 농촌지역의 의사수가 상대적으로 적다는 것을 뜻한다.

ㄴ. (X) [그림]에 있는 수치는 컴퓨터 보급률이므로(인구 수 정보가 없음) 정확한 컴퓨터 대수는 알 수 없다.

ㄷ. (O) 상수도 보급률을 기초생활 여건으로 간주하고 있으므로 농촌의 상수도 시설이 부족하다고 말할 수 있다.

41 수리능력 정답 ③

두 개의 주사위를 던져서 나온 두 숫자의 합이 5가 되는 경우는 하나의 주사위에서 1이 나오고 나머지 주사위에서 4가 나오거나, 하나의 주사위에서 2가 나오고 나머지 주사위에서 3이 나오는 경우이다.

- 주사위 A에서 1, 주사위 B에서 4가 나옴: $(1/6) \times (1/6) = (1/36)$
- 주사위 A에서 4, 주사위 B에서 1이 나옴: $(1/6) \times (1/6) = (1/36)$
- 주사위 A에서 2, 주사위 B에서 3이 나옴: $(1/6) \times (1/6) = (1/36)$
- 주사위 A에서 3, 주사위 B에서 2가 나옴: $(1/6) \times (1/6) = (1/36)$

따라서 주사위 A, B를 동시에 던져서 나온 두 숫자의 합이 5가 될 확률은 $(1/36) \times 4 = 1/9$이다.

42 수리능력 정답 ③

- D의 영업이익을 보면 $600 - 200 - (200 + 100) = 100$억 원이라는 것을 알 수 있다. 따라서 D보다 영업이익 순위가 낮은 B의 영업이익은 100억 원 미만이어야 하는데, 선택지 ①에서는 ⓒ에 100억 원이 들어가므로 B의 영업이익은 $700 - 100 - (150 + 300) = 150$억

원이 되어 답이 될 수 없다. → 선택지 ① 소거

- D보다 영업이익 순위가 높은 C의 경우 영업이익이 100억 원보다 많아야 하는데 선택지 ②처럼 생산액이 450억 원이라면 C의 영업이익은 $800 - 100 - (450 + 170) = 80$억 원이 되어 답이 될 수 없다. → 선택지 ② 소거

- 영업이익 순위를 보면 D가 3위이고 A가 1위인데 순이익에서는 D가 2위이고 A가 3위가 되어 순위가 변동되었음을 알 수 있고, 이에 따라 D의 기타비용은 A의 50억 원보다 작아야 한다. 그렇지 않고 D가 A와 마찬가지로 기타비용이 50억 원이거나 그보다 많다면 영업이익이 100억 원 이상인 A가 순이익에서도 D를 앞서기 때문이다. 가령 A의 영업이익이 150억 원이고 D의 영업이익이 100억 원이라고 할 때 D의 기타비용이 50억 원인 경우 A의 순이익은 100억 원이 되고, D의 순이익은 50억 원이 되어 D가 순이익 면에서 A를 앞설 수 없다. 따라서 선택지 ④와 ⑤ 역시 답이 될 수 없다. → 선택지 ④, ⑤ 소거

남은 선택지 ③을 적용한 손익계산서는 다음과 같다.

(단위: 억 원)

기업	매출원가		생산·판매액		기타비용	순위	
	총판매액	반품·할인액	생산액	판매액		영업이익	순이익
A	㉠ 800	100	350	200	50	1	3
B	700	㉡ 200	150	300	0	4	4
C	800	100	㉢ 400	170	−50	2	1
D	600	200	200	100	㉣ −50	3	2

43 수리능력 정답 ③

ㄱ. (X) 1월 3일에 현찰로 엔화를 살 때의 환율은 100엔당 1,459.16원(＝1,410.73＋48.43)이고, 1월 4일에 다시 팔 때의 환율은 1,362.2원이므로, 1월 3일 100만 엔을 살 때는 14,591,600원을 지출하였고, 1월 4일 100만 엔을 팔 때는 13,622,100원을 받았다. 따라서 96만 9,500원의 손해를 보았으므로 97만 원 이상의 손해를 본 것은 아니다.

ㄴ. (X) 1월 3일에 비해 1월 4일의 원화 기준으로 미국, 일본, 중국, 스위스의 환율이 전일보다 하락하였는데, 이는 해당 국가의 화폐가치가 원화에 대비하여 평가절하되었음을 의미한다. 반면, 유로존과 캐나다의 환율은 전일에 비해 상승하였고 이는 해당 국가의 화폐가치가 원화에 대비하여 평가절상되었음을 의미한다.

ㄷ. (✕) 일본 엔화는 미화환산율을 고려하면 100엔당 1.2280달러이다. 그러므로 엔화 1,200엔은 12×12＝144임을 적용해 볼 때 약 14.4달러이다. 한편, 유로존 유로화의 미화환산율을 고려하면 1유로는 대략 1.4달러이므로 10유로는 약 14달러이다. 따라서 유로화 10유로를 미화로 환산한 금액이 더 적은 금액이다.

ㄹ. (○) 유로존 유로화가 미국 달러화보다 더 비싸므로(미화환산율 1.4050) 120달러와 120유로를 비교하면 유로화의 원화가치 총액이 더 크다. 미화환산율을 적용하여 일본 1,100엔과 스위스 13프랑을 근사치로 비교하면 $\frac{11백 엔}{1.2} < \frac{13프랑}{1.1}$ 이므로 스위스 13프랑의 원화가치 총액이 더 크다. 캐나다 100달러와 중국 115위안을 비교하면 캐나다 달러의 미화환산율이 위안화의 미화환산율보다 6배 이상 크므로 굳이 캐나다 100달러와 중국 115위안을 계산하지 않더라도 캐나다 100달러의 원화가치 총액이 더 크다는 것을 알 수 있다. 따라서 유로존 120유로, 스위스 13프랑, 캐나다 100달러의 원화가치 총액은 일본 1,100엔과 중국 115위안, 미국 120달러의 원화가치 총액보다 클 수밖에 없다.

44 수리능력 　　　　　　정답 ④

A가 이용한 전기요금은 하계 요금으로 적용되며, 전기요금은 다음과 같다.

• 기본요금: 450kWh 초과이므로 7,300원이다.
• 전력량요금: 처음 300kWh까지는 kWh당 93.2원이므로 300×93.2＝27,960원, 다음 150kWh까지는 kWh당 187.8원이므로 150×187.8＝28,170원이다. 450kWh 초과분은 kWh당 208.5원이지만 1,000kWh 초과분은 kWh당 704.5원을 적용해야 한다. 1,000−450＝550kWh은 kWh당 208.5원이므로 550×208.5＝114,675원, 1,000kWh를 초과하는 50kWh는 kWh당 704.5원이므로 50×704.5＝35,225원이다.

따라서 A가 지불해야 하는 전기요금은 7,300＋(27,960＋28,170＋114,675＋35,225)＝213,330원이다.

45 정보능력 　　　　　　정답 ④

① (○) 검색어 앞에 allintitle:을 입력하므로 allintitle:L사 매출액은 옳다.

② (○) 검색어 앞에 inurl:을 입력하므로 inurl:O사 신제품은 옳다.

③ (○) 확장자와 검색어 앞에 filetype:을 입력하며, 확장자와 검색어 사이는 한 칸 띄어 쓰므로 filetype:PDF 코로나19 사망자 수는 옳다.

④ (✕) 검색어 앞에 allintext:를 입력하며, 검색어 사이는 한 칸 띄어 쓰므로 allintext:치킨 햄버거가 옳다.

⑤ (○) 검색어 앞에 intext:를 입력하므로 intext:최신 유행 영화는 옳다.

✎ **직무상식평가**

01	02	03	04	05	06	07	08	09	10
④	③	③	②	④	①	⑤	④	④	⑤
11	**12**	**13**	**14**	**15**	**16**	**17**	**18**	**19**	**20**
④	⑤	④	②	①	①	③	④	②	①
21	**22**	**23**	**24**	**25**					
①	⑤	⑤	②	③					

01 디지털 상식　　　　　　정답 ④

① (X) 지도학습은 정답이 있는 데이터를 사용하며 강화학습과 다르다.

② (X) 비지도학습의 예는 맞지만 강화학습의 설명은 아니다.

③ (X) 비지도학습의 일반적 설명으로, 강화학습과는 다르다.

④ (O) 강화학습은 에이전트가 환경과 상호작용하며 보상을 통해 학습한다.

⑤ (X) 딥러닝에서 이미지 분류 등에 사용하는 설명으로, 강화학습과는 구별된다.

02 디지털 상식　　　　　　정답 ③

① (X) 네이티브 애플리케이션에 대한 설명이다.

② (X) 크로스플랫폼은 동일한 코드로 여러 OS에서 실행되므로 잘못된 설명이다.

③ (O) 크로스플랫폼은 하나의 코드베이스로 다양한 플랫폼에서 작동할 수 있다.

④ (X) UI 일관성은 결과일 수 있지만 핵심 정의는 아니다.

⑤ (X) 플랫폼·하드웨어·최적화 정도에 따라 성능 차이가 발생할 수는 있으나, 이는 개념 정의가 아니다.

03 디지털 상식　　　　　　정답 ③

① (O) 증강현실(AR)은 현실에 정보를 추가하여 보여주는 기술이다.

② (O) 위치 정보와 센서는 증강현실(AR) 구현에 자주 활용된다.

③ (X) 증강현실(AR)이 아닌 가상현실(VR)의 설명이다.

④ (O) 스마트폰 증강현실(AR) 앱은 카메라 연동을 통해 정보를 보여준다.

⑤ (O) 증강현실(AR)은 현실 요소와 디지털 정보의 상호작용을 중요시한다.

04 디지털 상식　　　　　　정답 ②

ㄱ. (X) 랜섬웨어(Ransomware): ransom(몸값)과 ware(제품)의 합성어로 컴퓨터 사용자의 문서를 '인질'로 잡고 돈을 요구한다고 해서 붙여진 명칭이다. 최근 출현한 랜섬웨어는 적절한 사용자 동의 절차 없이 사용자 PC에 설치되어 PC의 동영상 파일을 한곳의 폴더에 수집한 후 그 폴더를 루트킷(Root Kit) 기능으로 감춰 사용자들이 접근할 수 없도록 한 뒤에 동영상을 보기 위한 결제를 유도한다. [보기] ㄱ에서 설명하는 것은 랜드 어택(LAND Attack)이다.

ㄷ. (X) 스파이웨어(Spyware): 스마트폰을 대상으로 통화 내역, 문자메시지, 이메일 내용 등의 개인 정보를 외부로 유출하는 소프트웨어를 말한다. [보기] ㄷ에서 설명하는 것은 스팸(Spam)이다.

ㅁ. (X) 피싱(Phishing): 금융기관 등의 웹사이트나 신뢰할 만한 기관에서 보내온 메일로 위장하여 개인의 인증번호나 신용카드번호, 계좌정보 등을 빼내 이를 불법적으로 이용하는 사기 수법이다. [보기] ㅁ에서 설명하는 것은 패킷 조작이다.

05 디지털 상식　　　　　　정답 ④

ㄷ. (X) 메타버스가 게임을 통해 사람들에게 널리 알려지긴 했으나 메타버스가 게임을 의미하지는 않는다.

> ✎ **핵심만 콕 짚는 TIP**
> 메타버스(Metaverse)는 아바타(avatar)를 통해 실제 현실과 같은 사회, 경제, 교육, 문화, 과학 기술 활동을 할 수 있는 3차원 공간 플랫폼이다. 1992년에 미국 닐 스티븐슨(Neal Stephenson)의 공상과학 소설(SF: Science Fiction)인 스노우 크래쉬(Snow Crash)에서 처음 사용하였다. '가공, 추상'을 뜻하는 그리스어 메타(Meta)와 '현실 세계'를 뜻하는 유니버스(Universe)의

합성어다. '가상 현실'보다 진보된 개념으로 볼 수 있다. 주로 게임, 누리 소통망 서비스(SNS) 등의 서비스 플랫폼에서 특정 설정 환경과 아바타를 보다 정교하게 구현하여 메타버스 내의 아바타가 상호 교류를 하고 쇼핑도 하며 현실처럼 활동한다.

06 디지털 상식　정답 ①

ㄴ. (X) 밀레니얼 세대부터 시작되었다.

ㄷ. (X) 미니멀리즘, 공유경제 등과 문화적 코드를 공유한다.

ㄹ. (X) 일회성 제품 판매가 아니라 서비스 제공을 통한 반복적 수익을 발생시킨다.

ㅁ. (X) 무제한 이용형은 20~30대 젊은층이 가장 널리 이용하는 구독 서비스다. 넷플릭스나 멜론처럼 월정액을 받고 영상(OTT)·음악(스트리밍)·전자책(e북)·게임 등의 콘텐츠를 무제한 또는 정해진 횟수만큼 이용하는 모델이다. 콘텐츠 소유권이 이용자에게 이전되지는 않는다.

07 디지털 상식　정답 ⑤

데이터 댐의 주요 내용은 분야별 빅데이터 플랫폼 확대(30개), 공공 데이터 개방(14만 2천 개), AI 학습용 데이터 구축(1,300종), 5G 이동통신 전국망 확산(세액공제 등 민간투자 인센티브) 및 융합 서비스(디지털 콘텐츠, 자율자동차 등) 개발 지원, AI 융합 활용 고도화를 위한 공공 서비스 분야 AI 프로젝트 추진 및 관련 기본법제 정비로 구성된다.

과거 미국 대공황 시대의 '후버댐' 건설은 뉴딜의 대표사업으로 손꼽힌다. 댐 건설로 인한 일자리 창출과 경기부양 효과와 더불어, 댐에서 만들어진 전력과 관광산업, 도시개발까지 다양한 연관산업과 부가가치를 만들어 낸 사례이기 때문이다. 데이터 댐도 이와 유사하게 인공지능 학습용 데이터의 수집 및 가공사업 등을 통한 의료, 교육, 제조 등 연관 분야에서 새로운 산업 발굴과 일자리 창출을 기대하고 있다.

08 금융·경제 상식　정답 ④

납세의무자와 담세자가 일치하는 세금을 직접세라고 하며, 불일치하는 경우는 간접세라고 한다. 세부 항목은 다음과 같다.

• 직접세: 소득세, 법인세, 종합부동산세, 상속세, 증여세

• 간접세: 부가가치세, 개별소비세, 주세, 인지세, 증권거래세

① (O) 직접세는 담세자가 직접 부담하기 때문에 인상 시 조세저항이 직접적으로 발생한다. 반대로 간접세는 조세저항이 그리 크지 않다. 본 문제에서는 직접세인 소득세의 세율을 인하한다고 했으므로 조세 징수는 그만큼 용이해질 것이다.

② (O) "조세 징수 용이＝조세 저항 작음"으로 해석하면 된다. ①과 같은 내용이다.

③ (O) 간접세(부가가치세)는 소비자의 소득이나 재산의 많고 적음에 관계없이 징수하기 때문에 소득재분배 효과가 작다. 따라서 빈부 격차는 심화될 것이라고 볼 수 있다.

④ (X) 직접세인 소득세의 세율을 인하한다고 했는데, 소득세는 소득에 따라 부과한다. 따라서 직접세 세율 인하는 가처분소득 증가로 연결된다.

⑤ (O) 역진성(역진세율)이란 소득액 또는 재산액이 적어짐에 따라 조세의 비율이 점차 증가하는 경우를 말한다. 간접세, 특히 부가가치세는 소득에 상관없이 일정하게 부담하므로 담세자 입장에서는 역진성 성격을 띠고 있는 조세이다.

09 금융·경제 상식　정답 ④

$$\text{GDP디플레이터} = \frac{\text{명목GDP}}{\text{실질GDP}} \times 100$$

• 명목GDP: $(4 \times 3,000) + (300 \times 2,000) = 612,000$

• 실질GDP: $(3 \times 3,000) + (400 \times 2,000) = 809,000$

따라서 GDP디플레이터는 $(612,000 / 809,000) \times 100(\%) = 75.6$인데, 소수점 이하는 버리므로 75이다.

10 금융·경제 상식　정답 ⑤

① (O) 초인플레이션은 매우 빠른 속도로 일어나는 인플레이션 현상이다. 초인플레이션이 발생하면 현금의 가치는 급격하게 하락하므로 가치 저장수단으로 기능하지 못한다.

② (O) 초인플레이션은 일반적으로 정부 지출을 위한 급속한 통화량 증가로 발생하므로 정부의 통화정책 실패로 나타나는 경우가 많다.

③ (O) 초인플레이션이 발생하면 화폐가치가 급격하게 감소하므로 정부의 실질적인 조세수입이 감소한다.

④ (O) 초인플레이션 발생 시 물가가 급격하게 상승해 시장에서 거래되는 제품 또는 서비스의 가격 변동성이

커지므로 경제주체의 올바른 선택을 방해할 수 있다.
⑤ (X) 초인플레이션은 정부가 정부 재원이 부족한 것을 화폐 발행을 통해 해결하려고 할 때 발생할 수 있다. 이를 해결하기 위해서는 통화 증가율을 낮춰야 하므로 긴축 통화정책이 필요하다. 또한 초인플레이션 해결을 위해서는 통화정책뿐만 아니라 정부 재정 건전성 회복을 통해 국민들의 신뢰를 얻어야 한다.

11 금융 · 경제 상식   정답 ④

10명까지의 평균생산이 15이므로 총생산은 150(=10×15)이다. 반면 11명까지의 평균생산은 14이므로 이때 총생산은 154(=11×14)이다. 한계생산은 추가적인 생산의 크기이므로 4이다.

12 금융 · 경제 상식   정답 ⑤

코즈의 정리는 정부의 개입 없이도 경제주체끼리 협상할 수 있다는 원리다. 다만 ①~④와 같은 문제가 있다 보니 현실에 적용하는 데 한계가 있다.

13 금융 · 경제 상식   정답 ④

① (O) 라스파이레스 물가지수는 (기준연도 거래량×비교연도 가격)/(기준연도 거래량×기준연도 가격)을 통해 구한다.
② (O) 파쉐 물가지수는 (비교연도 거래량×비교연도 가격)/(비교연도 거래량×기준연도 가격)을 통해 구한다.
③ (O) 소비자물가지수는 가계 소비지출에서 차지하는 비중이 높은 460개 품목의 가격을 조사해 지수화한 것이다.
④ (X) GDP 디플레이터는 명목 GDP를 실질 GDP로 나눠 계산한 물가지수이다.
⑤ (O) 생산자물가지수는 국내 생산자가 내수시장에 공급하는 884개 항목의 상품 및 서비스의 가격수준을 측정하는 지수이다.

> ✎ 핵심만 콕 짚는 TIP
> 라스파이레스 지수는 기준연도 거래량을 기준으로 물가를 측정하므로 물가 변화를 과대하게 측정한다. 반대로 파쉐 지수는 비교연도 거래량을 기준으로 물가를 측정하므로 물가 변화를 과소하게 측정한다.

14 금융 · 경제 상식   정답 ②

① (O) 완전경쟁시장에서는 개별 시장 참여자들이 가격에 영향을 줄 수 없으며 주어진 시장가격을 받아들여 생산량과 소비량을 결정하므로 기업 A는 가격수용자이다.
② (X) 제품 시장가격이 P_2인 경우 제품 단위당 가격이 평균비용보다 낮지만 평균가변비용보다 높다. 따라서 제품을 더 생산하는 경우 공헌이익은 증가하지만 총고정비용은 일정하므로 손실이 감소해 틀린 설명이다.
③ (O) 제품의 시장가격이 P_3 이하인 경우 기업 A의 평균가변비용보다 제품의 시장가격이 더 낮아 생산을 할수록 손실을 본다.
④ (O) 초과이윤은 정상이윤을 초과하는 이윤이다. 제품의 시장가격이 정상이윤을 얻을 수 있는 P_1보다 높으므로 기업은 초과이윤을 얻는다. 완전경쟁시장 단기에는 이러한 초과이윤이 발생할 수 있지만 장기에는 초과이윤이 발생할 수 없다.
⑤ (O) 제품의 시장가격이 P_1인 경우 기업은 q_1만큼 생산하며 이 점은 기업 A의 손익분기점에 해당한다.

15 금융 · 경제 상식   정답 ①

① (X) 기축통화가 되기 위해서는 자유로운 교환과 거래가 이뤄져야 한다.
② (O) 기축통화 발행 국가의 영향력이 커서 금융거래 또는 국제거래에서 중심이 되어야 원활히 통용된다.
③ (O) 기축통화 발행 국가의 경제와 통화가치의 변동성이 낮아야 기축통화가 신뢰성 있게 사용된다.
④ (O) 기축통화 발행 국가의 신뢰성과 안정성이 높아야 통화 가치의 안정이 보장된다.
⑤ (O) 발달한 은행과 시장이 존재해야 기축통화가 원활히 통용된다.

> ✎ 핵심만 콕 짚는 TIP
> 기축통화(key currency)는 국제 결제나 금융거래에서 통용되는 화폐이다. 미국의 달러가 기축통화로 가장 많이 활용된다.

16 금융 · 경제 상식   정답 ①

① (X) 최저가격제가 아닌 최고가격제에 대한 설명이다. 최저가격제는 시장균형보다 높은 수준에서 적용되는 게 일반적인데, 그러면 초과공급이 발생한다. 초과공급을 해소하려면 가격이 낮아질 수밖에 없다. 반대로

최고가격제를 실시하면 초과수요가 발생하기 때문에 이들은 암시장에서 기존의 시장거래가격보다 웃돈을 줘서라도 구매하고자 한다.

③ (O) 균형임금보다 높게 책정하는 게 유효한 최저임금 제이므로 최저가격제의 일환이다.

④ (O) 부동산 시장에서의 규제는 "이 가격 이상을 받지 말라"는 것이다. 그렇기에 최고가격제가 규제효과를 볼 수 있다.

⑤ (O) 가격통제에는 최고가격제와 최저가격제 모두 포함된다. 최고가격제를 적용할 경우 생산자 입장에서는 자신이 받고자 하는 만큼의 가격을 받지 못하므로 상품의 질을 저하시킬 유인으로 작동한다.

17 금융 · 경제 상식 정답 ③

ㄹ. (X) 불황 시에는 통화안정증권을 매입해 시중에 유동성을 공급한다.

18 금융 · 경제 상식 정답 ④

해외에서 자금조달 시 통상 글로벌 기준금리에 가산금리를 더한 이자율을 적용하는데, 신용등급이 상승하면 부도위험이 낮은 것으로 판단되어 더 적은 이자비용으로 자금을 조달할 수 있다.

① (O) 국가 신용등급이 상승하면 국내 금융상품에 대한 외국인의 선호가 커지므로 주식, 채권 시장에서 외국인 투자가 늘어난다.

② (O) 한 국가의 신용등급이 오르면 투자자들의 요구 수익률이 낮아져 해외에서의 자금조달비용이 절감된다.

③ (O) 차환율은 만기 연장이 가능한 부채의 비율을 의미한다. 신용등급 상승으로 인해 외화 수급이 원활하면 차환율이 높아진다.

④ (X) 국가 신용등급 상승으로 인해 외국인의 국내투자가 증가하면 부도 위험을 알려 주는 지표인 CDS 프리미엄도 하락한다. CDS 프리미엄은 채권 발행 기업에 부도가 발생할 경우를 대비해 원금을 보장하는 대가로 지급하는 금액을 의미한다.

⑤ (O) 국가신용등급 상승 시 해당 국가의 공공기관, 시중은행, 대기업의 자금조달도 이자율 하락의 영향을 받는다.

19 금융 · 경제 상식 정답 ②

② (O) 생산으로 인해 공해물질이 생기는 경우 생산의

외부불경제가 발생한다. 사회적 한계 비용(SMC)은 사적 한계비용(PMC)과 외부불경제로 인해 발생하는 비용을 더한 값이므로 사회적 한계비용이 사적 한계비용보다 크다. 기업은 부정적 외부효과를 고려하지 않고 사적 한계비용만을 고려해 생산량을 결정하므로 사적 한계비용과 한계편익이 일치하는 지점인 $PMB = SMB = P = PMC < SMC$에서 생산한다.

✏️ 핵심만 콕 짚는 TIP
외부불경제가 발생하는 경우의 시장 생산량은 사회적인 최적 생산량($SMB = SMC$일 때의 생산량)보다 많다. 따라서 외부불경제 존재 시 과잉 생산으로 인해 사회적 후생손실이 발생한다.

20 금융 · 경제 상식 정답 ①

대출채권 유동화제도는 금융기관이 보유한 개별 대출채권 또는 여러 대출채권을 모아 새로 발행한 채권을 제3자에 매각해 운용자금을 조기에 회수하려는 제도이다.

① (X) 대출채권 유동화제도로 가계의 주택담보 대출이 원활해지고 대출자는 다양한 선택을 할 수 있으므로 주택담보 대출 비용 또한 감소할 가능성이 높다.

② (O) 대출채권 유동화제도를 통해 새로운 자금조달방안을 확보해 자금조달수단을 다양화할 수 있다는 장점이 있다.

③ (O) 증권시장은 채권, 주식 등이 거래되는 시장이고 자본시장은 장기적 산업 자금의 수요·공급이 이루어지는 시장이다. 기업은 대출채권 유동화제도를 통해 증권을 발행해 자금을 조달할 수 있으므로 옳은 설명이다.

④ (O) 대출채권 유동화제도로 현금화가 어려운 자산을 보유한 기업이 현금을 수월하게 확보할 수 있다.

⑤ (O) 주택저당담보채권은 주택과 토지를 담보로 발행된 증권이다. 자산유동화증권은 매출채권, 부동산, 유가증권 등 기업이 보유한 유동화자산을 담보로 발행된 증권이다.

21 금융 · 경제 상식 정답 ①

㉠에 들어갈 용어는 실업자이다.

② (X) ILO에서는 근로형태를 가리지 않고 수입을 목적으로 1주 동안 1시간 이상 일했다면 모두 취업자라고 정의한다.

③ (X) 복수의 활동 상태를 가질 때는 하나의 활동 상태에 귀속되도록 우선성 규칙을 적용한다. 학생은 비경제활

동인구이지만 아르바이트를 하고 있으므로 취업자다. 또한 입사원서를 냈기 때문에 실업자로도 볼 수 있다. 이때 우선성 규칙을 적용해 취업자로 간주한다.

④ (X) 경기적 실업이 대표적으로, 경기에 따라 실업자의 수가 달라진다.

⑤ (X) 공식 실업률 발표와 체감 실업률 간에 괴리가 있다. 따라서 고용보조지표를 발표하고 있다.

22 금융 · 경제 상식 정답 ⑤

① (X) 생산가능곡선은 일반적으로 우하향하는 형태다. 또한 원점에 대해 오목한 것이 일반적이다.

② (X) 한 재화의 생산량을 줄여야 다른 재화의 생산량을 늘릴 수 있는 것이 일반적이다.

③ (X) 생산할 수 있는 두 재화(대개 X재, Y재)이다.

④ (X) 생산량이 많아진다는 뜻이므로 원점에서 멀어진다.

⑤ (O) 생산가능곡선상의 한 점은 효율적 생산이 이뤄지고, 내부는 비생산적인 지점이다.

23 금융 · 경제 상식 정답 ⑤

환율변동의 효과는 다음과 같다.

구분	환율 하락 (＝원화가치 상승)	환율 상승 (＝원화가치 하락)
수출	수출상품가격 상승 (수출 감소)	수출상품가격 하락 (수출 증가)
수입	수입상품가격 하락 (수입 증가)	수입상품가격 상승 (수입 감소)
국내 물가	수입원자재가격 하락 (물가 안정)	수입원자재가격 상승 (물가 상승)
외채 보유기업	원화환산 외채 감소 (원리금 상환부담 경감)	원화환산 외채 증가 (원리금 상환부담 증가)

24 금융 · 경제 상식 정답 ②

② (X) 수익률이 동일한 경우 만기가 길수록 할인 폭이 커서 채권가격은 더 낮게 형성된다.

25 금융 · 경제 상식 정답 ③

③ (X) 관계형 금융을 통해 은행은 3년 이상 장기대출을 취급하여 유망 중소기업들의 안정적 경영활동을 지원함으로써 유망 중소기업을 장기 거래고객으로 확보하게 되어 새로운 수익기반 확충이 가능하게 된다.

제2회 실전모의고사

✎ 직무능력평가

01	02	03	04	05	06	07	08	09	10
①	②	②	①	②	④	⑤	②	③	③
11	12	13	14	15	16	17	18	19	20
③	②	④	⑤	①	⑤	④	④	③	②
21	22	23	24	25	26	27	28	29	30
③	①	⑤	⑤	②	④	⑤	⑤	⑤	④
31	32	33	34	35	36	37	38	39	40
③	④	③	④	④	②	⑤	②	①	④
41	42	43	44	45					
①	①	③	②	②					

01 의사소통능력 　정답 ①

대화를 살펴보면, 모두 자신의 부서가 아닌 다른 부서의 탓을 하기 바쁘다. 또한 각 부장이 발언한 매출 감소 이유가 맞는지도 알 수 없다. 이에 대표 A가 부장들에게 할 가장 적절한 말은 다른 부서로 책임을 전가하기보다는 현재 문제점에 대한 해결책, 즉 매출 증대 방안을 찾아보자는 것이 될 것이다.

02 의사소통능력 　정답 ②

2문단과 3문단의 내용을 종합하면, 방목하는 양의 두수를 늘릴수록 개별 농부에게 이익이 된다. 그러나 목초지의 수용 한계를 넘어 양을 키운다면 전체 생산량이 줄어들거나 목초지 자체가 황폐화되는 결과가 발생할 수 있다. 따라서 ⊙에는 농부들의 총이익이 기존보다 감소할 것이라는 내용이 들어가야 한다. 전체 생산량이 줄어들거나 목초지가 황폐화되는 것은 개인의 이익이 아닌 사회의 이익이 줄어드는 것이므로, ⓒ에는 한 사회의 전체 이윤이 감소한다는 내용이 들어가야 한다.

03 의사소통능력 　정답 ②

ㄱ. (○) 주입은 소득순환 규모를 증가시키고 누출은 소득순환 규모를 감소시킨다고 하였으므로, 양자의 상대적인 크기는 소득순환 규모를 증가시키거나 감소시킨다.

ㄴ. (○) 주입에서 누출을 뺀 만큼 소득 순환 규모는 커진다.

ㄷ. (○) 저축은 누출이고, 누출은 소득순환 규모를 감소시킨다.

ㄹ. (✕) 저축은 누출이고, 정부지출은 주입이므로 양자가 상쇄되면 소득순환 규모는 그대로 유지된다.

ㅁ. (✕) 주입과 누출이 같으면 소득순환 규모는 그대로 유지된다.

04 의사소통능력 　정답 ①

제시문에 따를 때, '스놉 효과'는 특정 상품에 대한 소비가 증가하다가 상품 수요가 다시 줄어드는 현상으로, 희귀한 대상을 소비함으로써 돋보이고 싶은 소비자 니즈로 인해 발생하는 현상이다.

① (○) 남들이 잘 알지 못하는 밴드의 팬이 됨으로써 돋보일 수 있었는데, 밴드가 유명해짐으로써 희귀성이 떨어지자 아쉬워하고 있다. 즉, '스놉 효과'와 관련이 있다.

② (✕) 특정 상품을 사며 동일 상품 소비자로 예상되는 집단과 자신을 동일시하는 '파노플리 효과(panoplie effect)'와 관련이 있다.

③ (✕) 먼저 제시된 점화 단어(priming word)에 의해 나중에 제시된 표적 단어(target word)를 해석하는 데 영향을 받는 '점화 효과(priming effect)'와 관련이 있다.

④ (✕) 대중적으로 유행하는 정보를 따라 상품을 구매하는 현상인 '밴드왜건 효과(bandwagon effect)'와 관련이 있다.

⑤ (✕) 배가 닻(anchor)을 내리면 닻과 배를 연결한 밧줄의 범위 내에서만 움직일 수 있듯이 처음에 인상적이

었던 숫자나 사물이 기준점이 되어 그 후의 판단에 왜곡 혹은 편파적인 영향을 미치는 현상인 '앵커링 효과(anchoring effect)'와 관련이 있다.

05 의사소통능력　　정답 ②

제시문에서 글쓴이가 직접적으로 '기본대출에 찬성한다'고 언급하고 있지는 않지만, 글의 전반적인 흐름을 살펴볼 때, 글쓴이는 기본대출에 긍정적인 입장을 취하고 있음을 알 수 있다. 글쓴이는 기본대출에 대해 '도덕적 해이 발생 가능성'과 '비생산적 부문에의 사용 가능성'의 문제점이 제기되고 있다고 언급하면서, '도덕적 해이 발생 가능성'의 우려는 '상환을 독려하는 절차, 벌점 제도, 금융교육 및 상담서비스, 취업지원 서비스' 등으로, '비생산적 부문에의 사용 가능성'은 '자금 용도 계획서 작성 요구'로 해결할 수 있다고 말하고 있다. 즉, 자신의 주장에 대해 제기되고 있는 문제점을 해결할 수 있는 대안을 제시함으로써 결론을 도출하고 있다고 할 수 있다.

06 의사소통능력　　정답 ④

(가)는 인수합병의 방식과 성격에 따른 유형을 보여 주고 있고, (나)는 인수합병의 실제에서 고려되어야 할 핵심 사항을 제시하고 있다.

ㄱ. (X) (가)에서 합병의 경우 이전 법인과 직원들이 맺은 근로계약은 승계되는 것을 원칙으로 한다고 하였으므로 흡수합병과 신설합병 모두 원칙적으로 근로계약의 승계를 보장받는다.

ㄴ. (X) 인수와 합병은 매수되는 회사의 실체가 변하느냐 아니냐의 차이일 뿐, 두 유형 모두 기업에 자본을 투여하여 사들이는 행위이다. 채권단이 채권을 자본으로 바꾸어 경영권을 확보하는 것은 자본을 투여하여 기업을 사들이는 것이므로 인수와 합병 두 형태 모두 가능하다.

ㄷ. (○) ⓐ를 고려하여 채권단이 인수합병을 한다는 것은 현 경영진이 계속 경영을 하는 것보다 경영진을 교체하는 것이 회생 가능성이 높다고 판단하는 것이라 할 수 있다. 따라서 ⓐ를 고려한다면 어떠한 방식과 유형으로 인수합병을 하더라도 경영진 교체가 이루어질 수 있다.

ㄹ. (X) ⓑ를 중시하는 것은 인수 대상 기업의 가치를 실사함에 있어서 공정하고 객관적으로 이루어져야 함을 의미한다. 주식 인수합병이나 자산 인수합병이 공정하고 객관적인 기업 가치 실사와 직접적으로 연관되

어 있다고 볼 수는 없으므로 주식 인수합병을 선호한다고 볼 수도 없다.

07 의사소통능력　　정답 ⑤

고객은 항공료 인하로 인하여 다양한 국가 또는 도시로 여행을 할 수 있다는 기대감으로 인하여 신경을 쓸 것이고, A국 B도시로 여행을 계획한 고객은 최근에 발생한 테러에 대해 신경을 쓸 것이다. 또한 코로나19 완화로 국내·외 여행을 미뤄 왔던 고객들은 신경을 쓸 것이다. 따라서 A사가 공지해야 하는 것은 ㄴ, ㄷ, ㄹ이다.

08 의사소통능력　　정답 ②

① (X) '3. 테러 발생'에서 A국 B도시는 테러가 발생하였고, A국을 여행 유의 구역으로 설정하였다고 하였다.

② (○) '2. 항공료 인하'에서 유류세 인하로 북미-남미, 동북아시아-동남아시아, 유럽-북미 노선 간 항공료가 인하되어 이용자가 증가할 것으로 전망된다고 하였다.

③ (X) '4. 코로나19 완화'에서 코로나19 완화로 인하여 국내뿐만 해외여행 수요가 증가할 것으로 예상된다고 하였으므로 국내와 국외 모두 마케팅해야 한다.

④ (X) '1. 유류세 인하'에서 유류세 인하와 국내선 증편, 항공 화물 사업을 시행하여 경영실적 증가를 전망한다고 하였다. 하지만 그로 인한 이벤트를 진행하는 등의 프로모션을 진행해야 한다.

⑤ (X) 자료를 바탕으로 진행하는 프로모션이 아니다.

09 의사소통능력　　정답 ③

신청자의 평가 점수를 계산해 보면 다음과 같다.

신청자	○○군 거주기간 (점)	주민등록등본상 7세 미만 자녀수(점)	평가 점수 (점)	선정 여부
갑	7	10	17	미선정
을	15	7	22	선정
병	10	15	25	선정
정	10	10	20	선정
무	15	7	22	선정
기	7	10	17	미선정
경	5	10	15	미선정
신	7	7	14	미선정

위 표에 따라 평가점수가 20점 이상인 신청자 '을, 병, 정, 무'가 선정된다. 그런데 최종적으로 3명이 선발되었다고 하였으므로 이 중 1명이 제외되어야 한다.

① (X) 취약계층에는 '신'이 포함되므로 1명이 늘어나 선정인원은 5명이 된다.

② (X) 평균연소득이 3,000만 원 미만인 신청자에는 '갑'이 포함되므로 1명이 늘어나 선정인원은 5명이 된다.

③ (○) '무'는 평균연소득이 5,000만 원을 초과하므로 1명이 제외되어 선정인원은 3명이 된다.

④ (X) '을', '무'의 주민등록등본상 7세 미만 자녀수는 1명이므로 2명이 제외되어 선정인원은 2명이 된다.

⑤ (X) 신청자 중 주민등록등본상 7세 미만 자녀수가 가장 많은 신청자는 '병'이므로 선정인원은 4명으로 동일하다.

10 문제해결능력 정답 ③

A는 집에서 오전 6시에 출발하며, 공항까지 $\frac{40}{80} = \frac{30}{60}$ =30분 소요되지만, 공항 출입 시 정체로 인하여 10분 더 소요된다고 하였으므로 인천 공항에 6시 40분에 도착한다. 탑승 수속 및 탑승 대기로 2시간 소요하므로 비행기에 8시 40분에 탑승하고 비행시간이 11시간이므로 LA에 19시 40분에 도착한다. 입국심사 및 픽업 차량 대기로 1시간 20분 소요된다고 하였으므로 21시에 호텔로 이동한다. 호텔까지 $\frac{40}{80} = \frac{30}{60}$ =30분 소요되지만, 공항 출입 시 정체로 인하여 15분 더 소요된다고 하였으므로 호텔에 21시 45분에 도착한다. 호텔 체크인 및 짐정리로 40분이 소요된다고 하였으므로 22시 25분에 엑스포로 이동한다. 엑스포까지 $\frac{20}{80} = \frac{15}{60}$ =15분 소요되므로 엑스포에 22시 40분에 도착한다. LA는 인천보다 16시간 더 빠르다고 하였으므로 A가 LA 시각으로 엑스포에 도착하는 시각은 6시 40분이다.

11 자원관리능력 정답 ③

① 드롭번지 → 후룸라이드 → 범버카: 800+700=1,500m

② 관람차 → 롤러코스터 → 회전목마: 2,000+900=2,900m

③ 바이킹 → 회전찻잔 → 드롭번지: 600+800=1,400m

④ 회전그네 → 디스코팡팡 → 귀신의 집: 700+800=1,500m

⑤ 귀신의 집 → 회전목마 → 롤러코스터: 650+900=1,550m

12 자원관리능력 정답 ②

C와 친구들이 이동한 거리는 총 400+1,500+800+500=3,200m이고, C와 친구들은 100m/분의 속도로 이동하므로 3,200/100=32분이 소요된다. 세 놀이기구의 대기시간은 총 80+60+100=240분이고, 이용시간은 총 4+2+5=11분이다. C와 친구들은 30분 동안 식사를 했다고 하였으므로 총 32+240+11+30=5시간 13분 후에 놀이공원에서 나갔다. 따라서 놀이공원을 나간 시각은 오후 4시 13분이다.

13 자원관리능력 정답 ④

먼저, [기업 현황]을 토대로 점수를 정리해 보자. 해설의 편의상 '실형을 받은 현직 이사'는 1, '2년 이내에 제기된 소송건수'는 2, '자기자본비율'은 3, '부채비율'은 4, '최근 3년간 연도별 평균 도급액'은 5, '최근 1년 이내 1천억 원 이상의 건설 사업 건수'는 6으로 표기한다.

구분	1	2	3	4	5	6	총점
	항목 1 (기본점수 100점)		항목 2 (기본점수 75점)		항목 3 (기본점수 50점)		
A 기 업	3명 (−20)	2건 (−10)	45% (0)	59% (−10)	6천억 원 (+15)	6건 (+35)	—
	70점		65점 → 자격미달		100점		
B 기 업	0명 (0)	3건 (−15)	85% (+25)	18% (0)	8천억 원 (+25)	2건 (+15)	275점
	85점		100점		90점		
C 기 업	3명 (−20)	2건 (−10)	53% (+10)	57% (−10)	5천억 원 (+10)	4건 (+25)	230점
	70점		75점		85점		

항목 2의 점수가 65점인 A기업은 선정 대상에서 제외되고, B기업과 C기업이 총 점수 230점 이상으로 선정될 수 있다.

14 문제해결능력 정답 ⑤

① (○) 시장의 기회를 활용하기 위해 강점을 사용하는 전략인 SO전략이다.

② (○) 시장의 위협을 회피하기 위해 강점을 사용하는 전략인 ST전략이다.

③ (O) 시장의 위협을 회피하고 약점을 최소화하는 전략인 WT전략이다.

④ (O) 시장의 위협을 회피하고 약점을 최소화하는 전략인 WT전략이다.

⑤ (X) 최근 한국산 브랜드의 인지도가 확대되면서 추세로 A사 제품의 인지도도 증가하고 있는 추세임에도 불구하고 A사가 현재까지 수출 경험이 없으므로 국내 판매를 주력으로 한다는 전략은 SWOT 분석 전략으로 옳지 않다.

15 문제해결능력   정답 ①

① (X) 풍부한 연구 개발 비용은 강점, 다양하지 않은 소스와 치킨 종류는 약점이므로 풍부한 연구 개발 비용으로 소스와 치킨 종류를 개발할 수 있는 전문가를 스카우트한다는 전략은 SWOT 분석 전략으로 옳지 않다.

② (O) 시장의 위협을 회피하고 약점을 최소화하는 전략인 WT전략이다.

③ (O) 시장의 기회를 활용하기 위해 강점을 사용하는 전략인 SO전략이다.

④ (O) 시장의 위협을 회피하고 약점을 최소화하는 전략인 WT전략이다.

⑤ (O) 시장의 기회를 활용하기 위해 강점을 사용하는 전략인 SO전략이다.

16 문제해결능력   정답 ⑤

① (X) 선거벽보에는 후보자의 사진을 게재할 수 있지만 해당 사진은 '후보자만의' 사진으로 한정된다.

② (X) 선거벽보에는 비정규학력의 게재를 금지하고 있지만, 게재하려는 출신 대학이 정규학력이라면 게재할 수 있다.

③ (X) 선거벽보는 선거인의 통행이 많은 곳에 첩부함으로써 시각을 통하여 후보자를 유권자에게 알리기 위한 선거운동방법으로 도입된 것이다. 즉, 선거벽보를 선거인의 통행이 없는 곳에 첩부하는 것은 적절한 방법이 아니다.

④ (X) 비례대표선거에 대해서는 선거벽보에 의한 선거운동을 허용하지 않는다. 즉, 비례대표국회의원선거 후보자는 선거벽보를 이용한 선거운동을 할 수 없다.

⑤ (O) 대통령선거 후보자의 선거벽보 규격은 길이 76센티미터 너비 52센티미터이고, 서울시장 선거, 즉 지방자치단체의 장선거 후보자의 선거벽보 규격은 길이 53센티미터 너비 38센티미터이다.

17 문제해결능력   정답 ④

ㄱ. (O) 선거벽보의 작성·제출자는 후보자(대통령선거의 정당추천 후보자는 그 추천정당을 말함)라고 나와 있다.

ㄴ. (O) 작성·제출 수량은 관할선거구 선거관리위원회가 선거기간 개시일 전 10일까지 공고한다고 나와 있다. 즉, 선거벽보 작성·제출 수량의 공고 주체는 관할선거구 선거관리위원회이다.

ㄷ. (O) 후보자 1인당 제작 가능한 선거벽보 종수는 1종으로 나와 있다.

ㄹ. (X) 선거벽보에 표기되는 후보자 성명의 글씨 크기에 관한 내용은 나와 있지 않다.

18 문제해결능력   정답 ④

ㄱ. (O) 두 번째 조문 제1항에 의해서 해당된다. 甲카드사 자신의 점유율은 46%로서 50%가 되지 않으나 甲카드사의 계열회사인 戊카드사가 5%를 점유하여 두 카드사의 점유율 합계는 51%에 이른다. 시장지배적 사업자를 추정할 때 계열회사는 하나의 사업자로 본다.

ㄴ, ㄷ. (O) 첫 번째 조문 제2호에 의해서 해당한다. 甲(戊 포함), 乙, 丙카드사의 점유율 합계는 88%로서 75%를 넘는다. 乙, 丙카드사 모두 10%를 넘는 점유율을 가지므로 제2호 단서 규정에 해당하지 않는다.

ㄹ. (X) 첫 번째 조문 제2호의 단서에 의해 해당하지 않음을 알 수 있다.

ㅁ. (O) 甲카드사의 계열회사이므로 甲과 같은 회사로 본다. 두 번째 조문 제2항에 의해서 10% 미만이라도 시장지배적 사업자로 추정된다.

19 자원관리능력   정답 ③

정밀도가 5점 이상인 PR방식은 MM, SLA, MJM이고, 이 중 컬러가 가능한 PR방식은 SLA, MJM이다. 두 방식 중 재료 유연성이 있는 방식은 MJM이다.

20 문제해결능력   정답 ②

갑의 가족 중 공제대상이 되는 사람을 정리하면 다음과 같다.

• 본인: 본인이므로 공제대상에 해당한다. → 신용카드 사용액 800만 원

• 배우자: 연간 소득금액이 120만 원(=월 10만 원×12개월)이므로 공제대상에서 제외된다.

• 자녀: 소득금액이 없으므로 공제대상에 해당한다. → 신

용카드 사용액 300만 원

- 부모님: 연간 소득금액이 60만 원(＝월 5만 원×12개월)이고 생계를 같이하고 있으므로 공제대상에 해당한다. → 신용카드 사용액 200만 원
- 여동생: 형제자매는 공제대상에서 제외된다.

이를 토대로 공제금액을 계산하면, {(800만 원＋300만 원＋200만 원)－(4,800만 원×0.2)}×0.2＝68만 원이다.

21 문제해결능력　　정답 ③

ㄱ. (○) 위로금 300만 원과 3천6백만 원의 복구 지원금(2억 원의 40%는 8천만 원이므로 상한선까지 모두 받음)을 받는다.

ㄴ. (○) 피해액의 30%인 1천5백만 원을 보상받고, 200만 원 이하의 위로금을 받는다.

ㄷ. (○) 대략 비슷한 조건에서 주택 피해 복구지원금과 농작물 피해 복구지원금이 4:3의 비율인 점을 감안할 때 피해자 수가 2:5이므로 8:15 정도로 복구지원금이 들어갈 것으로 보아 올바른 판단이다.

ㄹ. (×) 규정에 따라 계산하면 최대 3천8백5십만 원을 받아야 하므로 잘못된 판단이다.

22 자원관리능력　　정답 ①

A는 B약품에 내성이 가장 좋아야 한다고 했으므로 내약품성이 4점인 플라스틱인 PA, POM, PBT 중 선택한다. 외부에 보관할 예정이므로 불, 수분, 충격에 강해야 하며, 세 가지 요구사항에 대한 특징 점수 합인 인성, 내연성, 내가수분해성의 점수 합이 가장 높은 플라스틱을 선택한다. PA는 3＋3＋2＝8점, POM은 3＋1＋1＝5점, PBT는 3＋3＋1＝7점이므로 가장 높은 PA를 선택한다.

23 문제해결능력　　정답 ⑤

① (×) 퇴직소득은 총소득 대상에 포함되지 않으므로 총소득 1,000만 원으로 세제혜택대상에 해당한다.

② (×) 무주택자가 아니므로 불가능하다.

③ (×) 부의 소득은 0으로 계산하므로 총소득은 2,900만 원에 해당하며 세제 혜택을 받을 수 없다.

④ (×) 부양자녀의 기준은 연간 소득금액 100만 원 이하여야 한다. 따라서 고등학생인 딸은 부양자녀에 해당하지 않아 '부양자녀 2인' 기준을 만족하지 못해 대상이 될 수 없다.

⑤ (○) F의 당해연도 소득은 1,400＋(1,000－1,000×0.8)＝1,600만 원이고 다른 모든 조건을 만족하므로 근로장려세제의 혜택을 받을 수 있다.

24 문제해결능력　　정답 ⑤

해설의 편의상 2023년에 입사한 2명을 A, B, 2024년에 입사한 2명을 C, D, 2025년에 입사한 1명을 E라고 표현해 보자.

먼저 A, B의 평균 연봉은 3,000만 원이고, 이들은 매년 100만 원씩 인상되므로 2024년에는 3,100만 원의 연봉을 받는다. 따라서 이들의 연봉 합은 6,200만 원이다. 2024년의 경우 연봉의 총합은 1억 2,400만 원(＝3,100만 원×4명)이다. 이때 A, B의 연봉 6,200만 원을 제외하면 C, D의 연봉 합은 6,200만 원이 되고 같은 해에 입사한 사람의 연봉은 동일하므로 이들의 연봉은 3,100만 원이 된다.

다음으로 2025년을 보면 A, B의 연봉은 3,100만 원이 오른 3,200만 원이 되고, 이들 연봉의 합은 6,400만 원이 된다. 그리고 C와 D의 연봉은 매년 동일하므로 이들의 연봉 합은 6,200만 원이 되고, A, B, C, D의 연봉 합은 1억 2,600만 원이 된다. 이때 2025년 연봉 총합은 1억 5,500만 원(＝3,100만 원×5명)이고 여기에 1억 2,600만 원을 제외한 2,900만 원이 E의 연봉이 된다.

따라서 입사 당시를 기준으로 2023년에 입사한 A, B의 연봉은 각각 3,000만 원, 2024년에 입사한 C, D의 연봉은 각각 3,100만 원, 2025년에 입사한 E의 연봉은 2,900만 원이 된다.

2025년을 기준으로 하였을 때 A와 B의 연봉은 각각 3,200만 원, C와 D의 연봉은 각각 3,100만 원, E의 연봉은 2,900만 원이 된다.

① (×) 2025년에 입사한 직원의 연봉이 가장 적다.

② (×) 2025년에 입사한 직원의 연봉은 2,900만 원으로 3,000만 원보다 적다.

③ (×) 2024년에 입사한 직원의 2025년 연봉은 3,100만 원으로 3,000만 원보다 많다.

④ (×) 입사 당시를 기준으로 하였을 때는 2024년에 입사한 직원의 연봉은 2025년에 입사한 직원의 연봉보다 많다.

⑤ (○) 입사 당시를 기준으로 하였을 때 2023년에 입사한 직원의 연봉은 3,000만 원으로 2025년에 입사한 직원 연봉인 2,900만 원보다 많다.

25 문제해결능력　　정답 ②

[A국 규정]을 통하여 납부해야 할 세금을 식으로 정리하면 다음과 같다.

납부해야 할 세금

$$= (총소득 - \frac{총소득}{업종별 경비비율}) \times 세금 부과 비율$$

먼저, 농업에 종사하는 병에게 적용된 업종별 경비비율을 x라고 할 때 위 식에 대입하면, 100만 원=(5,000만 원−$\frac{5,000만 원}{x}$)×$\frac{1}{25}$이다. 따라서 농업에 적용되는 업종별 경비비율 x는 2임을 알 수 있다.

다음으로, 자영업에 종사하는 정에게 적용된 업종별 경비비율을 y라고 할 때 위 식에 대입하면, 40만 원=(3,000만 원−$\frac{3,000만 원}{y}$)×$\frac{1}{50}$이다. 따라서 자영업에 적용되는 업종별 경비비율 y는 3임을 알 수 있다.

이를 갑과 을에 적용하면 된다.

- 갑: (2,000만 원−$\frac{2,000만 원}{2}$)×$\frac{1}{50}$=20만 원
- 을: (6,000만 원−$\frac{6,000만 원}{3}$)×$\frac{1}{25}$=160만 원

따라서 갑은 20만 원, 을은 160만 원의 세금을 납부하게 된다.

26 문제해결능력　　정답 ④

ㄱ. (○) 대표이사, 이사, 감사 등이 한 행위는 회사설립이 무효화되더라도 효력이 있는 것이다. 따라서 감사가 대내적 영업비밀 준수의무를 위반한 것에 대해 처벌할 수 있다.

ㄴ. (✕) 무효판결 이전에 대표이사 을이 회사의 명의로 제3자인 B회사와 한 거래행위는 효력이 있으므로 이를 이행(잔금 지불)해야 한다.

ㄷ. (✕) 설립무효판결 이전에 맺은 채권·채무관계는 여전히 유효하다. 회사가 금전을 빌렸다면 채권자에게 금전을 갚아야 하므로, A회사가 소멸되었어도 재산이 남아 있는 한 채권액을 회수할 수 있다.

27 문제해결능력　　정답 ⑤

① (✕) 제1항에 따르면, 채권자가 취소권을 행사하기 위해서는 채무자가 채권자를 해한다는 사실에 대해서 알고 있을 뿐만 아니라 그로부터 이익을 받은 자나 전득한 자 역시 알고 있을 것을 요구한다. 그러나 C는 그러한 사실을 알지 못하였으므로 A의 채권자 취소권이 인

정되지 않는다.

② (✕) 제1항에 따르면, 채권자 취소권은 채무자가 채권자를 해함을 알고 한 법률행위를 전제로 한다. 즉 F가 D에 대하여 어떠한 목적을 가졌는지는 고려할 사항이 아니다. 따라서 채무자 E가 채권자 D에 대한 채무변제를 목적으로 법률행위를 하였으므로 채권자 취소권은 인정되지 않는다.

③ (✕) 제1항에서 채권자 취소권의 행사가 허용되기 위해서는 채무자의 행위가 '재산권'을 목적으로 하는 경우이다. H와 I가 교제하여 혼인한 것이 재산권을 목적으로 한 행위가 아니므로 G의 채권자 취소권이 인정되지 않는다.

④ (✕) 제2항에 따르면 채권자 취소권은 취소의 원인을 안 날로부터 1년, 그러한 법률행위가 있는 날로부터 5년 내에 행사해야 한다. 그러나 2021년 12월 현재는 두 기간 모두 지난 상태이므로 채권자 취소권을 행사할 수 없다.

⑤ (○) 사업이 부도나기 이틀 전 채권추심을 피하기 위한 목적으로 N 자신이 재산을 처분한다면 그것은 채권자에 대한 손해를 야기하는 행위로 볼 수 있다. 또한 행위의 당사자인 N뿐만 아니라 O도 그러한 사정을 잘 알고 있으므로 채권자 M은 채권자 취소권을 행사할 수 있다.

28 문제해결능력　　정답 ⑤

주어진 개요는 우리나라 물류산업의 문제점을 분석하고 K-스마트물류산업 육성을 위한 대응방향을 제시하고 있다. 그러므로 대응방향은 문제점을 극복하는 방안을 담고 있어야 한다.

① (○) '도로의존도 심화'라는 문제점의 직접적인 극복방안이 된다.

② (○) '물류 서비스 제공 미흡'에 대한 해결방안임과 동시에 메가트렌드의 '물류의 정보화'에 비추어 물류기업의 전문화를 위한 방안이 된다.

③ (○) 다단계 주선 체계를 극복하여 전문 물류기업으로 만드는 방안으로 적절하다.

④ (○) 물류 인프라의 대형화·허브화에 비추어 현재의 수출입 물류거점 시설의 부족을 극복하는 방안으로 적절하다.

⑤ (✕) 장기적으로 민간기업 간의 경쟁을 통해 고급 물류 서비스를 제공하기 위한 방안이 될 수 있을지는 몰라도 현재의 문제점을 극복하는 방안이 되기는 힘들다.

29 문제해결능력 　정답 ⑤

① (X) 감귤과 가을감자는 모두 가격탄력성이 1보다 크다. 가격 변동에 수요가 민감하게 반응하는 것은 적절한 표현이지만, 둘의 수치가 얼마인지 제시되어 있지 않으므로 비교할 수 없다.

② (X) 제시된 내용은 가격탄력성, 소득탄력성뿐이다. 따라서 어느 재화를 더 선호하는지는 알 수 없다.

③ (X) 가을무와 가을감자는 가격탄력성과 소득탄력성에 따라 구분한 것일 뿐, 가격 자체를 나타내지 않는다.

④ (X) 소득이 증가하면 수요량도 함께 증가하는 양(+)의 관계이므로 포도의 수요는 1 이상 증가한다.

⑤ (O) 참외의 가격탄력성은 0.5~1.0 사이이므로 반드시 감소한다(0.5라는 말은 가격이 1 올랐을 때 수요는 0.5만큼 감소한다는 의미).

30 문제해결능력 　정답 ④

ㄱ. (O) Z 식품회사가 합의를 위반하고 독자적으로 행동하여도 X, Y, Z 식품회사가 가격 결정을 합의하였으므로 담합 사례에 해당한다.

ㄴ. (X) 각 금융회사는 상품에 대한 수요 및 수익성을 고려하여 독자적으로 금리를 책정하였다. 금리가 일치하는 것은 우연이며 담합에 해당하지 않는다.

ㄷ. (O) A, B, C 세 건설회사가 입찰 참여 가격 결정을 합의하였으므로 담합 사례에 해당한다.

ㄹ. (X) 그룹 내부의 이익을 극대화하기 위하여 내부 거래 가격을 조정하는 행위는 동일하거나 유사한 재화를 생산하는 기업이 가격을 고정시키는 전략이 아니므로 담합에 해당하지 않는다.

ㅁ. (O) OPEC에 속한 12개국이 생산 쿼터를 결정하여 자신들의 석유 생산량을 통제하였으므로 담합 사례에 해당한다.

31 자원관리능력 　정답 ③

최 대리는 자신이 보유하고 있는 물적 자원을 효과적으로 관리하기 위하여 물품들을 정리하고자 하였으나, 적절한 단계를 거치지 않아 고생하고 있다. 즉, 가까운 시일 내에 활용해야 할 물적 자원을 다른 것과 함께 캐비닛과 박스에 보관함으로써 다시 찾아야 했다.

32 문제해결능력 　정답 ④

A. (O) 농협중앙회는 기획조정본부 산하의 '연구개발(R&D)통합전략국'과 농협미래경영연구소 내 '4차산업혁명추진센터'를 통합하여 디지털혁신부를 신설하였다. 이를 통해 디지털혁신부는 앞으로 스마트농업 활성화 및 디지털농협 구현을 위한 범농협 컨트롤타워 역할을 수행할 예정이다.

B. (X) 조직개편에 홍보실의 내용은 별도로 없으므로 홍보실 기능은 그대로 유지된다고 봐야 한다.

C. (O) 디지털혁신부는 기존 어느 본부에도 속하지 않은 농협중앙회 전무이사 직할 조직으로서 신속하고 책임 있는 업무 추진을 위해 디지털혁신부장에게 집행간부 직무 전결권을 주기로 한 것으로 이해될 수 있다. 이는 디지털농협을 구현하겠다는 농협의 의지가 그만큼 강하다는 의미를 담고 있다.

D. (O) 농업농촌지원본부가 새로 신설되었으므로 적절한 내용이다.

33 정보능력 　정답 ③

제시문의 내용을 보면 비파괴적 압축방식은 데이터가 반복되는 경우에는 반복된 횟수로 표시하여 압축한다는 것을 알 수 있다. 따라서 숫자가 반복되는 횟수로 비파괴적 압축 방식과 같이 표기한 것을 찾으면 된다. 세 번째 단락에서 그 예시가 있는데, '5555555'를 '5-7'로 표기함으로써 원래 숫자와 반복 횟수를 각각 표시함을 알 수 있다. 그러므로 [데이터]의 숫자는 '76-3123-28-29-454-3'으로 압축될 것이다.

34 문제해결능력 　정답 ④

㉠ (O) '90점 이상'이라는 구체적인 기준을 세웠다.

㉡ (O) '일주일에 2개 이상'이라는 측정 가능한 기준을 세웠다.

㉢ (O) '아이디어 제시'라는 행동을 목표로 삼았다.

㉣ (X) '매일 네 시간의 야근'은 현실적이지 않다.

㉤ (O) '이번 주 목요일 퇴근 전까지'라는 시간적 제약을 두고 있다.

35 문제해결능력 　정답 ④

[정보]를 순서에 따라 정보 1~3이라고 하자. 이때 제시된 정보를 기호화하면 다음과 같다.

• 정보 1: 음악을 좋아함 → 나무를 좋아함∧외향적임(대우: 나무를 좋아하지 않음∨외향적이지 않음 → 음악을 좋아하지 않음)

- 정보 2: 안경을 씀 → 나무를 좋아함(대우: 나무를 좋아하지 않음 → 안경을 쓰지 않음)
- 정보 3: 손가락이 긺 → 음악을 좋아함(대우: 음악을 좋아하지 않음 → 손가락이 길지 않음)

① (△) 안경을 쓴 사람이 음악을 좋아하는지는 알 수 없다.
② (X) 정보 3, 1에 의해 손가락이 긴 사람은 외향적이다.
③ (X) 정보 2의 대우에 의해 나무를 좋아하지 않는 사람은 안경을 쓰지 않았다.
④ (O) 정보 1의 대우와 정보 3의 대우에 의해 외향적이지 않은 사람은 손가락이 길지 않다.
⑤ (△) 음악을 좋아하는 사람이 안경을 쓰지 않았는지는 알 수 없다.

36 문제해결능력 　　　정답 ②

이 대리와 김 과장의 진술에 의해 사무실 도착 순서를 다음과 같이 정리할 수 있다.

박 대리 - 이 대리 - 정 사원 - 김 과장

여기서 남은 사람은 최 사원이므로, 박 대리의 진술에서 박 대리보다 먼저 사무실에 들어간 사람은 최 사원임을 알 수 있다. 그러므로 팀원 5명의 도착 순서는 다음과 같다.

최 사원 - 박 대리 - 이 대리 - 정 사원 - 김 과장

따라서 세 번째로 도착한 사람은 이 대리이다.

37 수리능력 　　　정답 ⑤

① (O) [표 2]를 보면 20대와 30대의 주택마련을 위해 저축하는 가구의 비율이 가장 높아 각각 38.1%, 35.0%이며, 40대는 교육비 마련을 위한 저축가구의 비율이 42.9%로 가장 높고, 50대 이후는 노후생활대비를 위한 저축가구의 비율이 가장 높다.
② (O) 2024년 저축을 하고 있는 가구의 비중은 68.2%로 2020년 73.0%보다 4.8%p 감소하였다.
③ (O) 2020년 대비 2024년 저축용도 중 교육비 항목은 18.8 → 28.4로, 주택마련 항목은 17.6 → 20.4로 각각 9.6%p, 2.8%p 증가하였다. 다른 항목들은 모두 감소하였거나 변동이 없음을 확인할 수 있다.
④ (O) 2024년에 노후생활을 대비하여 저축하는 가구의 비중은 26.0%로 2020년(30.2%)에 비해 4.2%p 감소하였다.
⑤ (X) 100에서 '하고 있지 않음' 수치를 빼면 된다. 계산해 보면 2020년 남자 가구주의 저축률은 100−22.9=77.1%이고, 2024년 여자 가구주의 저축률은 100−47.4=52.6%이다.

38 수리능력 　　　정답 ②

JPY 50,000을 환전할 경우 단위에 주의하여야 한다. JPY 50,000 환전 시 기본수수료는 500×(1,010−1,000)=5,000원이다. 여기에 인터넷환전 우대율 50%가 적용되고, USD 500 상당액 미만이므로 추가 우대는 없다. 따라서 지불해야 할 수수료는 5,000−(5,000×50%)=2,500원이다.

39 수리능력 　　　정답 ①

환전금액별 우대율을 구할 때는 매매기준율을 중심으로 상대환율을 곱해서 구하면 된다. 즉, JPY 150,000을 USD로 환산할 경우에는 우선 단위를 통일시키기 위해 100으로 나눈 다음 1,500×(1,000/1,150)을 계산하면 된다. 굳이 자세하게 계산하지 않더라도 어림산으로 한다면 대략 USD 1,000 상당액 이상임을 알 수 있다.

40 수리능력 　　　정답 ④

① (O) 매출이 가장 적은 월요일의 매출액을 증가시킬 수 있으므로 옳다.
② (O) 요일별로 매출액이 가장 낮은 시간대가 다를 수 있으며 해당 시간대의 매출액을 증가시킬 수 있으므로 옳다.
③ (O) 여성 손님을 증가시켜 매출액의 여성 비율을 증가시킬 수 있으므로 옳다.
④ (X) 배달 주문 증가로 매출액을 증가시킬 수 있으나, 제시된 자료를 토대로 취해야 할 홍보 방법이 아니다.
⑤ (O) 평일의 매출액을 증가시킬 수 있으므로 옳다.

41 수리능력 　　　정답 ①

E의 이자율을 x%라고 할 때, 질문지의 조건을 통하여 갑이 매년 계좌 A~E로 얻을 수 있는 총 이자소득은 다음과 같이 정리할 수 있다.

매년 총 이자소득=A×2%+(B+D)×4%+C×3%+E×x%

[표]를 살펴보면 A와 E의 저축액 합계가 매년 800백만 원, B와 D의 저축액 합계가 매년 600백만 원, C의 저축액이 매년 300백만 원으로 해마다 동일하다.

구분	2017	2018	2019	2020	2021	2022	2023	2024
A+E	800	800	800	800	800	800	800	800
B+D	600	600	600	600	600	600	600	600
C	300	300	300	300	300	300	300	300

따라서 A와 E의 이자율이 동일하다면, 2017년부터 2024년까지 매년 총 이자소득이 같게 되므로 E의 이자율은 2%가 된다.

42 수리능력 　　　정답 ①

① (X) 가격에 대한 만족도가 3사 평균보다 낮지만, 타 테마파크 대비 가격이 높은지 알 수 없으므로 적절하지 않은 전략이다.

② (O) 만족도 결과에서 기념품 및 음식이 높은 점수를 받았으므로 테마파크의 마스코트를 기념품으로 제작하여 판매한다는 전략은 옳은 전략이다.

③ (O) 혼잡도에 대한 만족도가 3사 평균보다 낮으며, 타 테마파크는 대기 예약할 수 있는 애플리케이션을 이용 중이라고 하였으므로 대기 예약을 할 수 있는 애플리케이션을 개발한다는 전략은 옳은 전략이다.

④ (O) 이용자 비중 중 가장 높은 연령은 20대 여성이므로 20대 여성의 선호도 조사를 토대로 퍼레이드를 진행한다는 전략은 옳은 전략이다.

⑤ (O) 놀이기구에 대한 만족도가 가장 낮으므로 기존 놀이기구를 신규 놀이기구로 교체한다는 전략은 옳은 전략이다.

43 수리능력 　　　정답 ③

5월 지원자를 x라 하면 3월 지원자는 $x-4{,}000$이고, 다음과 같은 식이 성립한다.

$25{,}300+20{,}000+(x-4{,}000)+22{,}700+x=23{,}800\times5$

$\therefore x=27{,}500$

5월 합격자를 y라 하면 3월 합격자는 $y-700$이고, 다음과 같은 식이 성립한다.

$3{,}700+2{,}800+(y-700)+3{,}200+y=3{,}120\times5$

$\therefore y=3{,}300$

따라서 A자격증 5월 합격률은 $(3{,}300/27{,}500)\times100=12\%$이다.

44 수리능력 　　　정답 ②

본 문제는 면적을 묻고 있으므로 높이는 고려사항이 아니다. 기존 건물의 사무실과 주차장의 면적을 구하면 다음과 같다.

• 기존 건물 사무실 면적: $20\text{m}\times30\text{m}\times3$개 층$=1{,}800\text{m}^2$
• 기존 건물 주차장 면적: $20\text{m}\times30\text{m}\times1$개 층$=600\text{m}^2$

신축하는 본건물의 가로·세로 길이 및 층별 면적을 구하면 다음과 같다.

• 신축 본건물 가로 길이: $20\text{m}\times1.25=25\text{m}$
• 신축 본건물 세로 길이: $30\text{m}\times1.4=42\text{m}$
• 신축 본건물의 층별 면적: $25\text{m}\times42\text{m}=1{,}050\text{m}^2$

신축하는 본건물의 사무실은 총 6개 층이므로 그 면적은 $1{,}050\text{m}^2\times6$개 층$=6{,}300\text{m}^2$이다.

주차장의 경우 본건물과 주차타워를 각각 보아도 되지만, 주차타워의 단면적은 본건물 단면적의 절반이고, 총 2층으로 이루어져 있으므로 주차타워 2개 층은 본건물 1개 층의 면적과 동일하다. 따라서 총 주차장 면적은 본건물의 4개 층 면적과 동일하며, 그 면적은 $1{,}050\text{m}^2\times4$개 층 $=4{,}200\text{m}^2$이다.

따라서 사무실은 기존대비 $4{,}500\text{m}^2(=6{,}300-1{,}800)$ 증가하였고, 주차장은 기존대비 $3{,}600\text{m}^2(=4{,}200-600)$ 증가하였다.

45 정보능력 　　　정답 ②

김 팀장의 요청에 의해 회원 등급별 평균 구매액을 구해야 하기 때문에 주어진 조건에 따라 지정된 셀의 평균값을 구하는 수식인 AVERAGEIF를 사용해야 한다.

✎ 직무상식평가

01	02	03	04	05	06	07	08	09	10
④	③	③	②	②	③	①	①	①	③
11	**12**	**13**	**14**	**15**	**16**	**17**	**18**	**19**	**20**
⑤	③	⑤	⑤	④	⑤	⑤	④	③	④
21	**22**	**23**	**24**	**25**					
⑤	④	①	④	②					

01 디지털 상식　　　　　정답 ④
① (X) 임시 저장소는 버퍼나 캐시에 해당한다.
② (X) 테이블 자체의 구성 개념이다.
③ (X) 뷰는 저장된 쿼리로 정의되는 가상 테이블이며 스키마가 아니다.
④ (O) 스키마는 데이터베이스 구조, 테이블, 관계, 제약 조건 등을 정의한다.
⑤ (X) 로그 파일(WAL/redo)은 장애 복구·온라인 백업에 사용되는 파일로, 스키마와 무관하다.

02 디지털 상식　　　　　정답 ③
① (X) 입출력 제어기 등의 역할이다.
② (X) 저장은 하드디스크나 SSD의 기능이다.
③ (O) CPU는 명령어 해석 및 실행을 담당하는 컴퓨터의 핵심 장치이다.
④ (X) 네트워크 인터페이스의 역할이다.
⑤ (X) 그래픽 처리는 GPU의 주된 기능이다.

03 디지털 상식　　　　　정답 ③
① (X) 애자일은 지속적인 고객 피드백을 강조한다.
② (X) 애자일은 문서를 배제하지는 않지만 작동하는 소프트웨어를 중시한다. 전 과정이 문서 중심으로 이루어지는 것은 전통적 방식인 폭포수 모델의 특징이다.
③ (O) 애자일은 짧은 개발 주기와 반복적 피드백을 중심으로 진행된다.
④ (X) 폭포수 모델에 가까운 설명이다.
⑤ (X) 애자일은 개발 중간에도 지속적으로 테스트를 수행한다.

04 디지털 상식　　　　　정답 ②
IDFA(IDentity For Advertisers)는 애플이 자사 기기에 부여한 고유 식별자로, 사용자의 검색 활동, 앱 이용 기록 등을 추적하는 기능을 한다. 광고주들은 이렇게 수집된 데이터를 활용해 맞춤형 광고를 제공하고 이익을 얻어 왔는데, 애플이 iOS 14.5부터 정보를 수집해도 된다는 사용자의 의사 표시가 있는 경우에만 IDFA를 활성화하는 옵트인 방식으로 변경하기로 하면서 타격을 입게 됐다.

05 디지털 상식　　　　　정답 ②
필터 버블(Filter Bubble)은 인터넷 정보제공자가 맞춤형 정보를 이용자에게 제공해 이용자는 필터링된 정보만을 접하게 되는 현상을 지칭한다. 미국의 시민단체 무브온(Move on)의 이사장인 엘리 프레이저(Eli Pariser)가 쓴 '생각 조종자들(원제: The Filter Bubble)'에 등장하는 단어다.

06 디지털 상식　　　　　정답 ③
메타버스는 기본적으로 두 축을 바탕으로 한다. 하나는 증강기술과 시뮬레이션 사이의 축이고, 다른 하나는 내재적 요소와 외재적 요소 사이의 축이다. 즉, 현실-가상의 정도와 환경적 요인의 정도를 크게 두 축으로 갖고 있고, 그 4면에 각각 핵심요소들을 갖고 있는 것이다. 그 4대 핵심요소는 첫째 증강현실, 둘째 라이프로깅, 셋째 거울세계, 넷째 가상세계이다. 가상세계는 내재적 특성을 가진 시뮬레이션 환경이며, 거울세계는 정보적으로 확장된 가상세계이며 실제 세계의 반영을 의미한다. 증강현실은 실제 현실세계의 확장이고, 라이프로깅은 사물과 사람에 대한 일상적 경험과 정보를 저장하고 묘사하는 것을 의미한다.

07 디지털 상식　　　　　정답 ①
하이퍼바이저(Hypervisor)는 프로세서나 메모리와 같은 다양한 컴퓨터 자원에 서로 다른 각종 운영 체계(OS)의 접근 방법을 통제하는 얇은 계층의 소프트웨어이다. 다수의 OS를 하나의 컴퓨터 시스템에서 가동할 수 있게 하는 소프트웨어로 중앙 처리 장치(CPU)와 OS 사이에 일종의 중간웨어로 사용되며, 하나의 컴퓨터에서 서로 다른 OS를 사용하는 가상 컴퓨터를 만들 수 있는 효과적인 가상화 엔진이다.

08 금융 · 경제 상식　　　　　　　정답 ①

㉠은 통화주의와 대비되는 케인스주의로, 케인스가 제시한 경제 정책의 내용으로 적절하지 않은 것을 찾으면 된다.

① (X) 케인스의 확대재정정책은 근본적으로 정부 지출을 강조하고 있으므로 감세정책은 적절하지 못하다.

② (O) 케인스는 금융정책보다 재정정책이 효과적이라고 보았다. 또한 케인스는 이자율이 매우 낮을 때 발생하는 유동성 함정상태에서 재정정책이 더욱 효과적이라고 주장했다.

③ (O) 케인스는 경기부양정책으로 재정정책을 통한 유효수요의 증가를 중요시했다.

④ (O) 케인스는 재정정책의 무력성을 주장하는 통화주의에 대응해 단기에서는 정부의 재정정책이 효과적이라고 주장했다.

⑤ (O) 케인스의 절대소득가설에 따르면 현재의 절대소득이 소비를 결정한다.

09 금융 · 경제 상식　　　　　　　정답 ①

② (O) 우하향하는 점, 원점에 대해 멀리 떨어질수록 더 많은 생산량을 나타낸다는 점, 일반적으로 원점에 대해 볼록한 형태를 나타낸다는 점 등이 등량곡선과 유사하다.

③ (O) 생산가능곡선의 두 축은 '재화'이다. 따라서 기술진보가 이뤄지면 더 많이 생산할 수 있기 때문에 곡선 역시 원점에서 멀어진다. 반면 등량곡선의 두 축은 일정한 양(수량)을 생산하기 위해 드는 노동과 자본을 가리키므로, 기술진보가 이루어지면 원점에 가까워진다.

④ (O) 한계기술대체율의 세부 내용까지 알아 둘 필요는 없다. 다만 생산을 나타내는 등량곡선이므로 '기술'이라는 키워드가 들어간 것에 주의하자.

⑤ (O) '무차별곡선, 예산선'이 한 세트라면 '등량곡선, 등비용선'이 한 세트이다. 무차별곡선과 예산선이 만나듯이, 등량곡선과 등비용선이 만난다고 보면 된다.

✐ 핵심만 콕 짚는 TIP

등량곡선은 동일한 양의 재화를 생산할 수 있는 노동과 자본의 조합을 나타내는 곡선이다. 기본적인 특징은 무차별곡선과 유사하며, 본 문제에서도 알 수 있듯이 객관식 5지선다로 출제하기에 아주 적절한 특징들을 갖고 있다. 비전공자라면 별도로 등량곡선을 공부하기보다, 본 문제에서 다룬 내용 중심으로 정리해 두자.

10 금융 · 경제 상식　　　　　　　정답 ③

제시문은 정보 비대칭을 거래 시점에 따라 숨겨진 특성과 숨겨진 행동으로 나눠 설명하고 있다. 숨겨진 특성은 거래 이전에 발생하며 역선택에 해당한다. 보험 가입 시 몸이 좋지 않은 사람이 대거 가입하는 상황, 나쁜 중고차를 비싸게 사는 상황이 대표적이다. 숨겨진 행동은 거래 이후에 발생한다. 도덕적 해이가 해당하며, 부실 회사의 자구노력 소홀이라든지 실업급여를 받는 구직자의 노력 부족이 해당한다.

11 금융 · 경제 상식　　　　　　　정답 ⑤

① (O) Q^2에 100을 대입하면 총비용은 300이 된다.

② (O) 제시된 비용함수에서는 200이 고정비용이고 Q^2이 가변비용이다.

③ (O) 미분하면 $2Q$임을 알 수 있다.

④ (O) 고정값은 200으로 주어져 있다.

⑤ (X) 평균비용은 주어진 함수를 Q로 나누면 된다. 그러면 $200/Q + Q$이다.

12 금융 · 경제 상식　　　　　　　정답 ③

중고매매업체가 추가적으로 창출한 부가가치만 고려하면 되므로 2022년 GDP 증가 규모는 300만 원이다. 괄호 안의 중고차 평균 감가상각은 GDP 증가 규모를 계산하는 데 전혀 필요 없는, 일종의 함정이다. 만약 2,000만 원에 매입해 2,200만 원에 판매했다면 200만 원이 증가하는 셈이다.

13 금융 · 경제 상식　　　　　　　정답 ⑤

① (X) 일정 시점이 아닌 기간이다.

② (X) 수출은 차변, 수입은 대변이다.

③ (X) 흑자인 나라는 수출, 적자인 나라는 수입에 해당한다. 따라서 채권국, 채무국이라고 해야 옳다.

④ (X) 흑자국의 통화는 외환시장에서 가치가 상승할 것이다. 이 나라 상품을 수입한 국가가 수입대금을 지급하려고 이 나라 통화를 더 많이 매입할 것이기 때문이다.

⑤ (O) 해외 무상원조는 이전소득수지이다. 따라서 경상수지에 속한다.

14 금융·경제 상식 정답 ⑤

① (X) 소득분배가 가장 평등한 국가는 B국이다.

② (X) B국이 C국보다 상대적으로 평등하다.

③ (X) 십분위분배율은 '하위 40%/상위 20%'로 구한다. 값은 2이다.

④ (X) 지니계수는 로렌츠곡선을 이용, 면적을 통해 계산한다. 5분위(전체의 20%)가 전체를 갖고 있으므로 1이 아닌 0.8이다.

⑤ (O) 지니계수는 값이 작을수록 소득분배가 양호함을 나타낸다. B국은 각 분위별 소득이 완전균등한 상태이다.

15 금융·경제 상식 정답 ④

① (X) 단기평균비용의 포락선은 장기평균비용곡선에 해당한다.

② (X) 최적설비조합점은 장기평균비용곡선에 해당한다.

③ (X) 평균비용곡선이 증가하는 경우 한계비용곡선이 평균비용곡선보다 위에 있다.

④ (O) 규모의 경제 존재 시 생산량이 증가하는 경우 평균비용이 감소하므로 장기평균비용곡선이 우하향한다.

⑤ (X) 평균비용은 평균가변비용과 평균고정비용을 더해 계산하므로, 평균비용곡선이 평균가변비용곡선 위에 위치한다.

16 금융·경제 상식 정답 ⑤

① (O) 항상소득가설은 소득을 일시소득(임시소득)과 항상소득으로 구분한다. 이때 소비에 영향을 주는 소득은 일시소득이 아닌 항상소득이다.

② (O) 항상소득가설에서는 소비를 결정하는 소득은 항상소득이라고 본다. 예를 들어 직장을 다니며 받는 월급은 항상소득이며, 이는 소비에 연결된다(월급이 많아지면 소비가 커진다는 의미). 반면 강의를 하거나 책을 쓸 경우 이는 일시소득이며, 소비에 즉각 연결되지 않는다. 따라서 높은 상관관계는 없다고 봐야 옳다.

③ (O) 항상소득가설에서 일시적인 조세 감면은 항상소득 증가에 영향을 주지 못하므로, 지속적 감면이 효과적이라는 설명은 옳다.

④ (O) 경제학자와 관련해서는 케인스(유동성선호설, 대공황, 유효수요), 슘페터(혁신, 기업가정신, 창조적파괴), 프리드만(통화주의, 항상소득가설)을 기억해 두자. 또한 2020년에 '경매이론'에 대한 공헌으로 노벨경제학상을 수상한 폴 밀그롬, 로버트 윌슨 교수도 기억해 두어야 한다.

⑤ (X) 일시적 요인에 따른 소득 변동은 '일시소득'을 의미한다. 일시소득 증가 시 소비에 별 영향을 미치지 못하며, 반대의 경우(일시소득 감소) 역시 마찬가지이다. 따라서 소비의 변동은 소득(일시소득)의 변화보다 작다고 해야 옳다.

17 금융·경제 상식 정답 ⑤

미시적 마케팅(micro marketing)이란, 특정 개인이나 지역의 기호를 만족시키는 마케팅 전략을 말한다. 최근 빅데이터 등 정보기술의 발달로 인해 일반 소비재 분야에 널리 활용되고 있으며, 경쟁이 치열하고 소비자 선호도가 분산된 시장에서 더욱 효과적이다.

> ✏️ **핵심만 콕 짚는 TIP**
> 미시적 마케팅은 지역별 수요에 맞게 촉진 활동을 수행하는 지역 마케팅과 개인 고객의 수요에 맞게 촉진 활동을 수행하는 개인 마케팅을 포함한다.

18 금융·경제 상식 정답 ④

소비자에게 3원의 세금을 부과했으므로 수요곡선에 세금 부과만큼 계산해 준다는 생각으로 접근해야 한다. 생산자와 달리 소비자는 세금만큼 가격이 상승한 것으로 인식하기 때문에, 결과적으로 수요곡선은 세금만큼 하방 이동하는 것이다.

- 우선 세금 부과 이전의 균형을 계산하면 $18-P=2P$ → $P=6$, $Q=12$이다.

- 수요곡선에 세금 3을 적용하기 위해 $P=18-Q$로 식을 변경하고, 여기에 -3을 해 주면 $P=15-Q$이다.

- 이제 기존의 공급곡선과 수요곡선을 연립하면 $15-Q=0.5Q$ → $Q=10$, $P=5$이다.

- 마지막으로 기존의 수요곡선($Q_d=18-P$)에 $Q=10$을 대입하면 $P=8$이다.

따라서 높이 3($=8-5$)×밑변 2($=10-8$)의 삼각형이 나오며, 이를 계산하면 3이다. 문제에서는 소비자와 생산자 중 누가 더 많이 부담하는지를 묻고 있으므로, 상대적으로 비탄력적인 소비자가 더 많이 부담한다.

19 금융·경제 상식　　정답 ③

IPO(Initial Public Offering: 기업공개)는 비상장기업이 상장을 위해 법률적 절차에 따라 외부 투자자들에게 처음으로 주식을 공매하는 것을 의미한다.

① (X) IPO에 따른 전문경영인 도입을 통해 기존의 소유경영인의 비효율적인 조직 운영을 개선할 수 있다.
② (X) IPO에 따른 자금조달을 통해 재무구조를 개선할 수 있다.
③ (O) 일반적으로 IPO를 하게 되면 주가가 많이 상승하고 이로 인해 스톡옵션의 가치가 상승한다. 따라서 가치가 상승한 스톡옵션으로 우수한 인력을 유치할 수 있다.
④ (X) IPO에 따른 지배구조 개편을 통해 경영권을 방어할 수 있다.
⑤ (X) IPO를 하게 되면 소유권이 불특정 다수의 외부 투자자에 분산됨에 따라 대주주 경영권이 약화된다.

20 금융·경제 상식　　정답 ④

① (O) 가격탄력성이 1보다 큰 경우 탄력적이며, 주로 사치재가 이에 해당한다.
② (O) 가격탄력성이 1보다 작은 경우 비탄력적이며, 주로 필수재가 이에 해당한다.
③ (O) 가격탄력성이 1인 경우 수요량 변화율과 가격 변화율이 동일하며, 이를 단위탄력적이라고 한다.
④ (X) 탄력성이 1보다 큰 경우 가격이 상승하면 가격의 증가율보다 수요량 감소율이 더 높다. 따라서 탄력성이 1보다 클 때 가격이 상승하면 총수입이 감소한다.
⑤ (O) 완전경쟁기업은 수평선의 수요곡선에 직면한다. 소비자는 완전경쟁시장보다 높은 가격에서는 아예 구매하지 않으므로 수요의 가격탄력성은 무한대이다.

🖉 핵심만 콕 짚는 TIP
가격탄력성은 가격 변화 시 수요량의 변화를 나타내는 지표로 수요량 변화율을 가격변화율로 나눠 구할 수 있다.

21 금융·경제 상식　　정답 ⑤

⑤ (X) 한국은행 RP는 시중 단기자금 조절에 효과적이며

콜금리에 직접적인 영향을 미친다. 시중에 단기자금이 풍부할 때에는 시중은행에 RP를 매각해 시중 자금을 흡수하고, 단기자금이 부족할 때에는 RP를 매입해 유동성을 높임으로써 통화량을 조절한다.

22 금융·경제 상식　　정답 ④

경기변동에 대해 알 수 있도록 작성된 경제지표인 경기종합지수는 경기후행지수, 경기동행지수, 경기선행지수로 구분할 수 있다.

ㄱ, ㄹ. (O) 취업자 수, 소비재 수입액은 경기후행지수에 해당한다. 경기후행지수는 사후에 경기 변동을 확인하는 지수로 경기 순환에 후행해 변동한다는 특징이 있다.
ㄴ. (X) 내수출하지수는 제조업체에서 직접 생산한 제품을 판매업체, 소비자 등에 판매하는 활동의 단기적 추이를 나타낸 지수로 경기동행지수에 해당한다. 경기동행지수는 현재 경기동향을 보여주는 지표로 현재 또는 앞으로의 경제상태를 보여주는 데 활용한다.
ㄷ. (X) 증권시장에 상장된 기업의 주가를 나타내는 코스피는 경기선행지수에 해당한다. 경기선행지수는 미래의 경기 흐름을 예상하는 데 활용하는 지수이다.

23 금융·경제 상식　　정답 ①

① (O) 개별 주식이나 펀드의 베타 계수는 체계적 위험의 시장지수와 비교해 주식 또는 펀드의 위험이 얼마나 큰지 나타낸다.
② (X) 베타는 개별 주식 또는 펀드의 체계적 위험을 나타낸다. 개별 주식 또는 펀드의 총 위험을 나타내는 표준편차도 위험을 나타내는 지표이므로 옳지 않다.
③ (X) SML(증권시장선)은 자산의 체계적 위험과 기대수익률의 관계를 나타낸다. 투자자의 위험회피도는 SML의 기울기에 영향을 미치지 않으며 투자자의 무위험자산과 시장포트폴리오의 구성 비율에 영향을 미친다.
④ (X) CAPM을 통해 도출된 수익률은 예상되는 기대수익률로 특정변수가 증권의 수익률에 영향을 미치는 것을 모두 예측하는 것은 불가능하다.
⑤ (X) CML(자본시장선)상에 위치한 포트폴리오는 효율적 포트폴리오로 비체계적 위험이 0이다. CML상에 위치한 포트폴리오에는 체계적인 위험이 존재하므로 체계적인 위험을 나타내는 베타의 값이 0이 아니다.

24 금융·경제 상식 　정답 ④

① (X) 채권만기는 최종 현금지급 시점을 나타내는데 반하여 듀레이션은 만기 전에 발생하는 모든 현금흐름을 가중치로 한 평균 상환기간이다. 따라서 이자 현금흐름이 있는 이표채의 듀레이션은 이표채의 만기 또는 만기까지의 잔여기간보다 짧다.

② (X) 표면금리가 높을수록 전체 현금흐름 중 만기 전에 수취되는 현금수입 비중이 높아짐으로써 채권투자액이 최종 원금수취 이전에 상대적으로 단기간 내에 회수될 수 있다는 것을 의미한다. 반대로 표면금리가 낮으면 듀레이션은 길어진다.

③ (X) 만기까지의 기간이 장기일수록 현금흐름의 현재가치는 상대적으로 더 크게 감소하기 때문에 듀레이션은 완만한 체감형태의 곡선을 나타내게 된다.

④ (O) 할인율로 작용하는 채권수익률이 낮아지면 할인율의 승수효과와 현금흐름의 만기집중으로 인해 만기에 가까운 현금흐름의 가중치가 상대적으로 크게 증가한다. 따라서 채권수익률이 낮아질수록 듀레이션은 커지게 되는 역의 상관관계를 갖는다.

⑤ (X) 만기일에 근접함에 따라 잔존만기가 감소하므로 듀레이션도 감소한다. 할인채의 경우 듀레이션은 채권의 만기와 같으므로 동일한 속도로 감소하나 이표채의 경우 만기일에 가까울수록(잔존만기가 감소할수록) 듀레이션이 감소하는 속도는 증가한다.

25 금융·경제 상식 　정답 ②

ㄱ. (O) PER(Price-Earning Ratio, 주가수익비율)은 주가를 주당순이익(EPS)으로 나눠 계산할 수 있다. PER이 낮은 주식이 PER이 높은 주식보다 수익률이 높은 시장 이상현상이 실제로 관찰되기도 한다.

ㄴ. (O) 기업규모 효과는 규모가 작은 기업의 주식수익률이 큰 기업보다 높게 나타나는 현상을 의미한다. 이러한 기업규모효과는 시장 이상현상에 해당한다.

ㄷ. (O) 1월 효과는 주식 상승의 기대심리 등의 계절적 이유로 1월 한 달의 주가 수익률이 시장 평균 수익률보다 높은 현상을 의미한다. 이러한 1월 효과는 시장 이상현상에 해당한다.

ㄹ. (X) 기업의 이익 발표 후 주가가 계속 상승하는 것은 시장 이상현상이 아닌 위험과 이익을 고려한 합리적인 기대에 해당한다.

✏️ **핵심만 콕 짚는 TIP**

자본시장의 이상현상(market anomaly)은 특정 자산의 수익률이 정상 수익률보다 지속적으로 높은 현상을 의미한다.

제3회 실전모의고사

✎ 직무능력평가

01	02	03	04	05	06	07	08	09	10
④	②	⑤	②	②	②	③	④	⑤	②
11	**12**	**13**	**14**	**15**	**16**	**17**	**18**	**19**	**20**
④	②	①	③	②	②	④	⑤	④	④
21	**22**	**23**	**24**	**25**	**26**	**27**	**28**	**29**	**30**
③	②	⑤	①	①	②	④	③	②	⑤
31	**32**	**33**	**34**	**35**	**36**	**37**	**38**	**39**	**40**
②	①	①	④	②	①	④	④	⑤	④
41	**42**	**43**	**44**	**45**					
⑤	③	④	①	⑤					

01 의사소통능력 　　　　　정답 ④

① (○) 일반적으로 금리가 오르면 환율이 하락(원화 가치 상승)하고, 금리가 내리면 환율이 상승(원화 가치 하락)하게 되는데, 이와 같은 원칙을 적용할 때 주가라는 추가 변수를 고려해야 한다고 하였으므로 타당한 진술이다.

②, ③ (○) 원론적으로 금리와 환율은 반비례 관계를 가지므로 금리가 높으면 자국 통화 강세 및 외국 자본 유입을 기대할 수 있고, 금리가 낮으면 자국 통화 약세 및 수출 증대를 기대할 수 있다.

④ (X) 현실 경제에서는 금리가 떨어지면 채권 수익률 하락에 실망한 채권 투자자들이 주식투자자로 변신하여 주식 시장에 돈이 유입된다. 이로 인해 주가는 오르게 되고 외국인 투자자들도 주식 시장에 몰리게 된다. 이는 외환 시장에 달러 공급을 늘려 환율 하락(원화 가치 상승)으로 이어지게 된다.

⑤ (○) 달러화를 보유했을 때 완충 작용을 하는 헤지 비용이 적은 만큼 금리 변화에 따라 환율은 훨씬 민감하게 반응한다고 하였으므로, 환헤지 비용과 금리 변화에 따른 환율 변동폭은 반비례 관계임을 알 수 있다.

02 의사소통능력 　　　　　정답 ②

1년 후의 시장 상황이 불황일 경우 10개 생산 라인을 증설하면 100억 원의 손실이 생길 것이라는 가정을 10억 원의 이익이 발생하는 것으로 변경하면, 3개 라인을 증설하고 시장 상황이 불황일 경우와 동일한 결과가 된다. 즉,

최악의 상황이 오더라도 3개 라인 증설의 경우보다 더 나쁘게 되지는 않는 것이다. 그러나 최선의 상황(호황)에서 기대할 수 있는 이익은 10개 증설의 경우가 3개 증설의 경우보다 훨씬 더 크다. 따라서 기대치는 크고 위험 부담은 동일하므로 경영자는 판단을 내리기가 쉬워지는 것이다.

03 의사소통능력 　　　　　정답 ⑤

- A: FCFS 스케줄링은 요청 순서대로 이동하는 방식이므로 50 → 99(49 이동) → 35(64 이동) → 125(90 이동) → 15(110 이동) → 65(50 이동) 순으로 이동한다. 따라서 총 이동거리는 363이 된다.

- B: SSTF 스케줄링은 현재 위치로부터 이동 거리가 가장 가까운 트랙 순서로 이동하는 방식이므로 50 → 65(15 이동) → 35(30 이동) → 15(20 이동) → 99(84 이동) → 125(26 이동) 순으로 이동한다. 따라서 총 이동거리는 175가 된다.

- C: SCAN 스케줄링은 헤드가 디스크의 양 끝 트랙을 오가면서 이동 경로 위에 포함된 요청을 처리하는 방식이다. 현재 위치에서 트랙 0번 방향으로 먼저 이동을 하므로 50 → 35(15 이동) → 15(20 이동) → 0(15 이동) 순으로 이동을 한다. 그리고 반대쪽 끝 트랙인 150을 향해 0 → 65(65 이동) → 99(34 이동) → 125(26 이동) → 150(25 이동) 순으로 이동한다. 마지막에 트랙 0번의 반대쪽 끝인 150번까지 이동한다는 것에 유의하여야 한다. 따라서 총 이동거리는 200이 된다.

- D: LOOK 스케줄링은 최댓값과 최솟값을 오가면서 이동 경로 위에 포함된 요청을 처리하는 방식이다. 현재 위치에서 최솟값 방향으로 먼저 이동을 하므로 50 → 35(15 이동) → 15(20 이동) 순으로 먼저 이동을 한다. 그리고 최댓값을 향하여 15 → 65(50 이동) → 99(34 이동) → 125(26 이동) 순으로 이동한다. SCAN 스케줄링과는 달리 최댓값인 125번에서 이동이 종료된다는 것에 유의하여야 한다. 따라서 총 이동거리는 145가 된다. 즉, 헤드의 총 이동거리가 짧은 스케줄링부터 순서대로 나열하면 D, B, C, A가 된다.

04 의사소통능력 　　　　정답 ②

- A직원: (○) 1문단에서 "5대 은행(KB국민·하나·신한·우리·NH농협)에서 2××2년부터 적용해 온 신용점수제를 2××5년부터는 저축은행과 보험, 신용카드사, 금융투자회사 등 전 금융권에 확대 적용하는 것"이라고 설명하고 있다. 즉, 2××5년 전에도 KB국민·하나·신한·우리·NH농협의 5개 은행은 신용점수제로 고객의 신용을 평가해 왔다.
- B직원: (○) 2문단에서 기존 신용등급제에서는 "신용점수 격차가 10점 이내임에도 신용등급으로는 각각 6등급 하위와 7등급 상위에 자리할 경우 7등급자는 대출이 거절되거나 대출 이자가 올라가는 불이익이 발생하곤 했다."라고 설명하고 있다. 즉, 작은 점수 차이에도 신용등급이 달라지면서 대출 가능 여부가 갈리는 경우가 있었다.
- C직원: (○) 1문단의 "저신용자의 대출 문턱이 한층 낮아질 전망이다."와 3문단의 "금융회사는 세분화된 대출심사 기준을 도입해 획일적으로 신용등급 기준에 따라 대출을 거절하는 사례를 줄일 수 있다." 등을 통해 예상할 수 있는 내용이다.
- D직원: (X) 3문단에서 "2××5년 1월 1일부터 CB사는 신용등급을 산정하지 않고 1점 단위로 세분화된 개인신용평점만 산정해 금융소비자와 금융회사 등에 제공한다."라고 하였다. 즉, CB사는 금융회사에 고객의 신용평점만을 제공하면 될 뿐 신용등급은 제공하지 않아도 된다.

05 의사소통능력 　　　　정답 ②

4문단의 내용을 다음과 같이 정리한 후 선택지의 정오를 판단하면 된다.

구분	변경 전	변경 후	
		나이스평가정보	코리아크레딧뷰로
신용카드 발급	6등급 이상	680점 이상	576점 이상
서민금융 상품 지원	6등급 이하	744점 이하	700점 이하
중금리 대출 시 신용공여 한도 우대	4등급 이하	859점 이하	820점 이하

① (X) 나이스평가정보를 기준으로 신용점수 730점은 6등급에 해당하므로, 변경 전과 변경 후 모두 지원 가능 대상이다.
② (○) 코리아크레딧뷰로를 기준으로 신용점수 680점은 6등급에 해당하므로, 변경 전과 변경 후 모두 지원 가능 대상이다.
③ (X) 나이스평가정보를 기준으로 신용점수 670점은 6등급에 해당하므로, 변경 전에는 발급 가능 대상이었지만 변경 후에는 발급 불가 대상이 된다.
④ (X) 코리아크레딧뷰로를 기준으로 신용점수 590점은 7등급에 해당하므로, 변경 전에는 발급 불가 대상이었지만 변경 후에는 발급 가능 대상이 된다.
⑤ (X) 나이스평가정보를 기준으로 신용점수 840점은 3등급에 해당하므로, 변경 전에는 우대 불가 대상이었지만 변경 후에는 우대 가능 대상이 된다.

06 의사소통능력 　　　　정답 ②

① (○) 1문단의 "최고가격제는 공평성을 추구하는 데 쓰이기도 한다."라는 내용에서 확인할 수 있다.
② (X) 최고가격제를 실시하면 시장의 균형가격보다 낮아지고, 최저가격제를 실시하면 균형가격보다 높아진다는 내용은 있지만 최고가격과 최저가격을 교정하는 기준이 균형가격이라는 내용은 제시문에서 찾을 수 없다.
③ (○) 1문단의 "과점시장에서는 몇몇 공급자가 가격을 결정할 수 있다."라는 내용에서 확인할 수 있다.
④ (○) 1문단에서 "독과점은 시장 질서의 왜곡, 소비자들의 피해, 기업 경쟁력 약화 등 많은 병폐를 낳기 때문에 정부는 독과점금지법으로 이러한 행위를 견제한다."라고 하였다.
⑤ (○) 4문단에 따르면 최고가격제를 실시할 경우 시장에는 수요와 공급 간의 불균형이 발생하며, 이에 대해

"정부의 보충이 없을 경우에는 사회적 약자를 배려하기 위해 실시한 최고가격제가 오히려 사회적 약자에게 피해를 끼칠 수도 있다."라는 내용에서 확인할 수 있다.

07 의사소통능력 정답 ③

① (X) 오히려 공급을 줄이는 사례에 해당한다.
②, ④, ⑤ (X) 공급이 아닌 소비를 지원해 주는 사례이다.
③ (O) ㉠은 최고가격제를 실시할 경우 공급자는 공급을 줄이고, 수요자는 수요를 늘려 시장에서 수요와 공급의 불균형이 발생했을 때 그 해결 방법으로 정부가 공급을 늘리는 것을 말하므로 대중교통 사업자에게 발생하는 손실을 보전해 주는 것은 ㉠의 사례로 적합하다. 손실을 보전해 주기 위해서 정부가 공급을 늘려야 하기 때문이다.

08 의사소통능력 정답 ④

제시문은 나라별로 삶의 스피드를 비교하며 삶의 템포를 결정하는 요소들에 대해 서술하고 있다.
ㄱ. (O) 제시문의 기본 전제는 시간과 속도 간에 일정한 관계가 있다는 것이므로 적절한 판단이다.
ㄴ. (O) 2문단에서 아시아권에서 한국보다 삶의 속도가 빠른 나라로 일본, 홍콩, 대만, 싱가포르를 제시하고 있으므로 적절한 판단이다.
ㄷ. (O) 3문단에서 도시에 사는 사람들이 상대적으로 빨리 움직인다고 하였으므로 적절한 판단이다.
ㄹ. (O) 3문단에서 장소와 문화에 따라 삶의 템포가 다르다고 하였으므로 적절한 판단이다.
ㅁ. (X) 3문단에서 더운 지역에서의 삶이 더 느긋하다고 하였으므로 부적절한 판단이다.

09 의사소통능력 정답 ⑤

ㄱ. (찬성) 국민연금 수급 연령을 고려하여 정년을 연장하려는 정부의 입장과 부합한다.
ㄴ. (반대) 오래 재직할수록 급여를 더 많이 받는다는 사실은 인건비 부담을 이유로 정부의 계획에 반대하는 근거가 된다.
ㄷ. (찬성) 정년을 연장하는 것이 청년실업 등에 영향을 주지 않는다는 내용이므로 정부의 계획을 찬성한다는 근거가 된다.
ㄹ. (찬성) 노후 준비가 되어 있지 않은 중고령자의 일자리 보장을 위하여 정년의 연장이 필요하다는 주장의 근

거가 된다.
ㅁ. (찬성) 생산가능인구가 줄어들 것이므로 정년을 연장하여 생산가능한 중고령자를 일하도록 해야 한다는 주장이므로 정부의 입장과 부합한다.
ㅂ. (반대) 높은 청년실업률의 원인으로 중장년층과의 일자리 경합을 지적하는 내용이므로 정부의 계획에 반대하는 근거가 된다.

10 문제해결능력 정답 ②

주어진 정보에 의한 특별수익자가 있는 경우 구체적 상속분의 산정방법＝{(상속재산의 가액＋생전증여액)}×법정상속분율＝{(생전증여액＋유증액)}이다.
따라서 장남의 상속분을 계산하면, {(1억 4천만 원＋4천만 원)×2/9(어머니와 장남 및 차남, 딸의 법정상속분율은 1.5:1:1:1이므로 어머니, 장남, 차남, 딸은 각각 3/9, 2/9, 2/9, 2/9가 된다)－4천만 원＝0이 된다. 그리고 채무는 상속분(1.5:1:1:1)에 따라 어머니가 1천5백만 원, 자녀들이 각각 1천만 원씩 상속한다.

11 문제해결능력 정답 ④

① (O) A사원은 고졸로 최종학력이 가장 낮으나 고객평가가 4.6점으로 가장 우수하다. 이를 고려할 때, 진급 및 연봉인상을 고려할 필요가 있다.
② (O) B사원은 7월 영어 능력이 최하위, 고객평가도 하위권이고, 영업 실적도 다른 직원에 비해 뛰어나지 않으므로 진급 및 연봉인상 대상으로 선정되기에는 무리가 있다.
③ (O) 영어 능력은 3월 5급, 7월 4급으로 하위권에 있으나, 영업 실적 중 계약 체결인원은 1위, 계약 체결금액은 3위로 상위권이므로 진급 및 연봉인상을 고려할 필요가 있다.
④ (X) D는 영어 능력과 고객평가에서 우수하다. 또한 계약 체결인원은 가장 낮으나 계약 체결금액은 직원 중 가장 높으므로, 계약 체결인원을 기준으로 진급 및 연봉인상 대상에서 제외하는 것은 계약 체결의 질적 가치를 고려하지 않은 진술이다.
⑤ (O) F의 영어 능력은 3월 1급, 7월 2급으로 가장 높으나, 계약 체결인원도 많지 않고, 계약 체결금액도 가장 낮다. 또한 고객평가도 가장 낮으므로 진급 및 연봉인상 대상으로 선정되기 어렵다.

12 문제해결능력 정답 ②

1) 진급요건인 계약 체결금액이 30,000만 원 이상인 자 C, D, E, G 중 다음에 해당하는 사람을 제외한다.
   - 3월과 7월 평균 영어 능력이 3등급 미만인 자: C(4.5등급), E(3.5등급) 제외
   - 고객평가가 4.0점 미만인 자: 없음
   따라서 진급되는 사람은 D와 G이다.
2) 연봉인상 요건에 해당되는 사람은 다음과 같다.
   - 계약 체결금액이 35,000만 원 이상: C, D, G
   - 계약 체결인원이 25명 이상: C, F, G
   따라서 연봉이 인상되는 사람은 C, D, F, G이다.
   최종적으로 진급과 연봉인상이 모두 되는 사람은 D와 G로 2명이다.

13 자원관리능력 정답 ①

[표 2]의 등급을 성능점수로 환산하면 다음과 같다.

성능＼기종	A기종	B기종	C기종	D기종
정지비행 성능	100	100	50	50
배터리 내구성	50	0	50	100
최대 비행시간	100	50	100	100
충전시간	50	100	100	50
DJI 인증 여부	100	100	0	0

1) 경기 안성
   DJI의 중요도 비중이 20%이므로, C, D기종은 선택하지 않는다. 또한 배터리 내구성 비중이 30%이므로 배터리 내구성 점수가 0점인 B기종 역시 선택하지 않는다. 따라서 경기 안성에서 선택하는 기종은 A기종이다.
2) 충북 음성
   배터리 내구성과 DJI 항목의 비중이 0%이므로 정지비행 성능, 최대 비행시간, 충전시간만 고려하면 된다. 모든 기종이 다 구매대상이 되므로 점수가 가장 높은 기종을 구매할 가능성이 높은데 기종별로 정지비행 성능, 최대 비행시간, 충전시간 점수를 합산하면 다음과 같다.
   - A기종: $40\% \times 100 + 10\% \times 100 + 50\% \times 50 = 75$점
   - B기종: $40\% \times 100 + 10\% \times 50 + 50\% \times 100 = 95$점
   - C기종: $40\% \times 50 + 10\% \times 100 + 50\% \times 100 = 80$점
   - D기종: $40\% \times 50 + 10\% \times 100 + 50\% \times 50 = 55$점
   따라서 충북 음성은 B기종을 선택한다. 굳이 모두 계산하지 않더라도 중요도 비중이 높은 충전시간과 정지비행 성능 점수가 모두 1급인 B기종의 점수가 가장 높음을 알 수 있다.
3) 경남 김해
   DJI 인증 여부 항목의 비중이 0%이므로 정지비행 성능, 배터리 내구성, 최대 비행시간, 충전시간만 고려하면 된다. B기종은 배터리 내구성이 0점이므로 선택되지 않는다.
   - A기종: $30\% \times 100 + 20\% \times 50 + 10\% \times 100 + 40\% \times 50 = 70$점
   - C기종: $30\% \times 50 + 20\% \times 50 + 10\% \times 100 + 40\% \times 100 = 75$점
   - D기종: $30\% \times 50 + 20\% \times 100 + 10\% \times 100 + 40\% \times 50 = 65$점
   따라서 경남 김해는 C기종을 선택하게 된다.
   정리하면 경기 안성은 A기종, 충북 음성은 B기종, 경남 김해는 C기종을 구매할 가능성이 가장 높다.

14 자원관리능력 정답 ③

부서를 기준으로 개정 전과 개정 후의 회식지원비를 정리하면 다음과 같다.

부서	개정 전	개정 후	증감액
총괄지원부	30만 원×2팀 =60만 원	(4명＋3명)×2만 원 =14만 원	−46만 원
재무부	30만 원×1팀 =30만 원	8명×2만 원 =16만 원	−14만 원
연구개발부	30만 원×2팀 =60만 원	(4명＋7명)×2만 원 =22만 원	−38만 원
사업부	30만 원×2팀 =60만 원	(15명＋16명)×2만 원 =62만 원	＋2만 원
전산부	30만 원×2팀 =60만 원	(7명＋8명)×2만 원 =30만 원	−30만 원

ㄱ. (○) 부서를 기준으로 하였을 때, 회식지원비가 늘어나는 부서는 사업부뿐이다.
ㄴ. (○) 지급 방식 개정에 따라 회식지원비 금액의 변화가 가장 큰 부서는 46만 원의 차이가 나는 총괄지원부이다.

ㄷ. (✕) 부서를 기준으로 하였을 때, 지급 방식이 개정되면 모든 부서의 회식지원비 금액이 변한다.

ㄹ. (○) 지급 방식이 개정될 경우 가장 크게 회식지원비 금액이 감소하는 부서는 총괄지원부이고, 두 번째로 회식지원비 금액이 크게 감소하는 부서는 연구개발부이다.

15 자원관리능력 　　정답 ②

이 사원은 오전 8시 30분에 출근하여 1시간 동안 C사와 화상 미팅을 진행하므로 9시 30분에 미팅이 종료된다. 미팅 종료 후 15분간 자료 정리를 하므로 9시 45분에 사무실에서 나간다. 사무실에서 버스 정류장까지 5분 소요되므로 9시 50분에 버스 정류장에 도착하고 버스는 매시 정각, 20분, 40분에 도착하므로 이 사원은 10시 정각에 버스에 탑승한다. 버스 탑승 시 25분 소요되므로 10시 25분에 기차역에 도착하고 매표 시간을 포함하여 기차 탑승장까지 10분 소요되므로 10시 35분 이후에 기차에 탑승할 수 있다. 이 사원이 탑승 가능한 기차는 다, 라, 마이고, 각 기차의 도착 시각은 다 기차는 오후 12시 51분, 라 기차는 오후 12시 45분이지만 4분 지연 도착 예정이므로 오후 12시 49분, 마 기차는 오후 1시 37분이다. 도착시각이 가장 빠른 기차에 탑승한다고 하였으므로 이 사원은 라 기차에 탑승하고 도착시각은 오후 12시 49분이다.

16 자원관리능력 　　정답 ②

A팀 외근 규정에서 외근은 일주일에 3일 이하로만 나갈 수 있다고 하였는데 이 사원은 11일부터 15일까지 외근을 3일 나가므로 추가로 나갈 수 없다. 18일부터 22일까지 이 사원은 외근을 나가지 않으므로 추가로 최대 3일 나갈 수 있다. 하지만 A팀 외근 규정에서 하루에 4명 이상의 인원이 외근을 나갈 수 없다고 하였으므로 이 사원이 추가로 외근을 나갈 수 있는 날은 18일, 22일 총 2일이다.

17 자원관리능력 　　정답 ④

① (✕) 고 대리가 11일, 13일, 14일에 이 사원 대신 외근을 나간다면 11일, 13일, 14일, 15일 총 4일을 외근을 나가므로 일주일에 3일 이하로만 나가야 한다는 규정 위반이다.

② (✕) 이 과장은 13일에 외근을 나가므로 이 사원 대신 13일에 외근을 나갈 수 없다.

③ (✕) 전 과장이 11일, 13일, 14일에 이 사원 대신 외근을 나간다면 11일, 12일, 13일, 14일 총 4일을 외근을 나가므로 일주일에 3일 이하로만 나가야 한다는 규정 위반이다.

④ (○) 장 사원은 11일부터 15일까지 외근을 나가지 않으므로 이 사원 대신 11일, 13일, 14일에 외근을 나갈 수 있다.

⑤ (✕) 조 팀장이 11일, 13일, 14일에 이 사원 대신 외근을 나간다면 11일, 13일, 14일, 15일 총 4일을 외근을 나가므로 팀장은 일주일에 1회만 외근을 나간다는 규정 위반이다.

18 문제해결능력 　　정답 ⑤

① (○) 시장의 위협을 회피하기 위해 강점을 사용하는 전략인 ST전략이다.

② (○) 시장의 위협을 회피하고 약점을 최소화하는 전략인 WT전략이다.

③ (○) 약점을 극복함으로써 시장의 기회를 활용하는 전략인 WO전략이다.

④ (○) 시장의 기회를 활용하기 위해 강점을 사용하는 전략인 SO전략이다.

⑤ (✕) 배달용기를 사용하는 업체와 계약 시 가격 인하 프로모션을 제공한다는 전략은 저렴한 가격과 구매의 편의성을 내세워 시장 점유율을 넓히는 전략이므로 원가우위 전략이다.

19 문제해결능력 　　정답 ④

① (○) 강점은 경쟁기업과 비교하여 소비자로부터 강점으로 인식되는 것이므로 평상복으로 입어도 손색없는 디자인과 높은 기능성의 원단이다.

② (○) 기회는 외부환경에서 유리한 기회요인으로 증가하는 골프의 인기와 골프웨어 매출액 증가추세이다.

③ (○) 약점은 경쟁기업과 비교하여 소비자로부터 약점으로 인식되는 것이므로 백화점 미입점과 부족한 오프라인 매장, 기존 업체 대비 낮은 인지도이다.

④ (✕) 위협은 외부환경에서 불리한 위협요인으로 업체 수 과다로 인한 치열한 경쟁이다.

⑤ (○) 브랜드 인지도 증가와 구매 이력이 없는 소비자의 구매 비율 증가를 위해 백화점 입점과 오프라인 매장을 증가시킨다는 전략은 WO전략이다.

20 문제해결능력　　정답 ④

① (O) 강점은 경쟁기업과 비교하여 소비자로부터 강점으로 인식되는 것이므로 A국가 학생만을 위한 장학금 제도 신설이다.

② (O) 기회는 외부환경에서 유리한 기회요인으로 한국어 인기가 증가와 많은 학령인구이다.

③ (O) 약점은 경쟁기업과 비교하여 소비자로부터 약점으로 인식되는 것이므로 A국가 언어를 사용할 수 없는 직원의 부재이다.

④ (X) 위협은 외부환경에서 불리한 위협요인으로 A국가 출신 외국인의 불법체류 비율 증가이다.

⑤ (O) 새로 신설된 A국가 학생만을 위한 장학금 제도를 적극 홍보하여 한국어에 대한 인기가 높은 A국가 유학생을 유치하는 전략은 SO전략이다.

21 문제해결능력　　정답 ③

① (O) 신용도 하락이 없는 자동차 구매 방법은 렌트이고, 렌트로 10인승 승합차를 구매할 수 있다.

② (O) 선수금이 소멸되지 않는 자동차 구매 방법은 할부이고, 할부로 구매한 차량은 차량 10부제에 해당된다.

③ (X) 초기비용이 보험료뿐인 자동차 구매 방법은 리스이고, 리스의 계약 기간은 12~60개월이다. 계약 기간이 금융사별로 상이한 구매 방법은 렌트이다.

④ (O) 유지비용이 없는 자동차 구매 방법은 리스와 렌트이고, 리스와 렌트 모두 약정에 따라 선택 운행해야 한다.

⑤ (O) 보증금을 선택하는 자동차 구매 방법은 리스와 렌트이고, 리스와 렌트 모두 정비서비스 선택하여 모두 차량 관리를 직접 하지 않아도 된다.

22 자원관리능력　　정답 ②

조 사원은 IC 카드를 갖고 있지 않으며, 10년 전 사용하던 스마트폰을 사용하므로 OTP인증, IC태킹, 생체인증은 사용할 수 없다. 조 사원은 사용 가능한 대체인증 기술 중 가장 빠른 것을 이용할 예정이라고 하였으므로 ARS인증과 휴대폰인증 중 더 빠른 휴대폰인증을 사용한다.

23 문제해결능력　　정답 ⑤

① (X) '퇴직급여'에서 퇴직금 제도와 DB형의 경우 3개월 평균 임금이 20만 원인 A의 근속 일수는 2,555일이라면 A가 지급받는 퇴직 급여는 4,200만 원이다.

DC형의 경우 회사가 '회사가 납입하는 금액±운용이익/손실'로 계산해야 한다.

② (X) '퇴직급여'에서 DC형의 경우 손실에 따라 지급받는 퇴직 급여가 다르다고 하였다.

③ (X) '추가 납입'에서 퇴직 연금 제도는 연간 700만 원 한도로 납입하는 경우 세액공제를 받을 수 있다고 하였고, 추가 납입 가능 금액은 알 수 없다.

④ (X) '중도인출'에서 DC형의 경우 최근 5년 이내 개인회생을 결정한 경우 중도인출 가능하다고 하였다.

⑤ (O) '관리 주체'와 '부담금 납입'에서 부담금을 회사가 납입하고 관리 주체는 근로자인 퇴직 연금은 DC형이고, '제도전환'에서 DC형은 DB형으로 전환 가능하다고 하였다.

24 문제해결능력　　정답 ①

유류분 권리자는 유류분에 부족한 한도에서 유증 또는 증여된 재산의 반환을 청구할 수 있다. 물론 이 반환청구권은 반드시 행사해야 하는 것은 아니고, 유류분의 보전은 유류분권리자의 자유로운 의사에 달려 있으나 문제에서 유류분 반환청구를 한다고 하였으므로 이를 전제로 하여 풀이하면 다음과 같다.

법정상속분을 구한 다음 각각의 유류분액을 구하고, 갑이 물려준 재산에 따른 실제 상속액을 계산하여 유류분과 차이를 비교하여 반환금액을 계산한다.

1) 법정상속분

민법 제1009조 규정에 따를 때 법정상속비율은 처:장남:차남＝1.5:1:1이고 처의 법정상속분은 9,000만 원(2억 1,000만 원×3/7), 장남과 차남은 각각 6,000만 원(2억 1,000만 원×2/7)이다.

2) 유류분액

민법 제1112조에 의해 피상속인의 배우자와 직계비속의 유류분은 그 법정상속분의 1/2이므로 처의 유류분은 4,500만 원, 두 아들은 각각 3,000만 원이 된다.

3) 반환청구가능 금액

갑이 물려준 원래의 재산은 시가 7,000만 원의 집이므로 실제 상속액은 처의 경우 3,000만 원(7,000만 원×3/7), 두 아들은 각각 2,000만 원(7,000만 원×2/7)이다. 따라서 위 유류분과 실제 상속액과의 차이는 처의 경우 1,500만 원(유류분액 4,500만 원 중 3,000만 원밖에 받지 못했으므로), 두 아들은 1,000만 원(3,000만 원 중 2,000만 원밖에 받지 못했으므로)이다. 따라서 처와 두 아들은 각각 자신의 부족액을 사회단체 '을'에 대해 반환을 청구할 수 있다.

25 문제해결능력 　정답 ①

정보 1에 의해 울산에 사는 농부는 나대한 혹은 차윤서임을 알 수 있다. 여기에 정보 2에 의해 나대한은 전주에 살고 있지 않으며, 울산에 사는 농부도 아님을 알 수 있다. 즉, 나대한은 강릉에 살고 있으며, 울산에 사는 농부는 차윤서이다. 이에 따라 전주에 사는 사람은 권수용이 된다. 마지막으로 정보 3에 의해 강릉에 사는 나대한은 디자이너이고, 전주에 사는 권수용은 시인임을 알 수 있다. 정리하면 다음과 같다.

이름	직업	거주지
권수용	시인	전주
나대한	디자이너	강릉
차윤서	농부	울산

26 문제해결능력 　정답 ②

① (X) 제2조에 따르면, 도급계약에 의하여 목적물이 완성된 경우 아무리 중요한 하자라고 하여도 계약의 목적을 달성할 수 있다면 계약을 해제할 수 없다. 건물 또는 기타 토지의 공작물인 경우에만 예외적으로 해제할 수 있음을 유의한다.

② (O) 제3조에 따르면, 도급계약에 의하여 완성된 목적물에 하자가 발생한 경우 그 하자가 도급인이 제공한 재료의 하자를 원인으로 한다면 수급인의 책임은 없다. 또한 수급인이 재료의 부적당함을 알았던 상황도 아니므로 수급인의 책임은 없다.

③ (X) 제1조 제1항에 따르면, 하자가 중요하지 않은 경우 보수에 과다한 비용이 소요된다면 도급인은 보수를 청구할 수 없다.

④ (X) 제1조 제1항에서 '중요하지 않은 하자＋보수에 과다한 비용 소요' 경우 보수 청구를 배제하고 있다. 따라서 중요한 하자인 경우에는 보수에 과다 비용이 소요된다고 하더라도 보수 청구가 가능함을 유추할 수 있다.

⑤ (X) 제2조에 따르면 도급계약에 의해 완성된 목적물이 건물 기타 토지의 공작물인 경우에는 그것이 완성된 후 해제할 수 없도록 규정하고 있다.

27 문제해결능력 　정답 ④

오전 9시 35분에 입차하여 오후 1시 22분에 출차하였으므로 총 주차 시간은 3시간 47분, 즉 227분이다. 주차요금은 매 5분당 150원이고, 5분 미만 주차하더라도 150원 부

과한다고 하였으므로 230분의 요금을 지불해야 한다. 할인 전 요금은 230/5×150=6,900원이다. 김 사원은 병역명문가이므로 20% 할인 대상이고, 자녀 3명이며 다둥이 행복카드 소지자이지만 막내 나이가 만 14세이므로 50% 할인 대상자가 아니다. 따라서 김 사원이 지불해야 하는 주차요금은 6,900×0.8=5,520원이다.

28 문제해결능력 　정답 ③

6월 9일 오전 11시 30분은 울산행 기차 출발 후 30분이며, 단체의 경우 위약금은 40%이므로 A가 환불받는 금액은 (46,000×10)×0.6=276,000원이다.

6월 9일 오전 11시 30분은 수서행 기차 출발 1일 전이며, 단체의 경우 위약금은 10%이므로 A가 환불받는 금액은 (45,200×10)×0.9=406,800원이다.

따라서 A가 환불받는 금액은 총 276,000＋406,800=682,800원이다.

29 문제해결능력 　정답 ②

ㄱ. (O) A상품을 X 경매방식으로 진행할 경우 최초 호가는 50만 원이 되며 호가 단위가 7만 원이므로 입찰가는 50만 원에서 57만 원, …, 92만 원, 99만 원이 된다. 이때 A상품은 그 가치를 100만 원으로 평가한 갑에게 낙찰되며 따라서 최종 낙찰금액은 99만 원이 된다.

ㄴ. (X) B상품을 Y 경매방식으로 진행할 경우 최초 호가는 300만 원이며 호가 단위가 25만 원이라면 입찰가는 300만 원, 275만 원, …, 250만 원, 225만 원이 된다. 따라서 이 경우에는 B상품의 가치를 230만 원으로 평가한 정에게 225만 원의 가격으로 낙찰된다. 하지만 Z 경매방식의 경우 각각의 입찰자들이 상품에 대해서 평가한 가치가 그대로 반영되므로 정에게 230만 원에 낙찰된다. 따라서 최종 낙찰금액은 다르다.

ㄷ. (O) A상품을 호가 단위가 9만 원인 X 경매방식으로 진행한다면 입찰가는 최초 호가인 50만 원에서 59만 원, …, 86만 원, 95만 원, 104만 원이 된다. 104만 원인 경우에는 아무도 살 사람이 없으므로 95만 원에서 경매가 멈추게 되는데 이 경우 갑과 을이 동시 낙찰자가 되며, 이때에는 판매자의 의사에 따라 갑과 을 중에 최종 낙찰자가 결정되므로 을이 낙찰자가 될 수도 있다.

ㄹ. (X) X 경매방식과 Y 경매방식의 호가 단위가 동일하게 30만 원이라면 X 경매방식의 경우 100만 원, 130만

원, …, 220만 원, 250만 원이 된다. 이때 250만 원에는 낙찰자가 나오지 않으므로 220만 원에 최종 낙찰가격이 결정된다. 반면, Y 경매방식으로 진행할 경우 최초 호가 300만 원에서 270만 원, 240만 원, 210만 원이 되므로 최종 낙찰가격은 210만 원으로 결정된다. 따라서 이 경우에는 X 경매방식으로 진행할 때가 최종 낙찰가격이 더 크다.

30 문제해결능력   정답 ⑤

학점은 4.5점 기준 3.0점 이하 지원자는 선정하지 않는다고 하였으므로 B는 제외된다. D와 E의 학점은 4.5점 기준으로 환산하면 D는 $2.8/4 \times 4.5 = 3.15$점, E는 $3.2/4 \times 4.5 = 3.6$점이므로 제외되지 않는다. A, C, D, E의 점수 총합은 다음과 같다.

구분	자격증 점수	외국어점수	학점	총합
A	3×5 =15점	850점 이상이므로 20점	3.5점	$15+20+3.5$ =38.5점
C	2×5 =10점	$799/850 \times 20$ =18.8점	3.6점	$10+18.8+3.6$ =32.4점
D	2×5 =10점	850점 이상이므로 20점	3.15점	$10+20+3.15$ =33.15점
E	3×5 =15점	850점 이상이므로 20점	3.6점	$15+20+3.6$ =38.6점

총합이 높은 두 명을 선정한다고 하였으므로 E와 A가 선정된다. 하지만 학교 1곳당 2명 이상의 지원자를 선정하지 않는다고 하였고, E와 A는 나대학교로 동일하므로 E와 A 중 총점이 더 낮은 A는 선정되지 않고, 그다음으로 총합이 높은 D가 선정된다. 따라서 인턴으로 선정되는 지원자는 D, E이다.

31 자원관리능력   정답 ②

- 김 사원은 4월 1일부터 4월 11일까지 A조의 근무조 일정에 따라 근무하고, 4월 12일에는 휴가를 사용하였다. 이를 정리하면 다음과 같다.

일	월	화	수	목	금	토
					4/1	2
					오전	오전
3	4	5	6	7	8	9
오후	오후	야간	야간	휴무	휴무	오전
10	11	12				
오전	오후	휴무				

- 고 사원과 근무조가 바뀌었으므로 4월 13일부터 4월 26일까지 C조 일정에 따라 근무한다. C조는 야간, 휴무, 오전, 오후 순으로 근무를 하므로 4월 13일부터 오전 근무가 시작된다.

일	월	화	수	목	금	토
			13	14	15	16
			오전	오전	오후	오후
17	18	19	20	21	22	23
야간	야간	휴무	휴무	오전	오전	오후
24	25	26				
오후	야간	야간				

- 박 사원과 근무조가 바뀌었으므로 4월 27일부터 5월 7일까지 B조 일정에 따라 근무한다. B조는 오후, 야간, 휴무, 오전 순으로 근무를 하므로 4월 27일부터 야간 근무가 시작된다.

일	월	화	수	목	금	토
			27	28	29	30
			야간	야간	휴무	휴무
5/1	2	3	4	5	6	7
오전	오전	오후	오후	야간	야간	휴무

따라서 4월 1일부터 5월 7일까지 김 사원에게 주어지는 휴무는 총 8일이다.

32 문제해결능력   정답 ①

1) [기록]을 정리하면 다음과 같다.

구분	습도	온도	가격	수요	재배 여부
(가)	○	×	○	×	A: ○, B: ×
(나)	○	×	×	○	A: ×, B: ○
(다)	×	○	○	×	A: ×, B: ×

2) 각 회사별 재배 조건은 다음과 같다.
- A: (가)를 통해 습도, 가격(습도 or 가격 or 습도&가격)에 영향을 받음을 알 수 있다. (나)를 통해 이 중 습도만 영향을 받는 경우를, (다)를 통해 이 중 가격만 영향을 받는 경우를 제거할 수 있다. 최종적으로 A는 습도가 높고, 가격이 높으면 재배를 한다.
- B: (나)를 통해 습도, 수요(습도 or 수요 or 습도&수

요)에 영향을 받음을 알 수 있다. (가)를 통해 이 중 습도만 영향을 받는 경우를 제거할 수 있다. 최종적으로 B는 수요가 많거나 습도가 높고 수요가 많으면 재배를 한다.

3) [올해의 상황]은 습도○, 온도○, 가격○, 수요✕이다. 따라서 A는 재배할 것이고 B는 재배하지 않을 것이다.

33 정보능력 정답 ①

㉠ 'TS_second이다.'를 UTF-8로 인코딩하면 알파벳·기호·공백 10자, 한글 2자로 $(10 \times 1)+(2 \times 3)=$ 16byte이고, UTF-16으로 인코딩하면 총 12자로 $12 \times 2=$24byte이므로, UTF-8로 인코딩할 때가 UTF-16으로 인코딩할 때보다 8byte 작다. 'T computer였습니다.'는 UTF-8로 인코딩하면 알파벳·기호·공백 11자, 한글 4자로 $(11 \times 1)+(4 \times 3)=$23byte이고, UTF-16으로 인코딩하면 총 15자로 $15 \times 2=$30byte이므로, UTF-8로 인코딩할 때가 UTF-16으로 인코딩할 때보다 7byte 작다. 'asmr_computer이다!'는 UTF-8로 인코딩하면 알파벳·기호·공백 14자, 한글 2자로 $(14 \times 1)+(2 \times 3)=$20byte이고, UTF-16으로 인코딩하면 총 16자로 $16 \times 2=$32byte이므로, UTF-8로 인코딩할 때가 UTF-16으로 인코딩할 때보다 12byte 작다.

㉡ 'ASMR second입니까?'를 UTF-16으로 인코딩하면 $15 \times 2=$30byte, 'TS_computer였습니다.'는 $16 \times 2$$=$32byte, 'asmr_computer이다!'는 $16 \times 2=$ 32byte, 'ASMR second입니다.'는 $15 \times 2=$30byte, 'TS second입니다.'는 $13 \times 2=$26byte이다.

위의 내용을 정리해 보면, ㉠에 들어갈 수 있는 문자열을 표기한 선택지는 ①, ②이고, ㉡에 들어갈 수 있는 문자열을 표기한 선택지는 ①, ④이다. 따라서 ㉠, ㉡을 옳게 짝지은 선택지는 ①이다.

34 정보능력 정답 ④

① (✕) 신청은 각 연도에 1회에 한하여 가능하지만, 여름철에 신청했어도 겨울철인 다음 해 1월 또는 2월에 신청 시 예약이 가능하다.

② (✕) 예약자의 부서와 직위만 알 수 있고, 그 외 정보는 사전예약번호만으로는 알 수 없다.

③ (✕) 신입직원 OT는 개인일정이 아닌 직원친목도모이므로, 사전예약번호의 용도는 Q가 적절하다.

④ (○) A별장은 여름철에 C별장은 겨울철에 이용이 불가하므로 여름철에는 B, C 겨울철에는 A, B만 이용 가능하다.

⑤ (✕) 마지막 중 두 자리는 이용인원수로 제시된 사전예약번호는 22명으로 기재되어 있다. 하지만 별장 최대 가능인원은 20명으로, 가능한 별장이 없기에 유효한 사전예약번호로 볼 수 없다.

35 정보능력 정답 ②

① (취소 ✕) 7월 3일부터 7월 8일까지 C별장을 이용하므로 일정과 겹치지 않는다.

② (취소 ○) 7월 30일부터 8월 4일까지 C별장을 이용하는데, 8월 3일부터 8월 5일까지 진행되는 C별장 소독 작업과 일정이 겹친다. 따라서 취소되는 예약신청 내역이다.

③ (취소 ✕) 8월 10일부터 8월 17일까지 B별장을 이용하므로 일정과 겹치지 않는다.

④ (취소 ✕) 8월 20일부터 8월 24일까지 C별장을 이용하므로 일정과 겹치지 않는다.

⑤ (취소 ✕) 9월 11일부터 9월 13일까지 B별장을 이용하므로 일정과 겹치지 않는다.

36 수리능력 정답 ①

ㄱ. 2019년 친환경농산물 생산에 사용한 농약과 화학비료의 양은 다음과 같다.

• 농약 사용량: 저농약농산물×권장량의 $\frac{1}{2}=8,000$톤×농약 0.009톤×$\frac{1}{2}=$36톤

• 화학비료 사용량: (무농약농산물×권장량의 $\frac{1}{3}$) $+$(저농약농산물×권장량의 $\frac{1}{2}$)$=$(12,000톤×화학비료 0.012톤×$\frac{1}{3}$)$+$(8,000톤×화학비료 0.012톤×$\frac{1}{2}$)$=$96톤

따라서 총 132톤이다. 무농약농산물은 농약을 사용하지 않은 것임을 유의하자.

ㄴ. 전체 농산물 생산량은 일반농산물 생산량과 친환경농산물 생산량의 합이므로, 일반농산물 생산량을 구하기 위해서는 우선 전체 농산물 생산량을 구하여야 한다. 이에 따라 주석(※)의 식을 변환하면 다음과 같다.

전체 농산물 대비 비중 $= \dfrac{\text{친환경농산물 생산량}}{\text{전체 농산물 생산량}} \times 100$

$\rightarrow$ 전체 농산물 생산량 $= \dfrac{\text{친환경농산물 생산량}}{\text{전체 농산물 대비 비중}} \times 100$

따라서 '일반농산물 생산량 $=(\dfrac{\text{친환경농산물 생산량}}{\text{전체 농산물 대비 비중}}$

$\times 100) -$ 친환경농산물 생산량'으로 구할 수 있다.

- 2020년 일반농산물 생산량 $=(\dfrac{35}{0.2} \times 100) - 35 =$

  17,465천 톤

- 2024년 일반농산물 생산량 $=(\dfrac{450}{2.5} \times 100) - 450 =$

  17,550천 톤

따라서 2020년 대비 2024년 일반농산물 생산량의 증감폭은 85천 톤이다.

37 수리능력 　　정답 ④

$x=$ 면당추가료, $y=$ 청구항당 심사청구료, $z=$ 기본료
- 사례 1: $z+30x+4y=185,000 (=74,000/0.4)$
- 사례 2: $z+40x+2y=140,000 (=84,000/0.6)$
- 사례 3: $z+10x+5y=185,000$

위 방정식을 연립하면 $x=1,500$, $y=30,000$, $z=20,000$이다. 따라서 면당추가료는 1,500원, 청구항당 심사청구료는 30,000원이다.

38 수리능력 　　정답 ④

니켈 1톤당 가격 대비 동 1톤당 가격의 비율은 다음과 같다.

구분	니켈 1톤당 가격 대비 동 1톤당 가격 비율
2017년	$(7,112/12,700) \times 100 = 56\%$
2018년	$(5,936/10,600) \times 100 = 56\%$
2019년	$(6,138/13,950) \times 100 = 44\%$
2020년	$(7,613/16,550) \times 100 = 46\%$
2021년	$(9,776/20,800) \times 100 = 47\%$

39 수리능력 　　정답 ⑤

① (○) 2024년 300명 이상 기업의 남성 육아휴직자는 $38,500 \times 0.69 = 26,565$명이다. 어림계산을 하면 $38,000 \times 0.6 = 22,800$명 이상이므로 22,000명 이상임을 알 수 있다.

② (○) 2021년 5명 이상 50명 미만 기업의 육아휴직자 비

중은 남성이 $12-2=10\%$, 여성이 $19-3=16\%$이므로 그 차이는 $16-10=6\%p$이다.

③ (○) 2021~2024년 4년 동안의 남성 육아휴직자는 평균 $(18,150+25,063+32,051+38,500)/4=28,441$명이다.

④ (○) 2024년 기업 규모별 여성 육아휴직자 비중이 2021년 대비 감소한 기업 규모는 300명 이상뿐이다.

⑤ (X) 여성 육아휴직자가 가장 많은 해에 전체 육아휴직자 중 여성 육아휴직자가 차지하는 비중은 $\{131,205/(131,205+32,051)\} \times 100 \fallingdotseq 80.4\%$이다.

40 수리능력 　　정답 ④

① (X) 2024년 서울의 제조업 대출금 대비 부산의 제조업 대출금 비율은 1분기에 $(25,572/98,758) \times 100 \fallingdotseq 25.9\%$, 2분기에 $(25,868/98,645) \times 100 \fallingdotseq 26.2\%$이다. 서울의 제조업 대출금은 1분기가 2분기보다 높고, 부산의 제조업 대출금은 1분기보다 2분기가 높으므로 서울의 제조업 대출금 대비 부산의 제조업 대출금 비율은 1분기보다 2분기가 높다.

② (X) 2024년 1분기 대전의 대출금이 직전 분기 대비 10% 감소했을 때, 2023년 4분기 대전의 대출금은 $40,050/0.9=44,500$십억 원이다.

③ (X) 2024년 3분기 주요 7개 도시 평균 제조업 대출금은 $(99,566+26,348+22,643+24,250+6,986+6,026+8,004)/7=27,689$십억 원이다.

④ (○) 1분기에 대비하여 4분기에 인천의 대출금 증가량은 $109,129-103,347=5,782$십억 원이므로 4분기 인천 제조업 대출금은 1분기 대비 4분기에 인천의 대출금 증가량의 $24,442/5,782 \fallingdotseq 4.2$배이다.

⑤ (X) 4분기에 대출금 중 제조업 대출금이 차지하는 비중은 광주가 $(7,034/45,931) \times 100 \fallingdotseq 15.3\%$, 울산이 $(7,998/31,856) \times 100 \fallingdotseq 25.1\%$이다. 광주와 울산 중 대출금은 울산이 더 낮고, 제조업 대출금은 울산이 더 높으므로 4분기 대출금 중 제조업 대출금이 차지하는 비중은 울산이 광주보다 더 높다.

41 수리능력 　　정답 ⑤

2024년 4분기 대출금 중 제조업 대출금이 차지하는 비중은 다음과 같다.
- 대구: $(23,700/98,750) \times 100 = 24\%$
- 부산: $(26,278/187,700) \times 100 = 14\%$

따라서 2024년 4분기 대구의 대출금 중 제조업 대출금이 차지하는 비중과 동분기 부산의 대출금 중 제조업 대출금이 차지하는 비중의 차이는 $24-14=10\%p$이다.

42 수리능력   정답 ③

① (○) 조사기간 동안 A지역의 평균 추계인구는 $(9,700+9,660+9,600+9,500)/4=9,615$천 명이다.

② (○) 2024년 E지역의 1인당 개인소득은 2021년 대비 $\{(23,000-21,900)/21,900\}\times100≒5.0\%$ 증가했다. 2021년 E지역의 1인당 개인소득의 1.1배는 $21,900\times1.1=24,090$천 원이므로 10% 이하 증가했음을 알 수 있다.

③ (✗) 개인 총 처분 가능 소득은 '추계인구×1인당 개인소득'으로 구할 수 있으므로 C지역의 개인 총 처분 가능 소득은 2022년에 $18,500\times2,400=44,400,000$백만 원, 2023년에 $19,100\times2,410=46,031,000$백만 원이다. 2023년 C지역은 1인당 개인소득과 추계인구 모두 전년 대비 증가했으므로 개인 총 처분 가능 소득 또한 전년 대비 증가했음을 알 수 있다.

④ (○) 2023년에 A지역을 제외한 4개 도시의 추계인구 합은 $3,340+2,410+1,500+1,130=8,380$천 명으로 A지역보다 적다.

⑤ (○) 2022년 E지역보다 1인당 개인소득이 적은 지역은 B지역, C지역, D지역이고, 세 지역 모두 E지역보다 추계인구가 많다.

43 수리능력   정답 ④

2024년 5개 도시의 개인 총 처분 가능 소득은 다음과 같다.

구분	개인 총 처분 가능 소득(1인당 개인소득×추계인구)
A지역	$24,000\times9,500=228,000,000$백만 원 $=22,800$백억 원
B지역	$20,300\times3,300=66,990,000$백만 원 $=6,699$백억 원
C지역	$20,100\times2,400=48,240,000$백만 원 $=4,824$백억 원
D지역	$21,000\times1,500=31,500,000$백만 원 $=3,150$백억 원
E지역	$23,000\times1,100=25,300,000$백만 원 $=2,530$백억 원

44 수리능력   정답 ①

① (○) 40대 구직급여 신청자의 비중은 3분기에 $(51,011/269,100)\times100≒19.0\%$, 4분기에 $(51,670/269,060)\times100≒19.2\%$이다. 전체 구직급여 신청자는 3분기가 4분기보다 많고, 40대 구직급여 신청자는 3분기가 4분기보다 적으므로 4분기 40대 구직급여 신청자의 비중은 직전 분기 대비 증가했음을 알 수 있다.

② (✗) 구직급여 신청자가 가장 많은 분기는 1분기이고, 구직급여 지급액이 가장 많은 분기는 2분기이다.

③ (✗) 3분기 구직급여 신청자 1명당 지급액은 $(32,292\times100)/269,100=12$백만 원이다.

④ (✗) 2024년 분기별 평균 구직급여 지급액은 $(31,541+33,302+32,292+30,157)/4=31,823$억 원이다.

⑤ (✗) 구직급여 신청자가 가장 많은 연령은 1분기와 3분기에는 60세 이상, 2분기와 4분기에는 50대이다.

45 수리능력   정답 ⑤

구직급여 지급률은 '(구직급여 지급자/구직급여 신청자)×100'이므로 구직급여 지급자는 '(구직급여 지급률×구직급여 신청자)/100'으로 구할 수 있다. 2024년 구직급여 지급자는 다음과 같다.

구분	2024년 구직급여 지급자
1분기	$(75\times470,200)/100=352,650$명
2분기	$(80\times280,390)/100=224,312$명
3분기	$(84\times269,100)/100=226,044$명
4분기	$(85\times269,060)/100=228,701$명

따라서 2024년 구직급여 지급자가 가장 많은 분기와 가장 적은 분기의 구직급여 지급자의 차이는 $352,650-224,312=128,338$명이다.

✏️ 직무상식평가

01	02	03	04	05	06	07	08	09	10
④	②	④	③	①	②	①	①	②	③
11	12	13	14	15	16	17	18	19	20
①	⑤	①	⑤	①	②	⑤	⑤	②	②
21	22	23	24	25					
④	①	②	③	③					

01 디지털 상식　　　정답 ④

① (X) HTTP는 웹 통신용 프로토콜로 신뢰성은 TCP에 의존한다.

② (X) UDP는 비연결형으로 신뢰성보다 속도 중심이다.

③ (X) FTP는 TCP(전송계층) 위에서 동작하므로 신뢰성·흐름 제어는 TCP의 기능이다.

④ (O) TCP는 연결 기반으로 신뢰성과 흐름 제어를 제공한다.

⑤ (X) IP는 주소 지정 및 라우팅을 담당하는 프로토콜이다.

02 디지털 상식　　　정답 ②

① (X) 블록체인은 보안 기술로 AR과는 직접적인 연관이 적다.

② (O) AR의 핵심은 현실 공간에서 사용자/기기의 자세(위치·자세) 추적과 가상 객체의 3D 정합(등록)이다. 이를 위해 카메라와 IMU(가속도계·자이로) 데이터를 융합하는 VIO/SLAM이 필수적이다.

③ (X) 데이터 백업은 AR과 직접적인 관련이 없다.

④ (X) 웹 브라우징 기술은 AR 구현에 직접적이지 않다.

⑤ (X) 머신러닝은 활용 가능하지만 필수 요소는 아니다.

03 디지털 상식　　　정답 ④

① (O) 대용량은 빅데이터의 대표적인 특성이다.

② (O) 다양한 데이터 유형을 처리하는 능력도 빅데이터의 특징이다.

③ (O) 데이터 생성·처리 속도 역시 빅데이터의 핵심 요소이다.

④ (X) 정밀도는 일반적으로 통계나 측정 정확도에 쓰이며 빅데이터 핵심 특성은 아니다.

⑤ (O) 진실성은 데이터 신뢰성 측면으로 빅데이터의 중요한 요소이다.

04 디지털 상식　　　정답 ③

• 쇼루밍(showrooming): 소비자들이 오프라인 매장에서 제품을 살펴본 후 실제 구입은 온라인사이트를 통하는 쇼핑 행태를 말한다. 쇼루밍 현상이 증가하는 이유는 스마트폰, 태블릿 PC 등 모바일기기가 확산되면서 소비자가 온라인 상에서 쇼핑에 필요한 제품 정보 및 리뷰 탐색 등에 쓰는 시간이 많아지고 오프라인 보다 온라인 구매가 가격 경쟁력에서 우위 차지하기 때문이다.

• 역쇼루밍(逆showrooming): 물건에 대한 정보를 인터넷 등 온라인에서 취합한 후 구매는 직접 오프라인 매장에서 하는 것을 말한다. 백화점 등 오프라인 매장에서 물건을 고른 뒤 더 싼 가격을 쫓아 온라인에서 구매하는 것을 뜻하는 '쇼루밍(showrooming)'과는 반대 개념이다.

• 모루밍(morooming): 물품을 오프라인 매장에서 자세히 살펴본 뒤, 모바일 쇼핑을 하는 쇼핑 행태 또는 그런 무리를 말한다. 모루밍은 쇼루밍의 한 종류로, 모바일을 통해 물건을 구입하면 다른 유통 경로를 이용할 때보다 더 저렴하기 때문에 모루밍족이 증가하고 있는 추세며, 이에 따라 오프라인 매장은 온라인 쇼핑몰의 전시장(showroom)으로 변하고 있다.

05 디지털 상식　　　정답 ①

① (O) 1965년 페어차일드(Fairchild)의 연구원으로 있던 고든 무어(Gordon Moore)가 마이크로칩의 용량이 매 18개월마다 2배가 될 것으로 예측하며 만든 법칙으로, 1975년 24개월로 수정되었다. 마이크로칩 기술의 발전속도에 관한 것으로 마이크로칩에 저장할 수 있는 데이터의 양이 24개월마다 2배씩 증가한다는 법칙이다.

② (X) 네트워크의 규모가 커짐에 따라 그 비용의 증가 규모는 점차 줄어들지만 네트워크의 가치는 기하급수적으로 증가한다는 법칙이다. 네트워크의 규모가 n이면

접속 가능한 경우의 수는 h(n－1)인 데서 기인한다. 미국의 3Com사를 설립한 밥 메트칼프(Bob Metcalfe)의 이름에서 유래했다

③ (✕) 올리버 윌리엄슨(Oliver Williamson) 교수에 의해 1975년 제시된 법칙으로 '조직은 계속 거래 비용이 적게 드는 쪽으로 변화한다'는 이론이다. 인터넷과 정보통신의 발달로 핵심 외에 부수적 기능은 비용을 위해 희생되거나 아웃소싱으로 해결된다는 의미이다.

④ (✕) '결과물의 80%는 조직의 20%에 의하여 생산된다'라는 파레토법칙에 배치하는 것으로, 80%의 '사소한 다수'가 20%의 '핵심 소수'보다 뛰어난 가치를 창출한다는 이론이다.

⑤ (✕) 반도체 메모리의 용량이 1년마다 2배씩 증가한다는 이론으로 황창규 전 삼성전자 사장이 '메모리 신성장론'을 발표하여 그의 성을 따서 '황의 법칙'이라고 한다.

06 디지털 상식 　　　　정답 ②

머신러닝 모델은 여러 가지 방법으로 예측 성능을 평가할 수 있다. 성능 평가 지표(Evaluation Metrics)는 일반적으로 머신러닝 모델이 회귀인지, 분류인지에 따라 나뉜다. 회귀의 평가방법은 대부분 실제값과 예측값의 오차 평균값에 기반한다.

분류의 평가방법도 일반적으로는 실제 결과 데이터와 예측 결과 데이터가 얼마나 정확하고 오류가 적게 발생하는가에 기반하지만, 단순히 이러한 정확도만 가지고 판단했다가는 잘못된 평가 결과에 빠질수 있다. 특히 0과 1로 결정값이 한정되는 이진 분류의 성능 평가 지표는 정확도보다는 다른 성능 평가 지표가 더 중요시되는 경우가 많다. 따라서 다음과 같이 여러 지표로 평가한다.

- 정확도(Accuracy)
- 오차행렬(ConfusionMatrix)
- 정밀도(Precision)
- 재현율(Recall)
- F1 Score
- ROC AUC

07 디지털 상식 　　　　정답 ①

플랫폼이란 여러 참여자가 가치 있는 것을 만들어 서로 나누는 토대를 의미하는 용어이다.

① (✕) 회사보다는 참여자와 콘텐츠의 종류로 플랫폼의 규모가 결정되기 때문에 조직 통제에 많은 직원을 필요로 하지 않는다. 참고로 구글이 유튜브를 인수할 당시 직원 수는 60명이었다.

② (○) 플랫폼 비즈니스는 사용자 그룹들을 연결하고 이용자의 수수료, 광고료, 라이센싱 등을 통해 수익을 창출한다.

③ (○) 플랫폼 비즈니스의 특성상 플랫폼에 참여하는 사람이 늘어날수록 그 가치가 증가하며 더 많은 사용자들이 유입되므로 옳은 설명이다.

④, ⑤ (○) 플랫폼 비즈니스는 플랫폼 참여자들과 콘텐츠가 비즈니스에 미치는 영향력이 크다. 대표적인 플랫폼 비즈니스 기업에는 구글, 유튜브, 에어비앤비, 페이스북 등이 있다.

08 금융·경제 상식 　　　　정답 ①

① (✕) 칼도어에 따르면 나라별 생산성 증가율에는 상당한 차이가 존재한다.

② (○) 칼도어에 따르면 자본/총생산 비율은 일정하다. 자본/총생산이 일정한 경우 경제성장률과 자본증가율이 비슷하다.

③ (○) 칼도어에 따르면 1인당 자본은 계속해서 증가한다. 1인당 자본이 증가하는 경우 자본증가율이 노동증가율보다 크다.

④ (○) 칼도어에 따르면 총생산과 1인당 실질생산이 계속해서 증가한다. 노동의 생산성이 증가하는 경우 1인당 생산이 증가한다.

⑤ (○) 칼도어에 따르면 경제가 성장하더라도 장기적으로 노동과 자본에 분배되는 생산물은 일정하다.

> 🖊 핵심만 콕 짚는 TIP
> 칼도어는 1957년 실증적 통계조사를 바탕으로 선진국의 경제성장 과정에 일정한 규칙이 있다는 것을 발견했다. 칼도어의 정형화된 사실에 따르면 투자에 대한 실질이자율은 일정하다.

09 금융·경제 상식 　　　　정답 ②

② (✕) 갑이 고가 정책을 선택할 것으로 예상했을 때 을의 보수는 8 아니면 6이다. 따라서 저가 정책을 선택(8)할 것이다.

④ (○) 이 게임의 내쉬균형은 갑과 을 각각 저가 정책을 선택하는 것이다. 비록 최선의 결과는 아니지만 균형인 것은 맞다. 게임이론에서는 각자가 최적의 선택을 하더라도 결과가 최적이 아닐 수 있다는 것이 핵심이다.

10 금융·경제 상식 　　　　정답 ③

① (○) 통화주의 학자 프리드먼은 항상소득가설을 제시했다. 항상소득가설은 사람들이 전 생애에 걸쳐 효용

을 극대화하는 상황을 가정해 소비함수를 설명한다.

② (O) 현재 소득이 일시적으로 증가한 것은 임시소득의 증가에 해당한다. 프리드먼에 따르면 소비는 항상소득에 의해 결정되므로 임시소득의 증가는 소비의 증가로 이어지지 않는다. 따라서 현재 소득이 일시적으로 증가하더라도 소비는 증가하지 않으므로 평균소비성향이 일시적으로 감소한다.

③ (X) 프리드먼은 항상소득이 소비를 결정한다고 봤으므로 항상소득의 비율이 높을수록 소비성향이 커지고 저축성향은 작아진다.

④ (O) 일시적인 소득세율의 인하는 임시소득의 증가로 이어진다. 하지만 프리드먼에 따르면 항상소득이 증가해야 소비가 증가하므로 일시적인 소득세율 인하가 소비 증가로 이어지지 않는다.

⑤ (O) 프리드먼이 속한 통화주의학파는 화폐 수요에 대한 이자율 탄력성이 작아 화폐 수요가 안정적이라고 보았다. 또한 통화주의 학파는 투자의 이자율탄력성이 매우 커서 총소득이 이자율의 영향을 크게 받는다고 봤다.

11 금융·경제 상식　　　　　정답 ①

① (X) 오일쇼크로 인한 기업의 생산비용 증가는 총공급을 감소시킨다. 총공급으로 인해 발생하는 인플레이션은 비용인상 인플레이션에 해당한다.

② (O) 통화주의 학파가 보는 인플레이션의 발생 원인으로, 통화 발행 증가로 인한 인플레이션은 수요견인 인플레이션에 해당한다.

③ (O) 민간의 소비가 증가하는 경우 총수요가 증가하고 물가가 증가하는데 이는 수요견인 인플레이션에 해당한다.

④ (O) 정부지출 증가 시 총수요와 물가가 증가하므로 수요견인 인플레이션에 해당한다.

⑤ (O) 소비 또는 투자가 증가하는 수요충격은 총수요를 증가시키고 물가를 증가시키는데 이는 수요견인 인플레이션에 해당한다.

✎ 핵심만 콕 짚는 TIP

수요견인 인플레이션은 총수요곡선의 우측 이동으로 인해 인플레이션과 총소득 증가가 동시에 발생하는 현상이다. 이와 달리 비용인상 인플레이션은 총공급곡선의 좌측 이동으로 인해 인플레이션과 총소득 감소가 동시에 발생하는 현상이다.

12 금융·경제 상식　　　　　정답 ⑤

포트폴리오-밸런스 모형은 환율 결정에 대한 자산시장 접근법으로 금융자산의 총수요와 총공급이 일치하는 지점에서 균형환율이 결정된다고 가정한다.

① (O) 포트폴리오-밸런스 모형은 투자자들이 최적포트폴리오를 구성하는 과정에서 균형환율이 결정된다고 가정한다. 따라서 환율이 양국의 구매력에 의해 결정된다고 가정한 구매력평가설의 가정과 차이가 있다.

② (O) 포트폴리오-밸런스 모형은 금융자산들의 불완전 대체성을 가정해 환율이 통화뿐만 아니라 채권 등 금융자산의 수요와 공급에 의해 결정된다고 본다. 즉 금융자산 간의 불완전 대체성은 금융자산의 위험프리미엄이 존재하고 환율이 이러한 위험프리미엄에 영향을 받는다는 것을 의미한다.

③ (O) 국내 또는 해외 이자율이 상승하면 수익증권에 대한 수요가 증가하므로 통화에 대한 수요는 감소한다.

④ (O) 국내 이자율의 상승으로 자국 자산의 투자 수익률이 높아졌으므로 원화에 대한 수요가 증가한다. 따라서 국내 이자율 상승으로 원화 가치가 상승해 환율이 하락한다.

⑤ (X) 포트폴리오-밸런스 모형에 따르면 단기적으로 총부는 고정되어 있으므로 환율은 국내와 국외의 금융자산에 대한 수요와 공급에 의해 결정된다.

13 금융·경제 상식　　　　　정답 ①

[표]의 값이 시간당 생산량으로 주어졌기 때문에, 생산량 그 자체를 비교하면 된다(종종 생산량이 아닌, 투입시간 or 투입 노동자의 숫자로 출제되는 경우가 있는데 이와는 정반대). 우선 한국은 자동차 생산 시 포기하는 옥수수의 크기가 5/6이고, 미국은 3/4이다. 미국의 기회비용이 더 작으므로 미국은 자동차 생산에 비교우위가 있고, 한국은 옥수수 생산에 비교우위가 있다.

14 금융·경제 상식　　　　　정답 ⑤

① (X) 유동성선호설이 아닌, 구매력평가설에 대한 이론이다. 종종 빅맥지수와 연결해 출제될 수 있으니 알아두도록 하자.

② (X) 거래적 동기는 상품과 서비스 거래를 위해 필요한 화폐 보유를 의미하며, 예비적 동기는 급박한 상황에 대응하기 위해 화폐를 보유하는 것을 말한다. 반면 케인스는 투기적 동기(책에 따라 '투자적 동기'라고도 함)를 강조했다.

③ (X) 일반적으로 현금은 가장 유동성이 높은 자산으로 알려져 있다. 따라서 주식보다 현금의 유동성이 더 높다고 봐야 옳다.

④ (X) '화폐보유의 기회비용'이란, 화폐를 보유하지 않고 어딘가에 투자했을 때를 말한다. 따라서 이자율이 높으면(이를 '화폐보유의 이자율이 높아지면'이라고도 표현함) 화폐를 보유하지 않을 것이다. 더 높은 이자를 기대할 수 있기 때문이다. 따라서 감소한다고 해야 옳다.

⑤ (O) 통화공급량은 시중 이자율에 관계없이 중앙은행에 의해 결정되므로 수직선이다.

15 금융·경제 상식 　정답 ①

① (X) 기술발달은 총공급곡선을 우측으로 이동시키지만 세금의 증가는 총공급곡선을 좌측으로 이동시킨다.

② (O) 장기총공급곡선은 물가수준과 무관하게 자연실업률 수준에서 수직의 형태이다. 해당 균형은 잠재 국민총생산과 자연실업률 아래에서의 총공급을 나타낸다.

③ (O) 보조금 감소는 기업의 생산비용을 증가시키므로 총공급곡선을 좌측으로 이동시킨다.

④ (O) 임금, 원자재와 같은 생산요소의 가격변화는 총공급곡선의 이동요인이다. 생산요소 가격의 상승은 단기 총공급곡선을 좌측으로 이동시킨다.

⑤ (O) 총공급곡선에서의 단기는 일부 또는 모든 가격변수가 고정된 기간을 의미하고 장기는 생산요소와 생산물 등 모든 가격변수가 신축적으로 변할 수 있는 충분히 긴 기간을 말한다.

[장·단기 총공급곡선과 총수요곡선]

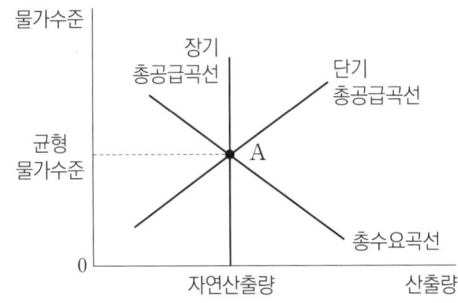

16 금융·경제 상식 　정답 ②

① (X) 기펜재는 정상재의 반대이다(아래 TIP 참고).

② (O) 농산물은 대표적인 필수재이다. 이는 수요가 비탄력적이라는 뜻이다. '농부의 역설'(풍년일 때 농부의 수입이 감소하고, 오히려 흉년일 때 농부의 수입이 증가하는 현상)과 연결해 기억해 두자.

③ (X) 소득탄력성보다 교차탄력성이 적절하다.

④ (X) 교차탄력성은 어느 상품의 가격이 변화했을 때, 다른 상품의 (가격이 아닌) '수요량'의 변화를 나타내는 지표이다.

⑤ (X) 가격탄력성이 아닌, 교차탄력성이다.

✎ 핵심만 콕 짚는 TIP

재화의 구분(정상재, 열등재, 기펜재)

구분	대체효과	소득효과	가격효과	특징
정상재	+	+	+	—
열등재	+	−	+	대체효과 > 소득효과
기펜재	+	−	−	대체효과 < 소득효과

17 금융·경제 상식 　정답 ⑤

① (O) '명목＝실질＋인플레'로 알려진 용어이다.

② (O) 실질임금은 명목임금에 물가를 고려한 값이다. 디플레이션은 물가 하락을 의미하므로, 결과적으로 디플레이션 발생 시 실질임금은 상승한다.

③ (O) 메뉴비용은 글자 그대로 메뉴판을 바꾸는 비용이기 때문에, 예상된 인플레이션이 발생하더라도 메뉴비용 발생을 막을 수는 없다.

④ (O) 스태그플레이션은 물가가 상승하면서 경기가 위축되는 현상이다.

⑤ (X) 필립스곡선은 물가와 실업률의 관계를 나타낸다.

18 금융·경제 상식 　정답 ⑤

애로우(K. Arrow)는 이상적인 사회함수가 충족해야 하는 조건인 비독재성, 파레토 최적, 보편성, 독립성, 완비성, 이행성을 제시하면서 이러한 조건을 모두 만족하는 이상적인 사회후생함수는 존재할 수 없다고 주장했다.

① (O) 비독재성(non-dictatorship)은 사회의 선호가 한 개인이 아닌 사회 구성원 전체의 선호로 결정되어야 하는 속성을 의미한다.

② (O) 파레토 최적(Pareto optimality)은 사회 구성원 개인이 특정 대안을 다른 대안보다 선호하면 집단 또한 그 특정 대안을 선호해야 하는 속성을 의미한다.

③ (O) 보편성(unrestricted domain)은 개인이 어떠한 선호를 갖더라도 이를 제한하지 않는 속성을 의미한다.

④ (O) 독립성(independence of irrelevant alternatives)

은 대안들에 대한 집단의 선호가 고려하는 대안과 관계없는 제3의 요인으로 인해 영향을 받지 않는 속성을 의미한다.

⑤ (X) 최소극대화는 애로우의 불가능성 정리의 조건에 해당하지 않는다.

✏️ **핵심만 콕 짚는 TIP**
선택지에 주어진 조건 외에 애로우의 불가능성 정리의 조건을 살펴보면, 완비성(completeness)은 여러 대안 중 선호하는 대안을 판단할 수 있는 속성을 의미한다. 이행성(transitivity)은 대안 A가 B보다 선호되고 B가 C보다 선호되면 A가 C보다 선호되는 속성을 의미한다. 이러한 완비성과 이행성을 갖춘 사회는 합리적 선호체계를 가진 사회이다.

19 금융 · 경제 상식　　정답 ②

① (O) 공급탄력성이 낮은 토지 등의 생산요소에서 경제적 지대가 발생한다.

② (X) 준지대는 단기에 고정된 생산요소에서 발생하는 보수를 의미한다. 준지대는 총수입에서 총가변비용을 차감해 계산할 수 있다.

③ (O) 생산요소의 희소성이 높아 공급이 제한되어 비탄력적이면 경제적 지대가 발생한다.

④ (O) 유명 스포츠 선수와 연예인의 소득의 경제적 지대는 공급의 비탄력성으로 인해 발생한다.

⑤ (O) 단기에만 발생하는 준지대와는 다르게 경제적 지대는 단기와 장기에서 모두 발생할 수 있다.

✏️ **핵심만 콕 짚는 TIP**
경제적 지대는 공급탄력성이 낮은 생산요소에서 발생하는 생산요소 공급자의 추가적인 소득을 의미한다. 또한 경제적 지대는 생산요소의 총대가에서 기회비용인 이전수입을 차감해 계산할 수 있다.

20 금융 · 경제 상식　　정답 ②

① (O) 이자비용은 일정 기간을 명시해야 측정이 가능한 유량변수에 해당한다.

② (X) 통화량은 일정 시점에 측정할 수 있는 저량변수에 해당한다.

③ (O) 수출량은 일정 기간을 명시해야 측정이 가능한 유량변수에 해당한다.

④ (O) 국내총생산은 일정 기간을 명시해야 측정이 가능한 유량변수에 해당한다.

⑤ (O) 투자는 일정 기간을 명시해야 측정이 가능한 유량변수에 해당한다.

✏️ **핵심만 콕 짚는 TIP**
유량은 일정 기간을 기준으로 측정이 가능하고 저량은 일정 시점에 측정이 가능하다는 특징이 있다. 유량변수에 해당하는 것으로는 국내총생산, 수출과 수입, 수요와 공급, 소비와 투자, 이자비용, 급여 등이 있다. 저량변수에 해당하는 것으로는 통화량, 자본량, 외환보유고, 국가부채 등이 있다.

21 금융 · 경제 상식　　정답 ④

④ (X) 재정환율(arbitraged rate)과 교차환율(cross rate)의 정의가 뒤바뀌었다.

✏️ **핵심만 콕 짚는 TIP**
우리나라 외환시장에서는 미달러화와 중국위안화만 직접 거래되고 있으며, 유로화, 엔화, 파운드화 등의 통화는 거래되지 않아 재정환율을 사용하고 있다. 예를 들어 원/달러 환율이 US\$1 = ₩1,076.80이고 동경외환시장에서 미달러화와 일본엔화 간의 환율(교차환율)이 US\$1 = ¥108.80이라면 원화와 엔화의 환율(재정환율)은 $¥100 = \dfrac{₩1076.80}{¥108.80} × 100 = ₩989.70$이 된다.

22 금융 · 경제 상식　　정답 ①

기업인수목적회사(SPAC)는 기업의 인수합병만을 위해 설립된 회사이다. 1990년대부터 SPAC이 판매되고 있는 미국과 달리 한국은 제도 면에서 상당한 차이를 보인다는 것이 특징이다.

① (O) 기업인수목적회사는 공모와 상장 후 3년 내 우량 비상장기업을 합병해야 한다.

② (X) 한국에서는 기업인수목적회사의 M&A 방식으로 합병방식만을 허용하고 있다.

③ (X) 합병 전까지 공모자금의 90% 이상을 안전자산에 예치하는 것은 공모주 투자자에게만 해당되는 내용이다.

④ (X) 개인투자자들은 발기인인 스폰서에 비해 더 높은 공모가를 지급해야 한다.

⑤ (X) 공모 시에도 워런트 발행이 가능한 미국과 달리 한국은 주식 발행만을 허용한다.

23 금융·경제 상식 　　정답 ②

• 비과세종합저축: 장애인, 독립유공자, 국가유공자, 기초생활보호대상자 및 만 64세 이상 등에 한해 가입이 가능하다. 반면, 세금우대저축은 비과세처럼 세금이 전액 면제되는 것은 아니지만 만 19세 이상인 경우 누구나 최대 3천만 원 한도 안에서 쉽게 받을 수 있는 만큼 적극적으로 활용할 필요가 있다. 세금우대저축은 제1금융권인 은행이 아닌 조합원, 준조합원, 회원 등이 출자하는 금융기관(새마을금고, 농축협, 수협, 신협, 산림조합 등)에서 가입할 수 있다.

• 노란우산공제: 폐업·사망·퇴임·노령 등의 이유로 생계에 어려움을 겪게 되는 자영업자나 소기업·소상공인에게 생활안정을 기하고 사업 재기를 위한 기회를 제공하기 위해 2007년 9월 도입되어 현재 중소기업중앙회가 운영하는 공제제도의 하나이다. '자영업자 퇴직금'이라고도 불린다.

• 주택연금: 주택을 소유하고 있으나 노후 생활을 위한 특별한 소득원이 없거나 부족한 고령자가 주택을 담보로 맡기고 금융기관으로부터 평생 또는 일정 기간 노후 생활에 필요한 생활자금을 매달 연금처럼 지급받는 상품이다. 역모기지론이라고도 한다.

• 직역연금: 특정 직업 또는 자격에 의해 연금수급권이 주어지는 연금으로 국민연금 이외의 공무원연금, 군인연금, 사학연금, 별정우체국연금 등의 공적연금을 말한다.

• 기초연금: 노후 보장과 복지 향상을 위해 65세 이상의 소득인정액 기준 하위 70% 어르신에게 일정 금액을 지급하는 제도를 말한다. 기존 기초노령연금제도를 개정해 2014년 7월부터 시행되었다.

24 금융·경제 상식 　　정답 ③

① (O) 외화로 적립된 예금인 외화예금은 예금자보호 상품에 해당한다.

② (O) 보통예금보다 이율이 약간 높고 한 해에 네 번 이자를 지급하는 저축예금은 예금자보호 상품에 해당한다.

③ (X) 은행발행 채권은 예금자보호 상품에 해당하지 않는다.

④ (O) 금융기관이 보유한 어음을 바탕으로 일반 투자자에게 발행하는 표지어음은 예금자보호 상품에 해당한다.

⑤ (O) 특정 만기가 되어야 예치 가능한 정기예금은 예금자보호 상품에 해당한다.

> ✎ 핵심만 콕 짚는 TIP
> 예금자보호제도는 금융회사의 문제로 고객에게 대금을 지급하지 못하는 때를 대비해 고객의 예금을 보호하는 제도이다. 예금자보호제도가 적용되는 금융상품의 예시로는 보통예금과 당좌예금 등을 포함한 요구불예금, 정기예금과 표지어음 등을 포함한 저축성예금 등이 있다.

25 금융·경제 상식 　　정답 ③

자산유동화증권은 매출채권, 부동산, 유가증권 등 기업이 보유한 자산을 담보로 발행된 증권이다. 신용보강은 자산유동화증권 기초가치에 영향을 미칠 수 있는 부정적인 요소를 감소시키는 안전장치이다.

① (O) 초과담보는 자산의 가치가 자산유동화를 통한 예상 조달금액보다 크도록 하는 내부 신용보강 방법에 해당한다.

② (O) 현금흐름 차액적립은 자산유동화증권에 대한 이자지급액을 기초자산에서 발생하는 수입보다 작게 설계하는 내부 신용 보강방법에 해당한다.

③ (X) 지급보증은 제3자가 유동화증권의 상환을 직접 보증하는 외부 신용보강 방법에 해당한다.

④ (O) 환매요구권은 원리금 상환이 불투명할 때 자산 보유자가 자산유동화증권을 재매입하도록 하는 권리로 내부 신용 보강방법에 해당한다.

⑤ (O) 선후순위채권구조는 저위험 투자자에 선순위 채권을, 고위험 투자자에 후순위 채권을 판매하는 것으로 내부 신용보강 방법에 해당한다.

혼JOB 농협은행 6급 필기시험 대비 실전모의고사
직무능력평가 4회분 + 직무상식평가 3회분

개정 6판 1쇄 발행   2025년 10월 16일

편 저 자   혼JOB취업연구소

발 행 인   석의현
기획 · 편집   배현우 이선주 전준표
디 자 인   안신영
마 케 팅   김경숙

발 행 처   ㈜커리어빅
등   록   2018년 11월 26일 (제2019 - 000110호)
주   소   서울특별시 종로구 인사동5길 25, 하나로빌딩 408호
전   화   02)3210 - 0651
홈 페 이 지   www.honjob.co.kr
이 메 일   honjob@naver.com

가   격   23,000원
I S B N   979 - 11 - 91026 - 93 - 1 (13320)